Community Welfare & Practice

[개정판]

지역사회복지론

김성철
이문국
김정원
김화신
모아라
박경원
박윤희
박정하
오현주
정종화

양 성 원

머리말

지역사회복지란 지역사회와 사회복지의 합성어이며 지역사회를 중심으로 전개되는 사회복지 활동 자체를 지칭하고 있다. 지역사회복지의 주 목적은 지역사회 주민의 생활문제 및 환경개선이나, 지역복지 향상 등에 있다

지역사회복지 발생배경으로는 정보화, 지방화로 인하여 지역사회를 중심으로 한 사회문제에 관심이 고조되기 시작하였고, 이 때문에 지역사회복지가 본격적으로 나타나게 되었다. 또한 지방자치가 전 세계적으로 널리 퍼짐과 동시에 가족기능 변화에 따라 가족과 지역이 지니고 있던 사회복지 기능이 갈수록 약화되기 시작하였다. 따라서 약화된 지역의 사회복지 기능을 보완키 위하여 지역사회복지가 발생되었다 볼 수 있는 것이다. 그리고 경제성장이 꾸준히 지속됨에 따라 지역사회 주민의 복지적 욕구도 점차 다변화되었다. 이러한 지역사회 주민의 복지적 욕구 다변화는 지역사회복지의 대두배경이 된 것이다. 종래의 시설위주의 복지, 선별주의적 복지에서 벗어나 가정과 이웃과의 생활 속에서 클라이언트에게 복지서비스를 제공하는 재가복지의 중요성이 대두되기 시작하면서 지역사회복지가 본격적으로 발생하게 되었다.

본 과목의 목적은 지역사회를 개입의 단위로 삼는 사회복지의 다양한 접근법들을 섭렵하되, 특히 전문적 지역사회복지실천의 과정에 관한 이론과 기술을 배우는데 있다. 이를 위해 본 교과목에서는 지역사회복지 관련 주요 개념과 역사 및 기초이론 등에 대한 이해를 비롯하여, 전문적 지역사회복지실천의 원칙, 모형, 과정, 기술 및 사회복지사의 역할 등 전문적 접근에 필요한 핵심사항들을 학습하고, 변화하는 지역사회 현실과 그것이 담고 있는 문제 및 욕구를 규명하고, 거기에 대응하는 다양한 지역사회복지 접근법 및 추진체계들을 비판적으로 검토함으로써, 전문적 지역사회복지실천으로

서의 대안을 탐색한다. 나아가 지역사회복지 증진을 위한 지역사회 및 구성원들이 지니는 사회적 문제와 욕구의 해결에 관여하는 사회복지사가 갖추어야 할 자질과 역량을 키우고자 한다.

또한 앞으로의 지역사회복지는 사이버 공간에 관심을 가져야 한다고 본다. 우선 가상 공동체의 복지기능을 강화하여 대상자들의 자조적인 노력들이 효율적으로 연대되고, 지역사회의 각종 자원들이 연계될 수 있는 체계를 마련하여야 한다. 그러나 관심을 가져야 할 점은 경제적, 기술적 그리고 신체적 조건에 의해 그 정보수단에 접근하는 것이 어려운 사람들이 갖는 소외를 해결할 수 있어야 한다. 즉, 정보통신수단에의 접근능력에 따른 상대적 박탈감을 최소화할 수 있는 제도적 장치가 마련되어야 한다. 이를 통해 사이버 시대의 지역사회복지의 역할과 기능을 확대해 나가게 될 것이다.

미래사회복지의 과제는 미래사회를 바라보며 양적 팽창에서 질적 성장을 위한 사고의 전환이 필요하다고 보며 본서가 이 사회의 어둡고 추운 겨울의 땅을 녹이는 봄날의 따뜻한 희망의 날갯짓이 되길 바라며, 이 책이 출간되기 위하여 애쓰시고 배려해주신 양성원 출판사 사장님과 직원 여러분께 다시 한 번 감사를 드린다.

2023년 8월

저자 일동

차례

CHAPTER 04 지역사회복지의 기초이론

CHAPTER 05 지역사회복지의 실천모델

CHAPTER 06 지역사회복지의 실천원칙과 과정

CHAPTER 07 지역사회복지의 실천기술 I

CHAPTER 08 지역사회복지의 실천기술 II

CHAPTER 09 지역사회복지 추진기관

CHAPTER 10 지역사회복지의 특수실천분야–사회적경제

CHAPTER 11 지방자치와 지역사회복지

CHAPTER 1

지역사회 변화와 지역사회문제

학습목표

1. 지역사회의 개념과 유형 · 기능을 이해하고 설명한다.
2. 지역사회문제의 이해를 정리한다.
3. 새로운 지역사회의 이해를 분석한다.

개 요

지역사회의 개념이 역사적으로 의미가 변화하여 왔으며 지역, 지리를 중심으로 하는 지역사회, 의식과 뜻을 함께 하는 지역사회, 각종 기관, 시설, 단체를 하나의 지역사회, 가상공동체로 볼 수 있다.

지역사회가 공통적으로 수행하는 주요 기능으로서 길버트(Gilbert), 스펙트(Specht)는 생산 · 분배 · 소비의 기능(경제제도), 사회화의 기능(가족제도), 사회통제의 기능(정치제도), 사회통합의 기능(종교제도), 상부상조의 기능(사회복지제도)으로 제시했다.

전통적인 지역사회는 가정과 친족, 지역사회생활의 상호 연결된 연결망을 통해 각 개인이 서로 도움을 주고받는 상호의존적인 사회구조이다.

구조–기능주의 관점의 지역사회문제는 안정, 균형, 질서, 가치합의, 통합의 기본명제를 바탕으로 지역사회가 체계를 갖추고 여러 가지의 기능을 수행하고 있는가에 관심이 있다.

지역사회복지의 궁극적 목표는 주민의 행복을 위해 지역사회의 욕구나 문제에 초점을 두고 지역사회 주민이 공통으로 느끼고 겪는 욕구와 문제 또는 한 지역사회의 특성을 결정짓는 지리적 여건과 함께 지역사회 주민 개개인의 성향이 크게 작용하므로 사회복지사는 주민이 지니는 특성에 높은 가치를 가진다.

지역사회에 대한 이미지는 지역사회의 객관적인 특성과 지역주민들의 주관적인 의견이나 느낌에 기초하여 평가한다.

1. 지역사회의 개념과 유형 · 기능

지역사회의 개념이 역사적으로 의미가 변화하여 왔다. 지역사회의 개념이 지리적 의미와 기능적 의미를 함축하고 있는데 지역, 지리를 중심으로 하는 지역사회, 의식과 뜻을 함께 하는 지역사회, 각종 기관, 시설, 단체를 하나의 지역사회, 가상공동체로 볼 수 있다. 그리고 어떠한 특성과 신앙과 민족, 종교와 생활방식, 이념과 사회계층, 직업 유형과 성적 지향성, 취미활동 등을 중심으로 형성된다.

1) 지역사회의 개념

첫째, 정의적 이해(affective understanding)이다.

공동의 장소나 이해, 정체감과 문화 그리고 활동에 기반하고 있는 사람들이 구성한 사회단체이다. 그리고 일정한 지리적 공간인 생활권에서 사회적 상호작용을 통하여 공통된 이해관계와 문화 등을 형성하여 공통의 경험과 공동생활을 누리는 일정 지역의 범위이다.

둘째, 다각적 이해(multilateral understanding)이다.

자연적 지역사회: 생산적 수단이다.

공동체: 지역사회 내에서 유대와 사회적 상호작용 강조이다.

공동사회: 지역사회 의미를 기능과 목적을 갖는 공동체로 확대 해석한다.

근린지역: 주민들의 밀접한 상호작용을 중심으로 하는 개념이다.

셋째, 실제적 이해(practical understanding)이다.

여러 가지 욕구나 문제를 갖고 있고 주민의 상호작용이 활발하며 욕구나 문제해결을 위한 실천이 가능한 일정 규모의 장(場)으로 본다.

① 지리적 지역사회(geographic community): 지리와 지역을 포함한다.

② 기능적 지역사회(functional community): 이념과 취미, 학연과 지연 그리고 종교 등 공동의 관심과 기능을 함께 하는 사람들의 집단이다.

■ 지역사회 영역구분:

① 지역, 지리를 중심으로 하는 지역사회이다.

② 각종 구성원들의 모임과 의식과 뜻을 함께 하는 지역사회(공동체)이다.

③ 각종 기관, 시설, 단체를 하나의 지역사회로 구분한다.

④ 21세기에 새로운 커뮤니티(community)로 부상되고 있는 가상공동체(virtual community)이다.

2) 지역사회 이해의 틀과 주요 개념

커뮤니티(community)는 공동사회(共同社會)로 번역하지 않고 지역사회(地域社會)로 번역하여 사용하고 있으며, 일부 학자들은 영어발음 그대로 커뮤니티로 표기한다.

틀 형성 요인	세부 요인	사회복지실천 맥락
구성 요소	**지리적 공간**: 사회복지설천 이행의 범주	클라이언트의 내적 환경
	생활공간: 삶터, 교회, 가게 등	
	주민: 구성요소의 원소	
	조직: 공동목표를 위한 집합체	
	상호작용: 주민과 조직의 역동성	
지역사회 문화	전통, 역사, 종교	클라이언트의 외적 환경
지역사회 자원	지역사회의 사회적 능력	클라이언트의 능력

틀 형성 요인	세부 요인	사회복지실천 맥락
지역사회 욕구/문제	**주민의 공동욕구**: 개인이 갖는 욕구를 지역사회도 지닌다(지역사회는 상호작용하는 주민의 결합체-유기체) **지역사회문제**: 욕구를 적절 시기에 합당하게 대처하지 못한 경우 발생, 주민의 공동문제	지역사회의 목표 사회복지실천의 목표
지역사회 실천경험	사회복지사의 개입, 주민의 참여경험	사회복지사의 개입 유무

(1) 지역사회사업(community social work)

지역사회자원을 활용하고 지역사회 주민의 문제를 해결하는 데 중점을 둘 뿐 아니라 지역사회 주민, 특정 계층의 욕구나 문제에도 관심을 두고 있다. 지역사회사업은 1980년대 초 당시 새로운 지역사회실천으로서 영국의 사회복지실천현장을 배경으로 대두하며 지역사회사업을 지역사회의 특성과 사회보호의 의미에 초점을 두고 있다. 즉 지역사회를 친밀성, 지리적 근접, 공동 이익 등에 의해 주민들 간 비공식적 관계나 연결망이며, 사회보호는 어려운 사람들에게 주어질 수 있는 제반 원조 자원의 지원이다.

(2) 지역사회보호(community care)

지역사회복지 영역의 하위의 개념으로 재가복지(在家福祉)를 들 수 있다. 지역사회보호는 사회적 보호의 필요가 있는 사람의 가정과 또는 그와 유사한 지역사회 내에서 서비스를 제공하고 사회적 보호를 하는 형태이다. 지역사회보호의 배경에는 정신장애인의 치료와 처우에서 시설 수용방식에 대한 반성과 약물요법의 발전과 그리고 지역사회에서의 치료 처우의 필요성과 가능성이 강조되었다.

(3) 지역사회만들기(community building)

지역사회문제해결에 초점을 가지며 협동과 연대에 기반을 두고 지역사회를 클라이언트로 보는 시각이 강하다.

(4) 지역사회개발(community development)

지역주민들의 공동참여를 전제로 하며 지역주민들의 자발적이고 자조적인 노력에 의해 주민들의 공통욕구를 해결하고 주민들의 공동 운명의식을 토대로 경제적이고 사회적이며 문화적 발전을 도모하는 주민 생활향상을 위한 대운동으로 본다. 지역사회 만들기의 활동범주보다 광범위하면서 주요 대상을 지역사회로 삼는다.

(5) 지역사회실천(community practice)

지역사회의 욕구나 문제를 예방 및 해결하기 위해 사회복지사가 지역사회의 제반 자원과 지역사회실천 관련 기술을 활용, 개입하는 사회복지실천의 한 방법이다.

첫째, 지역사회를 사회복지실천의 클라이언트로 간주한다.

둘째, 사회복지사의 개입목표는 지역사회가 지닌 욕구나 문제의 예방이나 해결에 있다.

셋째, 사회복지실천의 전문지식과 기술을 토대로 하나 필요한 타 분야의 지식, 기술을 응용 및 활용한다.

3) 지역사회를 바라보는 이론적 관점

(1) 지역사회 상실이론(community loss theory)

일차집단의 해체와 공동체의 쇠퇴 그리고 복잡한 도시산업사회에서의 비인간적 사회관계의 발전 등을 특성으로 하고 있으며, 국가의 사회복지제도 개입에 의해 상호부조기능의 수행이 이루어져야 한다고 보는 복지국가 입장은 이 이론에 기초한 것으로 볼 수 있다.

(2) 지역사회 보존이론(community conservation theory)

지역사회 상실이론에 대한 반론이며, 도시인들도 농촌사회에서와 비슷한 혈연, 이웃, 친구들에 의한 사회적 지지망(social network)을 갖고 있다고 본다.

영국과 미국 등 서구국가에서 볼 수 있듯이 복지국가의 제도적 역할을 축소시키고, 가족이나 지역사회가 가지고 있는 상호부조기능의 수행을 강조하는 정책입장은 이 이론에 기초한 것이라 볼 수 있다.

(3) 지역사회 개방이론(community open theory)

상실과 보존 이론에 대한 제3의 대안으로 사회적 지지망의 관점에서 비공식적 연계를 강조하고, 지역성에 기초한 개념과 공통의 이해와 관심에 기초한 개념을 결합시키는 이론이다.

4) 공동사회와 이익사회

(1) 독일의 사회학자 퇴니스의 공동사회와 이익사회의 개념

퇴니스(Tönnies)[1)]는 사회적 관계를 소규모의 대면적 관계와 대규모의 비대면 관계로 구분한다. 공동사회(gemeinschaft)가 정서적이고 전통적인 관계에 기초한 반면, 이익사회(gesellschaft)는 개인주의와 계약, 그리고 합리적인 이익의 추구에 기초하고 있다.

1) 페르디난드 퇴니스(Ferdinand Tönnies, 1855년 7월 26일~1936년 4월 9일)는 독일의 사회학자로 1881년부터 1933년까지 킬 대학교 교수를 지냈다. 독일 사회학회를 창설하여 초대 회장이 되었다. 28세 때 저술한 〈공동사회와 이익사회(Gemeinschaft und Gesellschaft)〉는 사회학뿐만 아니라, 널리 사회 과학 일반에까지 영향을 준다. 그는 사회를 "공동사회(Gemeinschaft)"와 "이익사회(Gesellschaft)"로 나누어 생각하였는데, 이것은 사회가 발전하는 단계로 적용되었다.

(2) 공동사회와 이익사회의 변천과정

퇴니스는 서구사회의 발전이 공동사회의 연합체, 공동사회의 협의체, 이익사회의 협의체, 이익사회의 연합체의 순으로 발전해 왔다고 주장한다.

첫째, 공동사회의 연합체의 전형은 가족이다.

둘째, 공동사회의 협의체는 공동의 노동이나 직업적 소명 등에 기초하고 있다.

셋째, 이익사회의 협의체는 합리성과 이해타산에 기초하여 정해진 목적과 수단에 의하여 활동한다.

넷째, 이익사회의 연합체는 현대사회의 관료조직에 인간관계의 회복 또는 사회적 연대성을 통하여 공동사회의 특성을 다시 도입하려는 노력을 반영한다.

5) 지역사회의 특성

역동성	지역사회 주민의 상호작용으로 지역사회 안에서 발생하는 동기(motivation)의 원천
변화성	"지역사회는 정체된 상태로 남지 않는다." 즉, 변화를 통해 외부에 대처하는 상황
서비스 요구성	변화성을 토대로 하는 다양하고 잠재된 서비스에 대한 요구
변화능력	인본주의를 토대로 구성원인 인간의 변화능력을 인정하면서 결합체인 지역사회의 변화능력도 인정
다양성	인간의 개성(個性)을 인정하면서 그 결합체인 지역사회의 다양성도 인정

6) 변화하는 사회에서 지역사회라는 개념의 특성

① 지역사회의 개념은 역사적으로 의미가 변천하여 왔고 14세기부터 영어권에서 사용되었으며 상층계급의 사람들과 대비되는 개념으로 '평범한 사람들' 또는 '일반

시민'을 의미한다.

16세기에는 '공통적 요소를 지닌 어떤 특성'을 의미하거나, 국가와 대비되는 '시민사회'를 의미하고, 19세기 이후에는 산업사회와 대비되는 전통사회의 지역성을 의미한다.

② 지역사회의 개념으로서 '지리적 의미와 기능적 의미'를 함축하고 있다.

③ 빠르게 변화하는 21세기 정보화 사회에서는 전통적 의미의 지역사회와는 다른 새로운 형태의 지역사회가 나타나고 있다.

④ 공동의 관심과 이해관계를 강조하는 기능적 의미의 지역사회는 공동체라는 성격을 갖고 그 의의가 부각되었다.

⑤ 지역사회나 공동체 개념은 구성원의 동질적 정체성에 기초한 강한 정서적 유대를 가지고 있어서 인간의 감정이나 행동으로 표출될 수 있다.

7) 지역사회의 유형

(1) 공간적 의미의 지역사회

장소를 기반으로 하는 지역사회는 특정한 공간을 중심으로 이루어지는 다음의 세 가지 차원으로 규정된다.

첫째, 생계욕구와 직면한 기능적 · 공간적 단위

둘째, 정형화된 사회적 상호작용의 단위

셋째, 집합적인 동질성의 상징적 단위

※ 지역성을 강조한 대표적인 학자는 파크(Park), 버제스(Burgess)이다.

(2) 기능적 의미의 지역사회

비장소적 지역사회는 동질성을 지닌 공동체(communities of identification)나 이익공동체(communities of interest)이다. 동질성의 지역사회는 어떤 특성이나 신앙, 민족, 종교, 생활방식, 이념, 사회계층, 직업유형, 성적 지향성, 취미활동 등을 중심으로 이루어진다. 또한 전문적 집단, 직장노조집단 등은 구성원들의 공동의 이익을 중심으로 이익공동체를 형성하기도 한다.

※ 사회적인 동질성을 강조한 대표적인 학자는 맥키버(Maciver), 스트로우프(Stroup)이다.

(3) 개인적 지역사회

복합적인 구조의 지역사회 내에서 개인을 중심으로 규정한 지역사회에 초점을 두고 있는 개념으로 지리적 특성, 동질성을 지닌 특성, 이익을 중심으로 하는 특성을 모두 포함할 수 있다.

※ 지역성과 상호작용성을 동시에 강조한 대표적인 학자는 스테이너(Steiner), 데이비스(Davis)이다.

※ 지역사회의 특성을 비교할 수 있는 척도에 대한 워렌(Warren)의 구분

① 지역적 자치성: 타 지역에 어느 정도 의존하는가? 이며 개방체계로서 지역사회는 다른 지역과 관계를 맺게 되는데 그 관계 속에서 어느 정도 자립성과 의존성을 가지게 되는가? 에 대한 척도이다.

② 서비스 영역의 일치성: 서비스영역이 동일 지역 내에서 이루어지고 있는가? 이며 상점, 공공시설, 교회, 학교 등의 서비스 영역이 어느 정도 동일 지역에서 이루어지는가에 관한 것이다.

③ 지역에 대한 주민들의 심리적 동일시: 주민들의 지역에 대한 소속감이다.

④ 수평적 유형: 지역 내 단위조직들의 구조적 · 기능적 연관성과 지역사회 내의 서로 다른 단위조직들이 얼마나 강한 관련을 갖고 있는가이다.

8) 지역사회의 기능

지역사회가 공통적으로 수행하는 주요 기능으로서 길버트(Gilbert)와 스펙트(Specht)는 생산 · 분배 · 소비의 기능(경제제도), 사회화의 기능(가족제도), 사회통제의 기능(정치제도), 사회통합의 기능(종교제도), 상부상조의 기능(사회복지제도)으로 제시하였다.

(1) 생산, 분배, 소비 기능(경제제도)

첫 번째는 생산 · 분배 · 소비의 기능이다. 의식주같이 지역사회 주민들이 일상생활을 영위하는 데 필요로 하는 재화(Goods)와 서비스를 생산 · 분배 · 소비하는 과정과 관련된다. 재화와 서비스를 생산하고 분배하는 기능으로 주로 기업을 통해 이루어지지만 정부를 비롯한 각종 전문기관, 종교단체, 교육기관 등도 경제적 기능을 담당하기에 지역사회가 유지되고 확대된다. 지역사회는 이런 활동이 이루어지는 환경이 된다.

(2) 사회화 기능(가족제도)

두 번째는 사회화의 기능으로 사람들에게 어떻게 행동해야 할 것인가를 가르쳐주는 수단이다. 사회가 향유하고 있는 일반적인 지식, 사회적 가치, 그리고 행동양태를 그 사회구성원들에게 전달시키는 과정을 말한다. 이 과정을 통해 사회성원들은 다른 사회의 성원들과 구별되는 생활양식을 터득하게 된다. 사회화의 과정은 개인의 어린 시절에 특히 중요하나 일생을 통해 계속되는 것이 보통이다.

(3) 사회통제 기능(정치제도)

세 번째는 사회통제(social control)의 기능이다. 지역사회구성원들이 사회의 규칙을 준수하도록 일정한 강제력을 행사하는 것이다. 사회통제의 기능이 결여되면 사회질서가 파괴되어 비행과 범죄가 만연되는 사회해체 현상이 일어나며 사회통제를 담당하는 일차적 기관은 정부로서, 경찰력과 사법권을 통해 강제력을 발휘하고 가정, 학교, 종교

기관, 사회기관들은 부분적으로 이 기능을 수행한다.

예) 교통법규 위반 시 경찰의 단속이다.

(4) 사회통합기능(종교제도)

네 번째는 사회통합의 기능이다. 사회체계를 구성하는 사회단위 조직들 간의 관계와 관련된 기능을 말한다. 사람들 스스로 규범을 준수하여 바람직한 행동을 하도록 하는 수단이며, 정상적인 기능을 위해 어느 정도의 결속력과 사기(morale)와 다양한 사회적 집단 및 조직의 활동에 지역구성원들을 참여하게 하는 기능이다. 공식적 조직뿐만 아니라 지역의 교회, 시민조직, 비공식적 근린집단을 통해 사회적 상호작용의 기회를 가진다.

(5) 상부상조 기능(사회복지제도)

다섯 번째는 상부상조의 기능이다. 사회구성원들이 갑작스런 질병, 사망, 실업, 사고 등의 개인적 이유와 경제적 제도의 부적절한 운용으로 인해 앞에서 제시한 사회제도로도 욕구를 충족할 수 없는 경우 필요한 사회적 기능이다. 가족, 친척, 동네, 친목단체를 통해 수행되었고, 현대사회는 정부, 민간, 종교단체 등으로 이행되어 보다 전문적인 사회제도가 생겨나게 되었다.

(6) 방어기능

지역사회가 그 구성원들을 보호하고 지키는 기능이다.

예) 동성연애자집단, 외국 이민자집단

(7) 의사소통 기능

생각을 표현하는 공통의 언어 및 상징을 활용하는 것으로 구성원들을 더 결속시키는 역할이다.

의사소통으로 구어(oral language)나 문어(written language)를 통한 언어적 요소는 물론 제스처나 자세, 얼굴표정, 눈맞춤, 목소리, 억양 등과 같은 비언어적 요소를 통해서도 이루어질 수 있다.

9) 지역사회의 구성요소

전통적인 지역사회는 가정과 친족, 지역사회생활의 상호 연결된 연결망을 통해 각 개인이 서로 도움을 주고받는 상호의존적인 사회구조였다. 이런 구조가 현대에 와서 붕괴되어 감에 따라 가드너(Gardner, 1997)는 지역사회 건설의 필수적 구성요소로 다음과 같이 제시하였다.

① 다양함 포함한 전체: 큰 집단의 목적이 존중되는 범위에서 개인의 몫과 독자성 지킴

② 공유가치들의 합리적 기반: 정의, 평등, 자유, 개인의 존엄성, 재능과 에너지의 발휘 등이 존중되어야 하고, 구성원들이 공유하는 기본적 가치들을 적극 지키려는 목적의식 필요

③ 배려, 신뢰, 협력: 첫째 단계는 모두가 소중하게 여겨진다, 둘째 단계는 갈등해결을 위한 제도적 장치, 셋째 단계는 공동의 활동에 근거를 두는 것, 넷째 단계는 다양한 유대경험을 제공

④ 효과적인 내부 의사소통: 정중하고 공통된 언어 사용, 의사소통을 위한 공식적인 규정, 의사소통을 유도할 수 있는 만남의 장, 모임 주선할 단체나 기관이 필요

⑤ 참여: 활기찬 지역사회에서는 지도자들의 폭넓은 연결망, 영향력뿐만 아니라 실천 가능한 합의 도출, 동기부여, 설명 등에 구성원들의 시간과 재능을 나눌 자발적 참여 필요

⑥ 확인: 이상적인 지역사회는 자신의 목적, 가치, 정체성 등을 재확인하는 것이 필요

⑦ 지역사회 바깥과의 연계: 자신 안의 다양성도 포함하지만 외부 단체와도 개방적이고 건설적인 관계 유지. 예) 학교는 소속된 학군, 지방자치단체와의 건설적 관계 유지

⑧ 청소년들의 육성 개발: 장래 그들의 역할에 대해 준비하도록 자원봉사와 실습 경험

⑨ 미래관: 지역사회의 변화에 대한 방향 감각, 기획위원회의 설치가 필수

⑩ 지역사회 유지를 위한 제도적 장치

2. 지역사회문제의 이해

1) 구조 기능주의적 관점(structural functionalist perspective)

사회학의 진화론에서 영향을 받은 콩트(Comte)와 스펜서(Spencer)의 유기체론에서 여러 가지 개념을 도입했고, 사회의 구조와 기능이 분화·발전되는 것은 하위체계의 상호관련성에 있다고 본다. 사회의 모든 요소는 안정 지향적이며 사회의 각 요소들은 상호의존적이고 통합적인 기능을 한다. 그리고 지역사회의 균형과 안정을 중시한다.

2) 갈등 주의적 관점(conflictist perspective)

지역사회의 갈등(자원, 권력, 불균형 배분)과 내부 결속력을 강화하며, 사회의 본질을 경쟁과 갈등의 관계로 파악하고 갈등이 사회 변화의 원인이 된다고 보았다.

3) 사회심리학적 관점(sociopsychological perspective)

사회 환경 속에서 직접, 간접적으로 타인과 관계를 가지고 사회의 문화, 규범, 제도 등의 규제를 받고 생활하는 인간의 경험이나 행동을 사회적 여러 조건과의 관련에서 이해하려고 하는 학문이다. 게슈탈트이론[2], 사회측정이론, 집단역학이론 등은 집단구성원들과 함께 하는 사회복지실천의 체계 확립에 공헌하였다.

4) 상호작용주의와 교환 주의적 관점(interaction and exchangeist perspectives)

(1) 상호 주의적 관점

인간이 상호작용의 도구로써 언어나 몸짓 등의 상징을 사용한다는 점을 강조한다.

지역사회문제는 그 원인이 되는 특정 행위나 현상을 진단하는 전문가나 대표자의 판단에 따라 지역사회문제가 될 수도 있고 안 될 수도 있다.

(2) 교환 주의적 관점

사회적 행동은 개인 간의 자원을 교환하는 반복적인 행위에서 비롯된다고 본다. 지역사회문제의 발생은 바로 교환관계의 단절이나 불균형에서 비롯되는 것이며, 그 원인은 개인이나 집단의 교환자원 부족과 고갈에서 찾을 수 있다.

2) 좁은 의미로 베를린 대학을 중심으로 베르트하이머, 쾰러, 코프카, 레빈 등에 의해 전개된 전체론적인 입장에서는 심리학 이론(게슈탈트 심리학)을 말한다.

5) 지역사회문제 분석의 이론

(1) 일반체계이론

모든 유기체는 하나의 체계이며 상호작용하는 여러 가지 요인들로 구성된 하나의 복합체라고 본다. 경계의 속성, 에너지 교환의 속성, 위계적 질서의 속성, 자기통제의 속성, 환류의 속성의 다섯 가지 개념이 있다.

(2) 사회체계이론

가족, 소집단, 조직, 지역사회 그리고 사회 등의 여러 가지 사회체계가 구성된 방법과 그 체계들의 유지와 변화과정을 연구대상으로 한다.

(3) 생태학이론

인간이라는 유기체에 적용하면 인간과 주변의 사회 환경 간의 상호작용이나 상호의존성 등의 교류에 관심을 둔다. 생태학이론의 개념으로 상호교류, 적합성, 적응, 유능성, 긴장, 대처가 있다.

(4) 생태체계이론

일반체계이론과 생태학이론을 결합한 이론으로 개별상황, 미시수준환경, 중간수준환경, 거시수준환경이 있다.

(5) 교환이론과 권력의존이론

교환이론은 사회생활이 사회적 행위자 간의 비용과 편익의 교환이라는 관점에서 이해될 수 있다고 본 것이다.

권력의존이론은 조직 간의 분석수준에서 일반적인 분석틀을 제시, 조직은 희소자원을 통제할 능력이 있다면 다른 조직에 비해 비교적 더 권력을 받게 된다고 본 것이다.

(6) 엘리트주의와 다원주의이론

엘리트주의는 소수엘리트가 권력을 장악하고 지역사회를 지배한다고 본 것이다.

다원주의는 다양한 이익집단이 협상과 타협하고 지역사회가 다양화된다고 본 것이다.

(7) 지역사회상실, 보존, 개방이론

지역사회상실이론은 과거의 지역사회공동체는 이상적인 것으로서 복구될 수 없는 잃어버린 세계로 간주한다.

지역사회보존이론은 지역사회는 잃어버린 세계가 아니라 보존 가능하다는 입장이다.

지역사회개방이론은 지역성에 기초한 개념과 공통의 이해와 관심에 초점을 두고 개방적으로 접근해야 한다는 입장이다.

6) 지역사회문제 분석의 틀

구조-기능주의 관점의 지역사회문제는 안정, 균형, 질서, 가치합의, 통합의 기본명제를 바탕으로 지역사회가 체계를 갖추고 여러 가지의 기능을 수행하고 있는가에 관심이 있다.

갈등주의 관점의 지역사회문제는 지역사회에 존재하는 갈등현상에 관심을 가지는 것이다.

지역사회가 유지되고 발전하기 위해서는 하위체계 간의 다양한 상호조정과 균형, 그리고 통합의 개념보다는 무질서, 투쟁, 갈등의 요인이 더욱 중요하다는 개념이다.

사회심리학 관점의 지역사회문제는 지역사회사업의 전통적인 모델로 지역사회개발, 사회계획, 사회행동으로 분류한다.

3. 새로운 지역사회의 이해

1) 지역사회 맥락-지역사회를 보는 시각

사회복지사는 지역사회의 문제해결을 위해 개입을 해야 하며, 지역사회 문화에 관심을 가져야 하고, 지역사회는 스스로 정화시킬 수 있는 능력이 있어야 한다.

(1) 지역사회의 욕구와 문제

욕구는 규범적 욕구, 인지적 욕구, 표출된 욕구, 상대적 욕구가 있으며 가능한 한 전체로 파악하기를 권고하나 때로 표적 집단을 정해 이들의 관점에서 지역사회에 대한 분석을 시도하는 것이 보다 효과적일 수 있다. 그리고 시간과 자원을 활용하는 상황에서 표적 집단을 중심으로 파악하는 것이 좋다. 지역사회는 살아 움직이는 유기체이고 욕구나 문제의 해결을 위해 합당한 개입이 당연하다고 본다. 욕구 파악을 마치면 이것을 충족할 수 있는 자원이 지역사회 내에 존재하는지에 대한 조사가 이루어져야 한다.

(2) 지역사회 문화

사회복지사는 지역사회의 좋은 문화를 유지하는 데도 관심을 가지고 상황에 따라 지역사회 문화가 갖는 유익한 점을 지역사회복지에 활용할 수 있어야 한다.

(3) 지역사회의 능력

또 지역사회는 스스로 문제를 해결해 나가기 위해 지역사회의 능력이나 자정 능력을 언급하는 것은 지역사회 스스로 생존해 나갈 수 있는 유용한 자원을 가지고 있음을 강조해야 한다.

2) 조직과 단체 맥락

사회복지사는 지역사회의 조직이나 단체의 뚜렷한 목적을 분명히 이해하고 조직이나 단체의 성원이 가지고 있는 위계와 역할을 확실히 알고, 위계와 역할을 중시해야 한다. 또 조직이나 단체가 갖는 속성과 연대할 수 있는 특성에 높은 가치를 두어야 한다.

(1) 뚜렷한 목적

사회복지사는 지역사회의 조직이나 단체의 뚜렷한 목적을 분명히 이해한 후 이들 조직과 단체를 활용하고자 할 때 그들의 목적을 존중해야 한다.

(2) 분명한 위계와 역할

또 모든 조직이나 단체의 성원이 갖는 역할을 확실히 알고, 그들 성원의 분명한 위계와 역할을 중시해야 한다.

(3) 연대와 연계의 가능성

연대나 연계는 조직들이 서로 협력하여 한 목표를 달성해 나가기 위한 조직과 조직 혹은 단체와 단체가 연대하는 것은 조직이나 단체가 갖는 속성 때문에 가능한 것이기도 하다. 이 속성 때문에 연대의 장애가 되는 경우도 적지 않다. 그러므로 사회복지사는 조직과 단체가 서로 연대할 수 있는 특성에 높은 가치를 두어야 한다.

3) 지역사회 주민 맥락

지역사회복지의 궁극 목표는 주민의 행복을 위해 지역사회의 욕구나 문제에 초점을 두고 지역사회 주민이 공통으로 느끼고 겪는 욕구나 문제 또는 한 지역사회의 특성을 결정짓는 지리적 여건과 함께 지역사회 주민 개개인의 성향이 크게 작용하므로 사회복지사는 주민이 지니는 특성에 높은 가치를 두어야 한다.

(1) 궁극 목표는 주민의 행복

지역사회복지 과정의 궁극 목표는 그 지역사회에 살고 있는 전체 주민의 행복에 두어야 하며, 지역사회의 욕구나 문제에 초점을 두어야 한다.

(2) 공통된 주민의 욕구

이 욕구와 문제는 전 지역사회 주민이 공통으로 느끼고 겪는 욕구나 문제이기 때문에 소중히 생각하고 주민의 욕구나 문제해결에 개입해야 한다.

(3) 지역사회 구성요소

지역사회 주민은 지역사회 안에 존재하는 조직과 단체를 이루고 지역사회의 주요 구성요소가 되고 있다. 지역사회의 특성을 결정짓는 것은 지리적 여건과 함께 지역사회 주민 개개인의 성향이 크게 작용하므로 사회복지사는 이 점을 고려하여 지역사회 주민이 지니는 특성에 높은 가치를 두어야 한다.

4) 지역사회 역량

(1) 지역사회역량의 의미

지역사회역량(community competence)에 관한 코트렐(Cottrell)의 정의로는 "지역사회역량이란 지역사회를 구성하는 다양한 부분들이 지역사회 문제와 욕구를 파악하는 데 효과적으로 협력하며, 목표와 우선순위에 대한 합의에 도달할 수 있으며, 합의된 목표를 수행하기 위한 수단과 방법에 동의하며, 효과적으로 협력하여 필요한 행동을 취할 수 있는 능력이다."라고 했다.

발바린(Barbarin)의 사회시스템 차원과 인적 차원의 두 가지 능력을 결합한 정의로는 "지역사회역량이란 다양한 인구집단의 상이한 욕구에 반응하는 사회 시스템의 능력과 삶의 문제해결이라는 목적을 위하여 자원을 활용하고 대안을 개발하는 시민들의 능력을 결합한 것이다."라고 하였다.

이와 같이 지역사회역량의 개념들은 사회 환경을 구성하는 다양한 지역사회의 기능을 이해하기 위한 하나의 준거 틀(frame)을 제공한다.

(2) 지역사회역량을 향상시키는 조건

펠린(Fellin)은 지역사회역량을 향상시키는 조건을 인적 차원과 시스템 차원으로 나누어 제시한다.

첫째, 인적 차원의 지역사회역량 향상 조건

① 지역사회 주민은 지역사회에 대하여 헌신하여야 한다.

② 다양한 지역사회의 집단들은 자신들의 가치와 이익에 관하여 자각하고 있어야 한다.

③ 다양한 지역사회구성원들 간에 효과적인 의사소통이 이루어져야 한다.

④ 지역사회구성원들은 목표를 확인하고 목표달성을 위한 활동에 참여하여야 한다.

둘째, 시스템 차원의 지역사회역량 향상 조건

① 지역사회 내 여러 집단들 간에 일어나는 갈등을 처리하는 절차

② 적절한 수준의 자율성을 유지하면서, 지역사회가 외부사회와의 관계를 처리하는 능력

(3) 지역사회의 역량강화

지역주민들이 느끼는 무력감, 좌절감들을 극복하는 지역사회역량강화는 조직화와 개발의 실천을 통하여 이루어졌다. 조직화(organizing)는 사람들이 당면하고 있는 지역사회의 문제에 대한 인식을 공유하도록 사람들을 도와주는 과정이고, 사회적 연계망을 구축하고 집합적인 행동과 사회 변화를 위한 강한 유대를 만들어 주었다.

개발(development)은 사람들이 공동의 소명을 갖고 그들에게 영향을 미치는 의사결정, 프로그램과 정책을 통제할 수 있도록 지역사회 내의 역량강화를 창출한다.

조직화와 개발이 성공적으로 수행될 때,

첫째, 사람들의 개인적 역량강화가 이뤄졌다. 공동의 활동에 참여한 개인들이 과거에 경험하지 못한 향상된 자기 이미지를 가진다.

둘째, 지역사회의 역량이 강화되었다. 지역주민들의 문제에 대한 대처능력향상, 문제해결활동에 성공적으로 대응한다.

셋째, 지역사회문제가 해결되었다. 지역사회 내에 존재하였던 구체적인 문제들이 해결된다.

5) 좋은 지역사회의 이미지

지역사회에 대한 이미지는 지역사회의 객관적인 특성과 지역주민들의 주관적인 의견이나 느낌에 기초하여 평가한다. 주민들이 지역사회에 대한 깊은 애정이 있으며 치

안과 안정이 보장되고, 기능적인 생활환경과 이웃관계를 유지하며, 심각한 사회문제가 없고, 교육과 고용의 기회가 충분하며, 쾌적한 공간적 · 문화적 환경이 유지되면 일반적으로 지역사회의 주민들은 자신이 살고 있는 지역사회를 좋은 지역사회로 평가할 것이다.

반면에 전문가들은 "지역사회의 목표가 어떻게 수립되고 목표가 어떻게 달성될 수 있는가."라는 관점에서 지역사회를 평가한다. 특히, 사회복지실천 전문가들은 개인, 가족, 집단의 효과적인 사회적 기능 수행을 위해 지역사회의 역량이 얼마나 미칠 수 있는가라는 관점에서 지역사회를 평가한다.

6) 지역사회 조직

지역사회 조직(community organization)의 개념은 듀이(John Dewey)[3]의 자유주의 교육사상, 레빈(Kurt Lewin)[4]의 집단역학이론 및 지역사회 구조의 사회학적 이론에서 도출되었다. 로스(Ross)가 말하는 지역사회 조직은 공동사회가 스스로 그 필요성과 목표를 발견하고 그것들의 순위를 분류하며 그것들을 달성하는 확신과 의지를 개발하여 필요한 자원을 구하여 실제행동을 일으키는 것이며, 또한 공동사회가 조직화, 단결 협력하여 실행하는 태도를 기르는 과정이라고 하였다.

로스가 정의한 지역사회단체는 목표를 달성하기 위해 순위를 정해 인적 자원과 물적 자원과 프로그램을 개발해서 달성하자는 주장이다.

즉, 지역사회조직이란 지역주민의 공통적인 욕구를 해결하기 위하여 지역사회 내의 물적 · 인적 · 정보 자원을 활용하여 지역사회 주민들의 욕구와 연계를 통하여 지역사

3) 사회학자로서 듀이(John Dewey)는 20세기 미국 교육계를 대표할 만한 인물로 버몬트 주의 벌링턴에서 출생하고 버몬트 대학에서 다윈의 진화론과 콩트의 실증론에 접하여 크게 영향을 받았다.

4) 쿠르트 레빈(Kurt Lewin, 1890. 9. 9~1947. 2. 12)은 독일계 미국인으로 사회심리학, 산업조직심리학, 응용심리학 등의 현대 심리학 분야의 선구자이다. 또한 레빈은 집단 역학과 조직 개발과 같은 개념을 도입하여 사회심리학의 개척자로 불린다.

회의 상부상조 활동이 일어나 지역사회가 활력 있고 바람직한 방향으로 발전해 나가도록 조직화하는 활동이라고 정의한다.

(1) 프리들랜더(W. A. Friedlander)

지역사회 조직의 정의는 지역주민 욕구와 지역자원 간에 상호조정을 확립하는 사회사업의 과정이다.

지역사회 조직목적은

첫째, 사회적 욕구를 조사하며 우선순위를 결정한다.

둘째, 그러한 욕구를 충족하기 위하여 구체적인 계획을 수립한다.

셋째, 지역사회자원을 효과적으로 조정 동원한다.

넷째, 지역주민의 적극적인 참가를 권유하는 것을 목적이다.

(2) 던햄(A. Dunham)

첫째, 지역사회의 욕구와 자원을 조정 유지하여 폭넓게 지역사회의 욕구를 해결해 주는 것이다.

둘째, 지역주민의 참가, 자기결정, 협력 등의 능력을 발전시켜 자기들의 문제를 효과적으로 해결할 수 있도록 원조하는 것이다.

셋째, 지역사회나 집단 간의 권력구조에 변화를 가져오게 하는 것이고, 의사결정에 영향을 줄 수 있는 것이다.

(3) 린드먼(Lindeman)

지역사회 조직의 의미는 '지역사회가 스스로 의식적인 노력과 활동으로 민주적으로 문제를 처리하고 상호이해하며 지역사회 전문가와 여러 기관이나 단체 · 시설 등으로부터 최고의 서비스를 얻어내려고 하는 활동'이다.

지역사회의 변화와 문제에 대한 구체적인 제안은 해당 지역의 특성과 상황에 따라 달라질 수 있지만 일반적으로 주요한 사회문제와 그에 따른 대안적인 접근방법은 다음과 같다.

1. 교육환경 개선

지역사회의 발전을 위해 교육시스템의 질을 향상시키는 것이 중요하다. 더 나은 교육환경을 위해 다음과 같은 조치를 고려할 수 있다.

- 학교시설 개선 및 교육장비 업그레이드
- 교사들의 교육 및 전문성 강화
- 저소득층 학생들을 위한 장학금 및 지원 프로그램 도입

2. 고용 기회 제공

지역 내 고용 기회를 늘리는 것은 사회 경제적 안정을 증진시키는 중요한 요소이다.

- 소기업 및 창업 지원 프로그램 도입
- 직업 훈련 및 스킬 개발 프로그램 제공
- 산업 다각화 및 혁신 촉진을 위한 인프라 구축

3. 사회적 연대 강화

지역사회 내의 유대감과 협업을 촉진하여 문제해결을 위한 공동 노력을 장려할 수 있다.

- 지역 기반의 봉사활동 및 사회 프로젝트 지원
- 지역주민들 간의 정보 공유 및 협업을 위한 플랫폼 개발
- 다양한 세대 및 문화 간의 교류 및 이해 촉진

4. 환경보호와 지속 가능한 발전

환경문제에 대한 대응은 지역사회의 지속 가능한 발전을 위해 필수적이다.

- 재활용 및 폐기물 관리 프로그램 강화
- 신재생에너지 도입 및 에너지 효율성 개선
- 지역 생태계와 자연자원보호를 위한 활동 지원

5. 사회적 취약계층 지원

사회적으로 취약한 그룹에 대한 보호와 지원을 강화하여 사회의 안전망을 더욱 견고하게 만들 수 있다.

- 노인, 장애인, 아동 등 특별한 지원이 필요한 그룹을 위한 서비스 강화
- 위기상황 대응 및 긴급 지원 시스템 구축
- 사회적 약자의 권리보호 및 인식 증진

6. 문화 및 예술활동 지원

지역문화와 예술활동은 사회풍토와 창의력을 증진시키는데 중요한 역할을 한다.

- 지역 예술가 및 문화 활동가를 지원하는 프로그램 및 공간 제공
- 지역 문화축제 및 이벤트 개최
- 문화 교류 및 국제 교류 프로그램 증진

이러한 제안들은 지역사회의 특성과 문제에 맞게 조정되어야 하며, 주민들의 의견과 협력이 중요한 역할을 한다. 지속적인 모니터링과 평가를 통해 이러한 제안들이 실제로 지역사회에 긍정적인 영향을 미치는지 확인하며 조정해 나가는 것이 중요하다.

CHAPTER 2

지역사회복지의 개념과 가치

학습목표

1. 지역사회복지의 개념을 이해한다.
2. 지역사회복지의 접근방법을 학습한다.
3. 지역사회복지의 이념과 가치를 학습한다.

개 요

지역사회복지(community welfare)는 살기 좋은 이상적인 지역사회(ideal community)를 만드는 것을 목표로 지역사회 자체를 변화시키거나 지역사회 내에서 구성원들의 복지를 위해 전문적 개입방법을 사용하여 지역주민들의 삶의 질 향상을 위해 스스로 변화하도록 도와주는 것이다.
지역사회복지의 이념은 인간존엄성 중시, 평등, 기회균등 및 자기결정권 등으로 정리되는 사회복지의 기본원리를 바탕으로 하면서, 지역사회 내의 사회복지 대상자들에게 당면한 문제에 어떠한 방법으로 접근하여 어느 수준까지 그 욕구를 충족시킬 것인가 하는 것까지 포함한다.

1. 지역사회복지의 개념

1) 지역사회복지의 개념

지역사회복지(community welfare)는 '지역사회'와 '사회복지'의 합성어로, 지역사회 내에서의 사회복지실천과 지역사회를 대상으로 한 사회복지실천을 동시에 포괄하는 개념이다. 「사회복지사업법」에서는 제2조에 "지역사회복지"란 주민의 복지증진과 삶의 질 향상을 위하여 지역사회 차원에서 전개하는 사회복지를 말한다.

지역사회복지는 살기 좋은 이상적인 지역사회(ideal community)를 만드는 것을 목표로 지역사회 자체를 변화시키거나 지역사회 내에서 구성원들의 복지를 위해 전문적 개입방법을 사용하여 지역주민들의 삶의 질 향상을 위해 스스로 변화하도록 도와주는 것이다.

좁은 의미의 지역사회복지는 사회구성원들에게 각종 사회복지서비스를 제공하는 것으로 재가복지를 포함하지만 대인서비스와 밀접하게 관련되며 시설보호와 대치되는 개념이다. 넓은 의미의 지역사회복지는 단순한 대인서비스를 넘어서 지역사회 차원의 제도나 정책의 변화를 포함한 개념이다.

지역사회복지를 지칭하는 용어는 국가마다 다른데, 일본에서는 지역복지로, 영국은 지역사회보호나 지역사회사업으로, 미국은 지역사회조직 또는 지역사회개입이라는 용어로 불리고 있다(박태영, 2012). 우리나라의 경우 1980년대까지 지역사회복지라는 용어보다 미국 사회사업의 영향으로 지역사회조직으로 불렸는데, 1980년대 중반까지만 해도 지역사회복지는 전통적 사회사업의 방법론으로 취급되어 왔기 때문이다. 그러다가 '지역주민의 주체적 협동에 의한 복지의 실현을 원조하는 지역조직화 활동'이라는 일본의 지역사회복지 개념이 소개되면서 그 용어가 알려지게 되었고, 1985년도부터 일부 대학을 중심으로 「지역사회조직론」 과목이 「지역사회복지론」 과목으로 변경되면서 학습내용도 조직화 이론에서 좀 더 확대된 내용으로 변경되기 시작하였다. 지역사회조직이라는 교과목이 지역사회복지라는 과목으로 변경되면서 지역사회복지는 방법론인가 또는 정책론인가라는 것이 한동안 학자들 사이에서 쟁점이 되었다. 1990년대 중반까지만 해도 지역사회복지 개념은 지역사회를 개입 대상으로 보고 그곳에 존재하는 각종 문제를 예방하거나 해결하고자 하는 모든 사회적 노력(최일섭 외, 1996)이라고 정의되어 왔기 때문이다.

일반적으로 종래의 사회사업은 개인을 대상으로 하는 개별사회사업(social casework), 가족과 집단을 대상으로 하는 집단사회사업(social group work), 지역사회를 대상으로 하는 지역사회조직(community organization) 등 세 영역을 사회사업의 실천방법론으로 접근해 왔다. 따라서 지역사회복지는 초기에 지역사회조직과 같은 뜻으로 받아들여졌다.

그러나 1990년대 후반에 들어오면서 지역사회복지는 사회복지의 중요한 한 영역으로 새롭게 체계화되었다. 우리나라의 지역사회복지는 미국의 지역사회조직이론과 일본의 지역복지이론 그리고 자원이 부족한 우리나라에 자원 개발 및 사회운동 관련 이론들이 복합적으로 도입, 활용되면서 하나의 영역을 형성하게 된다. 결국 좁은 의미의 지역사회조직이론이 넓은 의미의 지역사회복지 영역에 포함된 것이다. 이러한 변화를 배경으로 지역사회복지서비스의 체계도 특수한 상황에 처한 구체적 클라이언트를 위한 시설보호 중심에서 재가보호와 지역사회보호 중심으로, 공급자 중심에서 수요자 중심으로 사회복지체계가 변화하면서 지역사회복지의 중요성이 점차적으로 증가되었다.

여러 학자의 지역사회복지에 대한 다양한 정의를 보면 다음과 같다.

로스(Ross, 1955)는 전통적인 지역사회조직의 관점에서, 공동사회 스스로 지역사회의 문제점을 발견하고 지역사회의 문제해결능력과 자원을 활용하여 단결, 협력을 통한 사회통합을 강조하였다.

송정부(1985)는 지역사회복지의 개념을 민·관이 협동하여 지역사회에서 생활하고 있는 지역주민의 생명권과 생활권을 확보해 주는 방법과 분야라고 설명하였다.

신섭중(1995)은 지역사회복지란 표준 이하의 생활수준에 놓여 있는 지역주민 또는 지역사회의 개선을 목적으로, 국가 · 지방자치단체 및 주민조직, 민간단체가 주민주체의 원칙에 따라 협동하여 각종 제도를 개선하고 개별적 · 종합적 · 조직적으로 원조를 행하는 모든 지역 활동을 총칭한다고 하였다.

정무성(1997)은 지역사회구성원의 삶의 질 향상을 위해 사회복지전문 실천방법을 동원하여 지역사회에 조직적이고 체계적으로 개입하는 것을 지역사회복지로 정의하였다.

최일섭과 류진석(1998)은 지역사회복지는 지역사회조직이 확대된 개념으로 전문 혹은 비전문 인력이 지역사회 수준에 개입하여 지역사회에 존재하는 각종 제도에 영향을 주고, 지역사회 문제를 예방, 해결해 가는 모든 사회적 노력을 의미한다고 하였다.

김영모(2001)는 지역사회구성원의 욕구해결을 위해 지역사회의 자원을 동원하는 과정으로 지역사회복지의 개념을 정리하였다.

이러한 지역사회복지는 사회복지와 동일한 개념으로 혼동되기도 하는데, 이는 지역사회복지가 아동, 청소년, 노인 등을 대상으로 하기 때문이다. 하지만, 지역사회복지란 개인복지나 가정복지보다 넓은 차원의 개념이며 아동복지, 청소년복지, 노인복지, 장애인복지라는 대상층 중심의 복지활동보다 지역성(locality relevance)이 뚜렷하다는 데서 그 차이를 발견할 수 있다. 여기에서 우리가 주목해야 할 점은 지역사회복지라는 것은 개인, 가정, 집단 등 낮은 수준의 사회체계의 복지와 대립적인 위치에 있는 것이 아니고, 사회복지라는 연속선상(continuum)의 다른 극에 위치하여 상호보완적인 관계를 유지한다는 것이다(최일섭 외, 2014).

이러한 관점에서 김범수(2012)는 21세기 사회복지 패러다임(paradigm)을 크게 다음 세 영역으로 구분할 수 있다고 제안한다. 첫째는 사회복지실천 및 기술 영역이며, 둘째는 사회복지정책 영역이고, 셋째는 지역사회복지 영역이다. 이를 정리하면 [그림 2-1]과 같다.

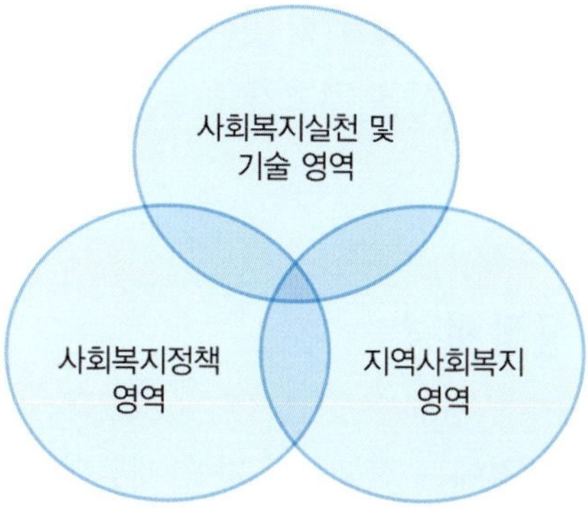

[그림 2-1] 현대 사회복지의 패러다임

출처: 김범수(2012).

지역사회복지 개념의 속성은 다음의 내용을 내포하고 있다(오정수 · 류진석, 2013).

① 지역사회복지는 지역성과 기능성을 포함하는 일정 지역사회 내에서 이루어진다.
② 지역사회복지는 지역주민의 삶의 질 향상이라는 목표를 가지고 있다.
③ 지역사회복지는 지역사회의 문제해결능력을 향상하고, 주민의 복지욕구를 충족시키는 기능을 가진다.
④ 지역사회복지는 정부와 민간기관이 공동주체가 되어 공공과 민간의 협력이 강화되는 추세로 발전하고 있다.
⑤ 조직적인 활동을 강조하는 전문적인 서비스와 방법을 사용한다.
⑥ 지역사회에 존재하는 각종 제도에 영향을 준다.
⑦ 개인이나 가족 등 미시적 수준의 사회체계와 연속선상에서 지역성이 강조되는 활동이다.

결론적으로 지역사회복지(community welfare)는 지역사회의 복지향상을 위한 포괄적인 제도적 개념으로서 '지역사회에서 발생되는 욕구와 사회문제와 위기를 예방하고 극복하며 해결해 나가기 위해 주민의 자율적 참여와 노력, 민간과 공공부문의 협력을 바탕으로 지역사회의 내적 · 외적 자원을 동원하여 주민의 삶의 질을 향상시키며 지역사회에 존재하는 각종 제도에 영향을 주고자 하는 모든 사회적 노력'이다.

2) 지역사회복지의 등장배경

지역사회복지가 등장한 배경에는 전통적인 가족 개념의 변화와 세계화 및 지역화가 되면서 지역사회가 부담해야 할 복지 분야에서의 역할 증대가 있다. 이를 정리하면 다음과 같다.

첫째, 세계화와 지역화 시대로의 변화이다. 세계의 경제가 다자간 무역체계로 변화되고 점차 세계화가 진행되어 왔으며, 무역의 발달과 함께 통신 및 인터넷으로 대변되는 네트워크의 발달로 지역화가 함께 이루어지고 있다. 우리 사회도 개인의 특성과 개인이 속한 지역단체의 특성을 중요시하는 지방분권화 시대로 변하고 있고, 지역사회가 차지하는 비중이 늘어나면서 개인과 개인이 영향을 미치는 지역단위의 복지욕구도 늘어나게 되었다.

둘째, 전통적인 가족개념의 변화이다. 가족은 전통적으로 개인을 성장 · 발달시키고 사회를 유지 · 발전시키는 기능을 가지고 있다. 시대의 변화로 가족의 생산기능은 점차 소멸되고 소비단위로서의 기능이 강화되었으며, 가족이 가졌던 개인의 성장 · 발달 기능도 많은 부분 다른 사회기관이 담당하게 되었다. 현대사회의 여러 변화와 더불어 이혼, 혼외출산, 동거생활, 동성애가족, 한부모가족, 입양가족, 조손가족, 무자녀가족 등과 같이 새롭고 다양한 형태의 가족이 등장하였다. 이러한 가족의 변화는 인류의 위기로 볼 수도 있지만, 더욱 다양화되어 가는 현대사회에 적응해가는 것으로, 개인 선택의 자유가 늘어나고 전통적인 가부장적 불평등관계로부터 보다 가족성원들의 개인적 권리가 존중되는 긍정적 변화로 해석될 수 있다. 하지만 가족의 변화로 기존에 가족이 수행하던 여러 기능을 사회에서 담당해야 할 필요성이 생겼다. 아이들과 노인들의 돌봄 문제가 대표적인 예인데, 이러한 돌봄 문제를 각 개인과 지역의 특성에 맞춰 지역사회에서 담당해야 할 필요성이 생긴 것이다.

셋째, 사회복지체계의 변화이다. 앞서 말한 지역화와 전통적인 가족개념의 변화와 함께, 사회복지체계도 시설 중심에서 재가 및 지역사회 중심으로, 공급자 중심에서 수요자 중심으로 변화되었다. 시설 중심으로 이루어지던 종래의 사회복지서비스는 이용자의 인권보호 등 그 효율성의 한계로 시설의 개방화와 탈시설화가 나타났고, 재가복지 중심의 지역사회복지서비스로 변화되었다.

3) 지역사회복지의 대상과 내용

지역사회복지의 대상은 지역사회에서 복지서비스를 필요로 하는 지역주민으로서 넓게는 지역사회복지 추진의 주체와 일치한다. 좀 더 구체적으로는 지역주민들 중 장애인, 노인, 청소년, 아동 등으로서 당사자와 그 가족이 지역사회복지의 대상이 된다. 즉, 지역주민 모두가 지역사회복지의 대상자인 동시에 지역사회복지의 추진자가 되는 것이다.

지역사회복지의 내용은 크게 질적인 복지서비스, 복지환경 개선 활동, 지역조직화 활동 등 세 가지로 나눌 수 있다(이태수, 2005).

(1) 복지서비스

복지서비스에는 복지에 대한 정보 제공, 교육, 상담활동 등과 사고 등의 발생을 예방하기 위한 예방적 복지서비스와 의료 활동, 간호, 재활교육 등의 전문적 케어서비스, 급식, 목욕, 세탁 등 전문적인 기술을 필요로 하지 않는 일상적인 생활을 돕는 재가보호서비스, 노인의 사회참여, 생활대책 등 전체 주민의 복지증진을 도모하기 위한 복지증진서비스 등이 있다. 이러한 내용을 다시 정리하면, “지역사회 내에서 일정한 시설과 전문 인력을 통하여 요보호자들에게 필요한 서비스를 제공하는 것" 또는 "여러 가지 도움을 필요로 하는 노인, 장애인, 아동 등을 시설에 수용하지 않고 지역사회 내에서 재가복지 전문요원을 가정으로 파견하거나 재가복지센터로 동원케 하여 일상생활을 위한 서비스와 자립할 수 있는 프로그램을 제공하는 것"을 재가복지서비스라고 한다.

(2) 복지환경 개선 활동

복지환경개선서비스는 복지대상자의 생활과 활동을 저해하는 물적 조건을 개선하고 정비하여 그들의 사회참여를 촉진시키기 위한 활동이다. 지역사회복지는 요보호대상자가 다른 사람과 차별 없이 사회활동을 영위할 수 있도록 사회적 통합과 정상화에 필요한 개인이나 가족을 둘러싸고 있는 환경을 개선하고자 하며, 환경개선의 대상은 다음과 같다.

① 물리적 환경 개선: 요보호대상자의 생활 및 활동을 저해하는 물적 조건과 이들의 생활 및 행동을 향상시키는 데 필요한 물리적 환경 조건의 개선

② 제도적 조건 개선: 요보호대상자의 사회참여를 촉진하는 데 필요한 제도적 조건의 개선

③ 지역사회복지 참여 촉진: 요보호대상자에 대한 지역주민들의 의식 및 태도 변화는 물론 지역사회복지의 참여를 촉진하여 조직화를 시도하는 활동

(3) 지역조직화 활동

지역조직화 활동은 주민들이 복지활동에 적극적으로 참여하고 협력할 수 있도록 의식과 태도를 변용시키고, 서비스의 조직화, 서비스 공급체계의 정비 및 효과적 운영을 도모하는 활동이다. 지역사회복지는 지역사회의 존재방식이 되는 지역의 조직화 및 통합화를 이루며, 복지공동체를 추진함으로써 바람직한 지역사회형성의 과정인데, 이와 같은 방법이 지역조직화이다. 바람직한 지역사회형성은 지역사회조직의 방법에 의

해서 추진되며, 지역사회복지는 조직망에 의한 원조가 특징이므로 지역자원 및 주민참여를 통한 조직화와 고도화가 요구된다.

2. 지역사회복지의 접근방법

1) 지역사회복지의 접근방법

지역사회복지는 대체로 다음과 같은 네 가지 원칙하에서 이루어진다.

(1) 지역성의 원칙

주민이 일상생활을 영위하는 지역을 기반으로 지역의 실정에 맞는 서비스를 구체적으로 전개할 수 있어야 하므로 읍·면·동 등 작은 행정단위로 이루어진다.

(2) 종합화의 원칙

복지, 보건, 의료, 주택 등 분야별과 장애인, 노인 등 대상별로 전문화되어 있는 것을 종합화하여 니즈(needs)에 맞게 효과적으로 대처한다.

(3) 계획화의 원칙

다양한 공급 주체와 다양한 서비스를 적절하게 조정하여 제공하기 위해서는 서비스 내용의 확충과 질의 향상, 시설의 배치, 공급체계의 정비 등 지역실정에 맞게 계획적으로 추진하여야 한다.

(4) 참가와 협동의 장려

지역주민의 주체적인 참가와 함께 행정, 민간단체, 기업 등의 연대와 협동을 추진하여야 한다. 즉, 주민은 서비스의 수혜자인 동시에 서비스의 제공자이기도 한 것이다.

그러므로 지역사회복지는 지역사회(community)와 복지(welfare)를 합성한 말로 지역사회가 갖는 문제를 해결하고, 주민의 생활을 향상하고 복지를 도모하는 일체의 사회복지 활동이다. 따라서 지역사회복지가 추구하는 궁극적인 목적은 '이상적인 지역사회(ideal community)'를 건설하는 것이다. 즉, 지역사회복지는 살기 좋은 '이상적인 지역사회'를 만드는 것을 목표로 지역사회 자체를 변화시키거나 지역사회 내에서 구성원의 복지를 위해 전문적 개입방법을 통해 지역주민들의 삶의 질을 향상시키도록 스스로 변화하게 도와주는 것이다.

린데만(Lindeman, 1921)은 그의 저서 〈지역사회(The Community)〉에서 '이상적인 지역사회'는 주민들에게 생명과 자산의 안전, 경제적 소득을 보장, 육체적 보건과 위생, 여가시간 활용을 위한 놀이, 윤리적 기준, 공공교육, 자유로운 의사표현의 수단, 민주적 조직, 신앙적 동기와 같은 조건을 제공해야 한다고 하였다.

그러므로 이상적인 지역사회를 건설하고자 하는 지역사회복지는 지역사회와 사회구성원의 실질적인 변화와 삶의 질 향상을 돕기 위해 특정 분야가 아닌 사회사업, 공중보건, 성인교육, 공공행정, 도시계획, 정신건강 등의 전문가들과 민간단체, 정치단체의 자원봉사자 등 다양한 분야에서 폭넓게 수행되어야 한다.

따라서 지역사회복지 활동은 반드시 전문적인 활동이라고 말할 수 없으며, 고대사회부터 내려온 두레, 품앗이와 같은 자연발생적인 민간 활동 등에서 오늘날의 민간자선활동, 지역개발운동, 그리고 전문적인 지역사회 조직사업을 내포하는 성격을 가진다. 지역사회복지는 주민의 사회생활상의 요구와 집단이나 시설과의 관계와 지역사회의 사회 의식구조 등이 통합된 불가분의 것으로 파악해야 한다. 이를 위해서는 지역성의 원칙과 종합화의 원칙을 통하여 지역사회의 전체적인 구조를 파악해야 한다.

지역사회는 일반 사회 속에 있는 하나의 사회단위로서 인간 생활과 밀접한 관련이 있다. 지역사회에는 경제기능과 상부상조, 사회통제 및 통합기능 등이 있는데, 이러한 기능들은 지역사회 제도에 영향을 줄 뿐만 아니라 문제를 예방 · 해결한다. 이러한 모든 노력은 지역사회 주민들의 복지를 증진하기 위한 지역사회 사회복지 사업의 한 방법이라고 정의할 수 있는데, 지역사회복지는 지역사회 주민 중심으로 형성되는 사회복지이다(전대성, 2006).

2) 지속 가능한 지역사회복지

현대사회로 오면서, 공동체의식은 점점 약화되고 지역주민 간의 상호작용은 형식적인 관계만 유지하고 있다. 이러한 공동체의식의 부재는 적극적인 지역주민 참여를 방해하고, 지역주민을 단순한 서비스의 수혜자로만 머물게 하고 있다. 장기적인 관점에서 지역사회구조의 변화와 생활방식의 변화와 같은 근본적인 문제를 해결하지 않는다면 사회통합은 어려울 것이다. 때문에 지속 가능한 지역사회복지 방법은 지속 가능한 지역사회를 만들기 위해 더욱 절실하다.

맥넛(McNutt, 1995)은 지속 가능한 사회복지체계를 위해 주민 중심의 원칙, 사회정의의 원칙, 참여의 원칙, 예방의 원칙, 발전의 원칙과 같은 다섯 가지 원칙을 제시하고 있다. 지역주민의 행복한 생활과 사회통합을 추구하기 위해 지역사회복지는 경제지표, 사회지표와 함께 환경지표를 중요한 기준으로 적용하여야 한다는 것이다.

지속 가능한 지역사회복지의 기본 전제는 다음과 같다.

(1) 종합적이고 거시적인 지역사회복지 발전 모델

현대의 지역사회는 여러 가지 이익단체나 정치적 세력에 의해 많은 영향을 받는다. 이들의 이권다툼으로 인해 사회복지의 많은 문제들이 대립되어 해결되지 못할 수 있다. 때문에 폭넓은 협의와 협력을 통해 거시적인 정책 수립과 종합적인 대책을 세워야 지속 가능한 지역사회복지를 이룰 수 있다.

(2) 통합적이고 상호작용적 관계

지속 가능한 지역사회복지는 통합적이며 상호작용적이어야 한다. 지역사회복지는 주민 개인의 삶의 질 향상과 동시에 지역사회 전체의 질을 높이는 것이어야 한다. 그러기 위해서는 지역사회와 주민 개인 간의 관계는 일방적인 것이 아니라 교류와 협력을 통해 서로의 영향이 선순환되어야 한다. 이러한 통합적이고 상호작용적 관계는 개인과 지역사회뿐만 아니라 정치, 경제, 사회, 문화, 환경 등 서로 다른 분야 간에도 충분히 상호적이어야 한다. 지역사회의 다양한 분야들이 유기적으로 연결되었을 때 지역사회복지의 지속 가능성은 높아진다.

(3) 새로운 문화적 전통 확립

모든 지역사회는 나름대로의 독특한 문화와 전통을 가지고 있다. 하지만 기존의 문화와 전통을 유지하는 것만 고집한다면 건강한 지역사회를 만들 수 없다. 지속 가능한 지역사회복지는 끊임없이 다른 지역과 차별화된 새로운 문화를 개발함으로써 가능할 것이다.

3. 지역사회복지의 이념과 가치

1) 지역사회복지의 이념

지역사회복지의 이념은 인간존엄성 중시, 평등, 기회균등 및 자기결정권 등으로 정리되는 사회복지의 기본원리를 바탕으로 하면서, 지역사회 내의 사회복지 대상자들에게 당면한 문제에 어떠한 방법으로 접근하여 어느 수준까지 그 욕구를 충족시킬 것인가 하는 것까지 포함한다. 즉, 사회복지 대상자들이 계속적으로 의존적 약자로서 머무르는 것이 아니라 스스로를 지역사회의 욕구와 문제해결을 위해 주체적으로 참여할 수 있는 존재로 인식하도록 그 역량을 강화시켜 나가는 것이다. 이러한 시각에서 지역사회복지의 이념을 정상화, 통합화, 주민참여, 네트워킹 등을 중심으로 살펴보기로 한다(박태영, 2012).

(1) 정상화

정상화(normalization) 이념은 1950~1960년대 유럽에서 정신지체인의 생활을 가능한 한 정상적인 생활에 가깝게 하고자 하는 노력에서 나타난 이념으로, 이제는 정신지체인 뿐만 아니라 장애인, 아동 · 청소년, 노약자, 빈민, 임신부 등 모든 사회적 약자를 대상으로 하는 개념으로 확대되었다. 정상화는 사회적 약자가 정상인과 다르다고 해서 특수한 시설이나 병원과 같이 사회와 분리된 곳에서 살아가는 것은 인간다운 삶이 아님을 인식하고, 가능한 한 일반인이 살아가는 보통의 삶과 유사한 생활을 누릴 수 있도록 하는 것이다. 사회적 약자의 불편을 최소화하기 위해서는 사회적 노력이 필요하므로, 정상화는 누구나 차별 없이 더불어 살아가는 이웃과 이상적인 공동체를 만들고자 하는 지역사회복지의 이념적 기반이 되었다. 이러한 정상화의 이념으로부터 탈시설화 개념이 생겨났다(남일재 · 문영주, 2015).

(2) 통합화

통합화(integration) 이념은 계층 간 격차를 줄이고 사회 전반적 불평등을 감소시켜 삶의 질을 제고해 가는 것이다. 즉, 통합화는 정상화 이념을 달성하기 위해 필요한 것으로, 지역사회에서 요보호대상자들이 일반 주민들과 함께 생활해 나갈 수 있는 조건을 확보하는 것이다. 이는 사회적 약자도 지역사회와 가정생활에서 발달, 욕구충족, 사회적 교류 등을 정상적으로 누릴 수 있도록 지역사회 체제를 만들어내는 것이다. 장애인과 노인 같은 사회적 약자들은 각자 자신들이 지역사회의 주민들과 함께 차별 없이 성장할 수 있는 권리를 가진다는 것이다. 진정한 통합화를 위해 지역사회는 물리적 장벽뿐만 아니라 심리적 장벽도 제거하고 사회적 약자와 대등한 입장에서 지역사회의 체제를 만들어야 한다(양성관 외, 2013).

(3) 주민참여

주민참여 이념은 사회복지서비스가 공급자 중심에서 이용자 중심으로 변화하면서 생겨났다. 이용자 중심의 서비스 제공은 이용자의 욕구를 기초로 한 서비스 제공과 서비스의 선택권이 이용자에게 주어져 있는 것을 전제로 한다. 때문에 지역사회복지에서는 지역주민의 복지욕구를 파악하고, 이를 근거로 서비스 제공체제를 구축하고 실천하게 된다. 지역사회복지에서 주민은 서비스 이용자임과 동시에 공급자로서의 양면성을 지니고 있다. 즉 주민참여는 주민의 욕구 파악을 위한 것 뿐만 아니라 주민이 지역사회의 주인공으로서의 주체성을 가질 수 있게 하는 것이고, 지방자치단체와의 파트너십을 형성하는 방법이기도 하다. 지역사회복지에서 주민참여는 하나의 목표이고 과제이며, 주민협력을 얻어내는 핵심적인 수단이다. 주민참여가 없는 지역사회복지는 제대로 된 지역사회복지라고 할 수 없다(남일재 · 문영주, 2015).

(4) 네트워킹

네트워킹(networking) 이념은 과거의 공급자 중심의 서비스를 이용자 중심의 서비스로 바꾸기 위해서는 서비스 제공체제의 네트워킹이 필요하다는 의미이다. 기존 공급자의 일방적인 필요에 의해 만들어진 서비스 체제로는 다양한 욕구를 지닌 이용자 중심의 서비스를 제공할 수가 없다. 이용자의 다양한 욕구를 서비스하기 위해서는 서비스 제공체제의 네트워크가 필연적으로 있어야 한다. 또한 이용자의 조직화, 서비스 관계자의 조직화, 관련 기관의 연계 등 다양한 네트워킹을 통하여 지역사회의 서비스 공급체제와 이용체제를 효율적으로 만들 수 있다. 지역사회복지에서 네트워킹 원리는 사회적 인간관계의 조직화를 의미하는 것으로, 자원봉사자, 주민, 보건, 의료, 복지, 행정, 경제, 사회, 문화, 교육, 환경, 정보 등 지역사회가 가진 다양한 자원을 유기적으로 연결하는 것이다.

2) 지역사회복지의 가치

지역사회복지는 사회복지서비스 대상자인 클라이언트(client)를 단순한 요보호대상자로만 보는 것이 아니라 문제를 스스로 극복해나가도록 지원하고, 주체적 참여를 통해 스스로 역량을 강화하도록 한다.

가치(價値)는 일반적으로 '좋은 것, 값어치'를 뜻하며, 인간의 욕구나 관심을 충족시키는 것을 말하는데, 학문에서 가치는 단순히 중요하다는 뜻이 아니라 평가의 의미가 포함되어(위키백과, 2020), 옳은 행동을 선택하는 기준이 된다. 지역사회복지의 가치를 사회적 관계와 보호 형태로서의 가치, 보호 제공 동기로서의 가치, 지역사회복지실천을 위한 기본가치로 다음과 같이 설명할 수 있다(오정수 외, 2014 재인용).

(1) 사회적 관계와 보호 형태로서의 가치

사회적 관계와 보호 형태로서의 가치에는 애정적 유착과 친밀성, 사회통합, 부양에 대한 기대, 신뢰성 있는 원조, 조언이 있다.

① 애정적 유착과 친밀성은 부부관계나 이성 관계, 모성, 형제자매 등 혈연적이고 지속적인 관계에서 이루어진다.

② 사회통합은 친구, 직장동료, 동호회 등과 같이 같은 목적과 정보, 경험을 공유하는 사람들 간에 이루어진다.

③ 부양에 대한 기대는 자녀를 양육하는 부모에게 발견되며, 자녀가 성인이 되어 노인이 된 부모를 부양할 것으로 기대한다.

④ 신뢰성 있는 원조는 긴밀한 혈연관계에서 가능한데, 친구나 이웃 간에도 이루어질 수 있다.

⑤ 조언은 사회복지사, 상담사, 교사, 성직자, 의사 등 사회적으로 존경받는 사람과의 관계에서 이루어진다.

(2) 보호 제공 동기로서의 가치

보호 제공 동기로서의 가치에는 이타주의, 자선, 전통, 의무, 상호성이 있다.

① 이타주의는 나보다 남을 먼저 생각하고 행동의 목적을 타인에 대한 행복에 둔다는 것인데, 기부나 선물과 같이 일반적인 경제행위가 여기에 해당된다.

② 자선은 자애 · 박애 · 동포애의 정신에 근거해 행해지는 공익적인 활동으로, 자선은 사회적 약자에 대한 사회복지서비스 제공과 같은 활동을 말한다.

③ 전통은 오래전부터 내려오는 관습으로, 우리 사회에서는 노인을 공경하고 부모부양을 의무로 여긴다던지 하는 형태로 나타난다.

④ 의무는 전통이나 자선과 관련성이 있지만 사회적 관계보다는 혈연관계에서 나타난다.

⑤ 상호성은 사회적 보호가 일방적인 관계가 아니라 서로 보완재로서 역할을 한다는 것이다.

(3) 지역사회복지실천을 위한 기본가치

지역사회복지실천을 위한 기본가치에는 다양성과 문화에 대한 이해, 자기결정권과 역량강화, 비판적 의식의 발전, 상호학습이 있다.

① 다양성과 문화에 대한 이해는 소외된 집단과 구성원에 대한 지원과 동등한 참여를 이끌어내기 위해서 필요한 가치이다.

② 자기결정권과 역량강화는 지역주민 스스로 문제를 해결할 수 있는 힘을 가져야 한다는 것으로, 사회복지사는 지역주민의 자기결정권과 역량이 강화되도록 도움을 주어야 한다.

③ 비판적 의식의 발전은 지역사회복지서비스가 관습적으로만 이루어져서는 안 되고, 주변의 변화에 대해 항상 반응하고 비판적으로 변화해 나가야 한다는 것이다.

④ 상호학습은 지역사회복지실천의 과정에서 사회복지사가 사회복지 대상자들을 변화의 대상으로만 보지 말고, 이들을 통해 지역사회를 더 잘 이해하기 위한 학습자가 되어야 한다는 것이다.

CHAPTER 3

지역사회복지의 발달과정

학습목표

1. 한국의 지역사회복지 발달과정에 대하여 이해한다.
2. 영국의 지역사회복지 발달과정에 대하여 설명한다.
3. 미국의 지역사회복지 발달과정에 대하여 분석한다.

개 요

한국의 지역사회복지의 역사를 살펴보는 의미는 과거 우리나라에서 지역사회복지제도가 어떻게 운영되었고, 어떤 형태로 발전되어 왔는지를 봄으로써 향후 개선방안을 모색할 수 있어야 한다고 본다.

영국은 지역사회복지의 역사의 기원이 되는 1601년 엘리자베스 구빈법 다음으로 지역사회복지에 대하여 법제화를 해 왔으며 우애방문원 등 현대적 의미의 전문화된 사회복지의 시작인 자선조직협회운동과 인보관 운동을 전개한 국가이며, 이는 현대적 의미의 전문화된 지역사회복지의 출발이다.

미국의 지역사회복지의 경우 지역주민의 빈곤문제를 개인적 책임보다 사회구조적인 문제, 즉 대공황과 대량실업에 초점을 두면서 국가가 개입하는 공공복지중심으로 전개되었다. 지역사회복지의 형성기는 1920~1950년대이며 연방정부 차원에서 사회복지체계에 대한 계획과 조정의 필요성을 인식했으며 국가계획위원회가 1933년부터 1944년까지 활동하면서 지역사회복지에 많은 영향을 미쳤다. 지역사회복지의 발전기는 1960년대 이후~현재까지이며, 빈곤 문제가 인종문제와 결부되면서 사회적 쟁점으로 부각되었다.

1. 한국의 지역사회복지 발달과정

한국에서 지역사회복지에 대한 현대적 개념이 도입되기 전부터 부락 단위나 국가 차원에서 지역 주민과 일반 국민이 당면한 사회·경제적 문제를 해결하고자 하는 공동의 노력이 있었다. 한국의 지역사회복지의 역사를 살펴보는 의미는 과거 우리나라에서 지역사회복지제도가 어떻게 운영되었고, 어떤 형태로 발전되어 왔는지를 봄으로써 향후 개선방안을 모색할 수 있어야 한다고 본다.

한국의 지역사회복지의 역사는 전통적인 지역공동체 안에서의 상호부조형태로 운영되었던 근대 이전의 시기, 일제강점기를 포함하는 근대화 시기, 새마을운동을 중심으로 하는 지역사회개발 시기, 지역사회중심의 서비스확대 시기, 지역사회복지의 새로운 변화가 진행 중인 현대로 구분해서 이해할 수 있다.

1) 근대 이전의 지역사회복지

근대 이전의 시기에는 국가에 의한 제도보다 촌락을 단위로 하는 협동적인 관행이 중심이 되었으며, 전통적인 농경사회와 유교문화로 인해 촌락을 중심으로 한 당면문제에 대한 공동의 노력과 상호부조를 위한 공동체를 형성하였다. 부락(촌락) 단위의 복지사업(민속적 협동관행)으로 대표적인 지역사회 조직체는 두레, 계, 품앗이, 향약, 오가통제도 등이 있다.

국가와 촌락 단위로 복지사업이 전개되었으나 국민이 복지혜택을 받고 효과를 얻은 복지사업은 공동체 속에서 자연적으로 발생한 민속적 관행과 유교문화의 교화로 이루어진 촌락 단위의 자주적 복지관행이다.

(1) 두레

두레는 촌락단위에서 조직된 농민들의 상호협동체를 말하며 주로 촌락공동체의 내부질서로서 공동방어, 공동노동, 공동예배, 공동유흥, 상호부조의 기능을 담당하였다. 산업구조 및 농업생산방식이 변모하면서 전통적 두레는 소멸할 수밖에 없었지만 오늘날에도 농촌을 중심으로 상호협동의 생산방식은 아직 남아 있다.

(2) 계

계는 조합적 성질을 지닌 협동조직으로서 공익 산업, 영리, 친목, 공제의 목적을 지니고 있으며, 오늘날에는 그 형태나 방식이 변형되어 있지만 친목과 공제적 목적으로 민간 차원의 계 조직이 형성되어 있다.

(3) 품앗이

부락 내에서 농민들이 노동력을 서로 차용 또는 교환하는 조직을 제시하고 있고 농촌지역의 가장 대표적인 노동협력의 양식으로 볼 수 있다. 현재는 지역사회 내 자원봉사조직체에서 금전이 아닌 자원봉사를 매개로 구성원들의 교환형태에서 품앗이 전통이 이어지고 있다.

(4) 향약

지역사회의 발전과 지역주민들의 순화와 덕화 그리고 교화를 목적으로 한 지식인들 간의 자치적인 협동조직이라고 볼 수 있다. 향약은 유교적인 예속을 보급하고 농민들을 향촌사회에 정착시켜 토지로부터 이탈을 방지하고 공동체적으로 결속시킴으로써 체제의 안정을 도모하는 데 그 목적이 있다. 향약은 어려울 때 서로 돕는 규약이었다. 향약의 전래 시기는 조선 중종 때 유교적 이상 정치를 추구하던 조광조의 주장으로 처음 실시되었는데 조광조의 실각으로 없어지고 말았다. 그러다 선조 때 사림이 다시

정권을 잡으면서 다양한 형태의 향약이 만들어졌는데 군·현이나 마을 단위로 시행이 되었다. 향약은 행정기구는 아니었지만 강제력을 발휘할 수 있어서 선행이 있는 사람은 조정에 알리게 하며, 악행이 있는 자는 처벌까지도 하였다. 향약의 4대 강목 중 덕업상권과 과실상규 그리고 예속상교는 향촌자치와 향촌질서의 정립에 많은 기여를 하였다. 그리고 환난상휼은 현대적 상부상조의 조직과 지역사회복지정책과 가장 연관이 많은 내용이라고 볼 수 있다.

(5) 오가통제도

세조 때부터 실시된 오가통제도는 다섯 가구 중에서 나이가 많거나 지위가 높은 사람이 대표를 담당하였는데, 오가통이란 정부가 강제성을 지닌 조선시대의 인보제도로서 구역 내에 거주하는 모든 지역주민이 상부상조하고 연대감을 갖고 지역 내의 치안을 유지하고 복리를 증진하여 지방행정의 운영을 돕게 하는 제도였다.

2) 근대화시기의 지역사회복지

일제강점기에는 선진화된 사회복지활동이 많이 들어왔는데, 근대적 의미의 사회복지사업이 싹트기 시작한 시기라고 할 수 있다. 이 시기에 조선구호령 등 사회복지와 관련된 많은 법이 제정되었으나 이는 근대적 복지이념에 의한 것이라기보다는 우리 민족이 일제에 충성하도록 하는 정치적 의미가 컸다. 그리고 식민지인 조선의 빈민을 효과적으로 통제하여 질서를 유지하고 지배강화를 도모하려는 정치적 목적이 있었다.

공공부조의 기본이 된 법으로 일본의 구호법(1929년 제정, 1932년 실시)을 바탕으로 하여 조선구호령(1944년 3월)을 실시하였다.

일본은 자국의 이익을 위하여 한국 농업을 식민지적 구조로 변경하고자 토지조사사업, 산미증식계획 등을 실시함으로써 전통적인 자생 복지활동은 위축되거나 해체되었다. 당시 협동조합운동은 민간 주도로 실시되었으며, 그 주창자는 유학계, 천도교계, 기독교계의 세 계통에서 이루어졌다. 이는 자본주의의 산물로써, 일반적으로 상부상조를 통하여 조합원의 경제적 · 사회적 지위를 향상시키고자 하는 자기 방어적 자주조직이었다(박용순, 2006).

일부에서는 1921년 설립된 태화여자관이 최초의 인보관으로 인정되기도 하지만, 한국 최초의 인보관은 1906년 미국의 감리교 여선교사였던 메리 놀스(Mary Knowles)가 원산에 반열방(The Class Rooms)이라는 이름으로 만들었다. 1910년 한일합방 이후 조선총독부에서는 일본의 사회사업제도였던 방면위원제도를 1927년 경성부에 설치하였다. 서울에 인보관을 설치 운영하였던 것은 그 당시 일본의 빈민구제제도였던 방면위원회사업과 인보사업을 병행하여 보다 효과적으로 빈민대책사업을 수행하기 위한 것이었다. 일제하의 사회복지사업으로는 사회복지 지도기관, 조선구호령 실시, 사회복지시설과 사업, 지역복지에 관한 연구 활동 등이 있다.

3) 지역사회복지의 형성기

(1) 외원기관에 의한 사회복지사업

제2차 세계대전(1939. 9~1945. 8, 6년간)의 혼란을 극복하지 못하고 정치 · 사회 · 경제적 불안정한 상태가 미군정기(1945~1948, 3년간)를 거쳐 1948년 이승만 대통령의 제1공화국이 출범하였으나 한국전쟁(1950. 6. 25~1953. 7. 27, 3년간)으로 격화되어 사회적 불안이 1960년대까지 지속되었다.

광복 이후의 지역사회복지는 사회복지협의회, 사회복지공동모금회, 사회복지관, 외원기관과 지역사회조직, 지역사회개발 등에서 의의를 찾을 수 있다.

「사회복지공동모금회법」에 준하여 설립된 것이 사회복지공동모금회이다. 사회복지공동모금회는 1998년 이전에는 지정된 법령 없이 공공기관에서 재원이 모금되었다.

사회복지공동모금사업을 관장하기 위해 특별시, 광역시, 특별자치시 · 도 단위 사회복지공동모금지회를 둔다. 하지만 재원의 사용에 대한 대상, 목적, 방법이 불명확하여 계획되지 않은 곳에 사용되었고, 관리가 어려웠다.

한국의 지역사회복지의 형성기는 대체로 해방 이후 1950년대부터 1970년대로 볼 수 있는데, 이 시대에는 외국민간원조기관에 의한 사회복지사업이 1970년대 초반까지 주종을 이루었다.

해방 이후 급속한 사회 변화로 인한 사회혼란과 한국전쟁을 통해 고아, 장애인 등 대규모 수용시설 사업이 중심이었다. 이 시기에는 외국 민간 원조기관에 의해 구제사업이 주로 이루어졌는데, 수용시설 사업과 지역개발 사업을 병행하였다.

외국민간원조기관이란 그 본부가 외국에 있으며 그 본부의 지원으로 국내에 보건사업과 교육사업, 생활보호와 재해구호 그리고 지역사회개발 등의 사회복지사업을 행하는 비영리적 사회사업기관으로서 그 사업자원이 외국에서 마련되고 실질적으로 외국인에 의해 운영되는 기관을 말한다.

이러한 외원기관이 활동은 1952년 7개 기관을 중심으로 외국민간원조한국연합회가 조직되면서 본격적으로 시작되었고, 이들은 전시와 전후 복구의 시기에 사회복지서비스활동에 중요한 역할을 담당하였음을 볼 수 있다. 1970년대 들어와서 사회복지시설의 운영재원에서 차지하던 외원기관의 지원비중이 줄어들고, 또한 1974년 이후에는 지원비중이 급격하게 감소하게 되었고, 이로 인해 정부의 지원으로 대신하게 되었다.

(2) 대학부설복지관과 민간복지관 설립

한국에서 인보관활동에 최초로 참여하게 된 대학은 이화여자대학교에서 1956년 복지관을 설립하면서부터이다. 이화여자대학교는 사회복지학문을 한국에 최초로 소개(1947년 사회복지학과 설립)하였고, 또한 우리나라 최초로 대학 부설 사회복지관을 설립(1956년 사회복지관 설립)하였다. 학과를 설립한 지 9년 만에 사회복지관을 설립한 것은 실천학문인 사회복지학문의 특성도 있지만, 당시 신촌지역 주민들의 어려운 상황이 직접적인 계기가 되었다. 당시는 한국전쟁이 끝난 지 얼마 안 된 시기로 학교주변에는 전쟁피난민들과 이농민, 상이군인과 전쟁미망인, 전쟁고아들이 다수 거주하고 있었다. 이런 지역의 어려운 상황이 사회복지학과 교수와 학생들의 자원봉사활동으로 이어졌고, 이는 사회복지관 설립의 출발점이 되었다.

(3) 지역사회개발사업

1957년 한미합동경제위원회와 1958년 지역사회개발위원회가 구성되어 지역사회개발사업(Community Development Project)의 실시기반이 구축되었다. 1970년대 지역사회개발사업은 새마을운동사업으로 전환되어 획기적인 전기를 마련하게 되었다.

(4) 새마을운동

새마을운동은 농촌생활환경 개선사업으로부터 소득증대사업으로까지 확대되었으며, 도시에서는 의식개선운동으로 전개되기도 하였다.

4) 지역사회복지의 정착기

(1) 사회복지관의 공식적 국가지원

1983년 「사회복지사업법」의 개정에 따라서 사회복지관은 종합사회복지관 가형과 종합사회복지관 나형 및 사회복지관으로 분류하면서 공식적으로 국가가 지원을 하게 되었다.

1980년대 후반에는 사회복지관의 발전과정에서

① 영구임대주택단지 내에 사회복지관의 건립이 시작되었고,

② 민간단체에 의한 사회복지관의 건립이 활성화되었으며,

③ 사회복지관 운영 건립 및 국고보조사업지침이 마련되어 국가지원금 산출방식이 제정되었음을 볼 수 있다.

(2) 재가복지제도 도입

이 시기에는 노인복지와 장애인복지가 민간분야에서 처음으로 시도되었는데, 1980년대에 한국노인복지회에서 노인결연사업 상담사업 등을 추진해 오다가 가정봉사파견사업으로 확대 실시되었다.

1980년대에 장애인재활협회 서울장애인종합복지관 등을 중심으로 지역사회 중심의 재활사업이 실시되었으며, 1987년 한국노인복지회가 국제노인복지회의 지원과 국고보조금으로 가정봉사원을 파견하는 시범사업을 시작하였다.

재가복지의 확대는 재가복지봉사센터가 민간사회복지관 등에 주요 사업으로 부설되어, 서비스 실천 주체는 주로 자원봉사자가 담당하도록 하여 자주적인 지역사회복지의 조직 활동이 구체화됨으로써 지역사회개발 및 사회행동 모델의 실험과 적용이 이루어졌다. 즉, 복지와 관련된 이슈 및 지역사회의 문제해결을 위한 사회행동 모델이 사회행동의 중심이 되어가고 있음을 의미한다.

재가복지는 1990년대 들어 정부 차원의 지원을 받았는데 1992년부터 재가복지봉사센터가 설치 · 운영되었다. 재가복지봉사센터가 노인복지관, 지역사회복지관 등에 부설로 설치되어 자원봉사자들 가정에 파견하고 있다. 뿐만 아니라 장기요양보험제도의 도입과 함께 노인복지센터, 재가복지센터 등에서 요양보호사를 가정에 파견하고 있다.

(3) 사회복지전담요원제도 도입

1987년 사회복지전담요원제도를 도입하여 이를 전국의 읍 · 면 · 동 주민센터에 배치하여 생활보호대상자를 중심으로 공공부조업무에 종사하도록 하였다. 사회복지전담요원제도의 실시는 공공부조업무의 성과뿐만 아니라 지역사회중심의 공공사회복지 전달체제의 새로운 전기를 마련하기도 하였다.

(4) 지역사회행동 모델의 확대

지역사회행동은 1980년대의 민주화운동과 더불어 생활권 보장이라는 차원에서 지역사회를 중심으로 사회운동과 연관되면서 구체화되었다. 저소득지역에서의 재개발반대운동을 통한 지역조직화사업 및 핵발전소 설치반대운동 등 주민운동의 전개는 지역사회 차원에서 기존의 지역사회개발 모델과는 달리 사회행동 모델로 점차 변화하는 경향을 보여주었다. 그리고 민간 차원에서 사회복지수급대상자 중심의 각종 자조집단이 출현하였다.

5) 지역사회복지의 발전기

(1) 사회복지관의 양적 확대

1980년대 이후 사회복지관은 급속한 양적 증대를 가져왔다. 1997년 「사회복지사업법」의 개정으로 사회복지기관평가로 인하여 사회복지관의 운영 및 프로그램의 효과성, 효율성을 제고시키기 위한 다양한 노력이 이루어졌다. 이와 더불어 지역사회중심의 자원 동원과 서비스 전달체제의 확립 및 지역사회 주민의 조직화사업을 강화하는 등 지역사회복지의 실천영역을 확대시켰다.

(2) 재가복지봉사센터

재가복지봉사센터는 1980년대 이후 정부의 지원사업으로 설치가 확대된 기존의 사회복지관, 장애인복지관, 노인복지관 등에 전담인력과 장비 등의 사업비를 추가 지원하여 복지관의 부설형태로 설치 · 운영되었다.

이 시기에 전개되었던 재가복지의 특성을 보면,

① 서비스실천의 장은 주로 재가복지봉사센터로서 민간사회복지관 등에 부설되어 있었으나,

② 서비스실천의 주체는 주로 자원봉사자이였으며,

③ 서비스실천의 대상은 가족기능이 취약한 재가의 노인이나 장애인 아동이었다.

(3) 지역사회복지조직의 활성화

이 시기에는 지역사회의 삶의 질 향상과 복지욕구의 해결을 공식적으로 표방하는 자주적인 지역사회복지조직의 활동이 구체화되면서 지역사회개발과 사회행동모델의 실험 적용이 이루어졌다.

1990년대 이후 지역사회복지는 지역중심성과 전문성을 특히 강화함으로써 질적인 변화를 추구하고 있다. 지원봉사 활동이 확대되고, 법률의 제정으로 민간의 활동뿐만 아니라 정부의 조직도 강화되었다. 이러한 양적 발전과 동시에 더불어 1997년 「사회복지사업법」의 개정으로 사회복지기관의 평가제도가 도입되면서 사회복지기관들은 기관 운영의 효율성과 효과성 제고를 위해 많은 투자를 하게 되었다.

(4) 자활지원사업 전개(self-support project)

2000년 10월 「국민기초생활보장법」의 시행으로 지역사회중심의 자활지원사업이 본격적으로 전개되었으며 자활사업의 전개는 지역사회 차원에서 빈곤문제해결을 위한 보다 구체적이고 전문적인 실천 활동이 요구되고 있었을 뿐 아니라, 지역사회복지의 발전에도 기여하고 있다.

1998년에 광역단체 사회복지협의회의 독립법인화 및 기초자치단체 사회복지협의회의 조직화, 지역사회복지조직과 관련 자원들 간의 네트워크를 통한 지역사회복지협의체의 구성과 지방자치시대 그리고 지방분권의 추진으로 지역사회복지를 확대시켰다.

(5) 지역사회복지계획

2003년 지역사회복지계획 수립이 의무화되어 2005년부터는 지방분권화를 통한 지역사회의 욕구에 맞는 복지서비스를 제공하기 위해 노력하고 있으며, 2005년 8월부터 시·군·구에서 지역 사회복지협의체를 운영하여 지역사회복지계획에 대한 심의, 민관협력, 보건과 복지의 연계 등이 확대되고 있다. 나아가 사회복지사업이 지방으로 이양되었고, 한시적 분권교부세 제도가 도입되었는데 이처럼 사회복지실천의 지방정부 책임이 더욱 강조되면서 그만큼 지역사회 복지의 중요성도 강조되고 있다. 이후 2007년에는 드림스타트 시범사업 실시와 건강가정지원센터 시범운영 실시 그리고 전자 바우처 제도 도입 등이 있고, 2010년에는 사회복지 통합관리망 개통운영과 지역사회분쟁조정위원회가 출범하여 지역사회 내 갈등을 완화하고 여론을 수렴하고자 하는 사회적 역할이 대두되고 있다.

2. 영국의 지역사회복지 발달과정

1) 영국 지역사회복지의 특징

영국은 지역사회복지의 역사의 기원이 되는 1601년 엘리자베스 구빈법 다음으로 지역사회복지에 대하여 법제화를 해 왔으며, 우애방문원 등 현대적 의미의 전문화된 사회복지의 시작인 자선조직협회운동과 인보관 운동을 전개한 국가이며 이는 현대적 의미의 전문화된 지역사회복지의 출발이다.

영국의 자선조직협회는 중복된 구호의 방지와 누락을 해결하고 재원을 확보하기 위하여 규칙을 정하여 자선활동을 조정하며 조사와 방문 등으로 적절한 원조의 제공을 목적으로 하였다. 인보관 운동으로 1884년 최초로 토인비 ㄴ홀을 설립하면서 시작되었으며, 토인비 홀의 영향으로 인보관이 확산 설립되었으며, 빈곤자를 위한 교육 및 활동 사회 개량과 사회 입법을 위해 노력하였다. 1800년대 후반에서 1950년대 초반의 시기에 영국의 지역사회복지가 본격적으로 발달하기 시작하였다. 자선조직협회 운동이나 인보관 운동을 통해서 온정주의 전통의 지역사회복지가 발달하였다.

(1) 구빈법

1601년 구빈법(Poor law)은 종전에 내려오던 빈민 구호에 관한 법률을 성문화시킨 것이다. 이 법은 정치적, 경제적 그리고 종교적인 변화의 시기에 빈곤에 대한 정부의 조치를 3세대에 걸쳐 일반 국민의 여론을 수렴한 영국의 구빈 입법이라고 볼 수 있다.

엘리자베스 구빈법은 공적인 구호를 담당한 당국은 가족들이 책임을 질 수 없을 때에는 빈곤한 사람들을 돕는다는 원칙을 가지고 있었다. 그리고 엘리자베스 구빈법은 빈곤한 사람을 일할 수 있는 건장한 빈곤인과 일할 수 없는 무력한 빈곤인 그리고 의지할 곳 없는 요보호아동의 세 가지로 분류하였다.

(2) 자선조직협회(Charity Organization Society: C.O.S) 운동

영국은 산업혁명 이후 급속하게 진행된 산업화로 실업, 범죄, 질병, 비위생적인 환경 등 많은 사회문제에 직면하게 되었다. 이러한 사회문제를 해결하기 위한 공동 노력의 필요성으로 1869년 영국 런던에서 자선조직협회(Charity Organization Society)가 만들어졌다(김범수 외, 2006).

산업혁명 이후 도시화로 인해 도시빈민 문제가 심각해지자 민간 차원의 구제활동을 전개하고, 자선단체의 난립, 자선활동의 중복과 경쟁으로 효율성이 저하되었다.

자선단체활동을 조정하고 효과적 활동을 위한 인력과 재원을 확보하기 위하여 1859년 러스킨(John Ruskin)이 자선조직협회를 설립하였으며, 주요 기능으로는 자선단체 간의 상호조정, 연락, 구호신청자의 엄격한 조사를 위해 호별 방문하였다.

자선조직협회에 소속된 우애방문단의 활동은 구조를 받을 만한 가치가 있는 빈곤자에게는 도움을 제공한 반면에 능력이 있는 자, 알코올중독자, 성매매 여성 등에게 도움을 제공하지 않음으로써 도덕적 의무를 강조하였다. 우애방문단은 주로 중산층의 부인들로 구성된 자원봉사자들로서 빈곤가족을 방문하여 가정생활, 아동에 대한 교육과 가계경제 등에 대한 조언을 제공하고 경우에 따라서는 가족구성원들에게 용기를 불어넣어 주기도 하고 가족들을 도덕적으로 꾸짖기도 하였다. 우애는 문화, 지식의 동등한 수준에서의 우애라기보다는 중산층의 도덕적 우월을 유지한 채 취약한 계층에 제공되는 친절한 행동이었다.

이러한 자선조직협회의 기능으로는 구호신청자에 대한 면밀한 조사, 중복구호를 피하기 위한 구호등록 실시, 여러 구호기관 간의 연락 · 조정, 그리고 우애방문원이라 불리는 자원봉사자의 활동이다. 특히 우애방문원으로부터 시작된 가정방문, 면담, 그리고 기록 등은 오늘날 개별사회사업 및 가족사회사업으로 발전하였다. 또한 빈민에게 탈 빈곤 동기를 부여하는 데 도움이 된 사회 중산층의 우애방문과 인격적 감화 활동은 오늘날 자원봉사활동을 발전시키는 밑거름이 되었다(김경섭 외, 2012).

(3) 인보관 운동

인보관 운동(settlement house movement)은 1854년 에드워드 데니슨 목사가 주축이 되어 케임브리지 대학 및 옥스퍼드 대학의 학생들과 슬럼가의 노동자들을 결합시켜 빈민문제를 해결하려는 사회이상주의 운동으로 시작되었다.

이러한 인보관 운동의 배경에는 빈민을 돕기 위한 빈민지역에 들어가 동고동락하면서 빈민과 연대하며 사회적 갈등을 해결하려는 사회 개량적 의식이 바탕이다(김경섭 외, 2012).

인보관 활동에서 강조한 것은 참여와 민주주의였다. 토인비 홀(Toynbee Hall)은 최초의 인보관으로 바넷(Barnett) 목사가 1884년 런던의 유대인 빈민가에 설립하며 대학생과 교회 청년 중심으로 활동하였다. 빈민에 대한 교육, 문화 활동, 보건위생문제, 빈민문제에 대한 지역 주민의 관심과 참여를 촉구하였다. 빈곤한 사람들의 상황과 사회개혁의 필요성을 홍보하였다. 이와 같이 빈곤자를 위해 사회개량운동을 하던 인보관은 몇 년 동안 영국 전역에 100여 개로 확산 설립되었다.

'지역사회'라는 새로운 접근방법의 개발과 실천은 제2차 세계대전 이후에 이루어졌다. 노인인구와 정신질환자의 보호를 위한 프로그램이 점차 확대되었으며 치료방법의 발전과 새로운 치료제의 도입으로 환자의 조기퇴원과 정신병원의 폐쇄를 촉진하였다.

지역사회보호의 개념 공식 사용은 1957년 '정신병과 정신장애에 관한 왕립위원회의 보고서'에서 지역사회를 수용된 개인을 분산하고 재배치하는 장소라는 의미뿐만 아니라 사회문제와 관련하여 개인이 속한 지역이라는 의미로 받아들이는 등 새로운 인식이 되었다.

2) 지역사회보호의 형성기

수용시설에 대한 부정적 평가로부터 출발하였으며 수용시설은 대체로 17세기 초에 제정된 구빈법 시대의 산물이었다.

(1) 1960년대 후반~1980년대 후반으로 초기의 지역사회보호의 개념은 시설로부터 지역사회로 나아가게 되었다. 지역사회보호로 실질적인 전환 계기는 시봄 보고서(Seebohm Report)의 제출 이후 실시되었다.

(2) 시봄(Seebohm) 위원회는 여러 부서에 산재되어 있는 서비스를 통합하여 가족의 총체적 욕구의 측면에서 각각의 문제를 인식하는 서비스의 제공을 주장하였고, 서비스 통합의 중요성을 강조한 이 제안은 대인사회서비스의 효율적인 조정에 기여하였다.

(3) 하버트 보고서(Harbert Report)는 공공의 법정 서비스가 지역주민의 복잡하고 다양한 모든 욕구를 해결할 수 없으며, 자조집단의 서비스에도 한계가 있어 재정적인 원조와 지원이 필요하다.

(4) 바클레이 보고서(Barclay Report)는 사회사업가의 직무와 역할에 대하여 광범위한 제안으로 지역사회사업의 전략의 전환 필요성을 주장하였으며 카운슬링 지향에서 사회적 보호계획에로 전환하였다.

3) 지역사회보호의 발전기

1980년대 후반~현재까지이며 영국의 지역사회보호는 관리주의를 강화하면서 민간의 역할을 상대적으로 더 강조하는 방향으로 발전해 왔다. 복지정부의 당면한 문제들이 강력하고 효과적인 리더십과 관리의 부재에 의한 것임을 강조하면서, 지역사회보호 전체 체계의 점검을 요구하였다.

(1) 1988년에 '그리피스 보고서(Griffiths Report)'로 지역사회보호, 행동지침을 발표하였다. 이 보고서의 내용은 다음과 같다.

① 지역사회보호의 일차적 책임을 지방당국이 가진다는 점
② 지방당국은 대인사회서비스의 직접적인 제공자가 아닌 계획, 조정, 구매자로서 역할을 수행한다는 점
③ 주거보호에 대한 욕구는 지방당국에 의하여 사정된다는 점을 강조하였다.

(2) 1990년 '국민보건서비스 및 지역사회보호법'으로 공표하였다.

(3) 1993년의 지역사회보호개혁은

① 시장경제의 원리를 통하여 지역사회보호서비스의 수준을 향상하였고
② 케어 매니지먼트의 도입으로 적절한 서비스를 제공하였다.

(4) 공공, 지방행정당국보다는 민간부문의 역할을 상대적으로 강조하였다. 지역사회보호 실천주체의 다양화와 민간 및 자원 부문의 역할강조는 신보수주의 이념과 흐름에 맞춰 '케어의 혼합경제' 또는 '복지다원주의' 논리를 뒷받침하고 있다.

3. 미국의 지역사회복지 발달과정

1) 지역사회복지의 태동기

지역사회복지의 태동기는 1890~1910년대이며 미국의 지역사회복지역사는 19세기 말 산업화 이후 농촌 및 유럽에서 이주한 이주민들의 도시집중화로 인한 지역사회 문제에서 출발한다. 이후 제1차 세계대전, 대공황, 제2차 세계대전, 빈곤과의 전쟁, 신보수주의 시기를 거치면서 지역사회복지가 발달해왔고 이 과정에서 빈민과 대중을 보호하기 위한 공공 사회복지시설과 민간자선기관이 증가하였다(김경섭 외, 2012).

미국의 지역사회복지의 경우 지역주민의 빈곤문제를 개인적 책임보다 사회구조적인 문제, 즉 대공황과 대량실업에 초점을 두면서 국가가 개입하는 공공복지중심으로 전개되었다(박용순 외, 2012). 미국은 혁신주의사상을 받아들이며 인보관 사업을 산업사회, 그리고 다민족 이민사회에서 파생한 여러 가지 사회문제에 접근하여 해결하는 데 활용하려고 노력하였다. 제1차 세계대전과 함께 쇠퇴하던 미국의 인보관 사업은 1929년 경제대공황과 함께 지역사회를 중심으로 새로운 변화를 시도하게 되었다. 지역사회를 중심으로 한 근린지역사회센터가 바로 그것이다. 이러한 센터를 통해 지역 주민을 대상으로 하는 서비스가 발달하게 되었으며, 후에 지역사회조직이론과 기술을 강화시키는 계기가 되었다(김범수 외, 2006).

(1) 자선조직협회(Charity Organization Society: C.O.S) 운동

남북전쟁 후 제1차 세계대전으로 약 반세기 동안 산업화, 도시화, 흑인문제, 이민문제 등을 해결하기 위해 많은 노력들이 있었다. 당시의 사회적 지배이데올로기는 사회진화론, 급진주의, 실용주의, 자유주의 사회문제와 이데올로기들이 지역사회조직사업에 직·간접적으로 영향을 주었다.

영국의 COS운동은 미국으로 건너가 더욱 발전하였는데, 미국 최초의 COS조직은 1877년 거틴(Humphreys Gurteen) 목사의 지도 아래 결성된 뉴욕 버팔로 COS였다. COS 지부는 주로 동북부 대도시 지역에 밀집되어 있었고, 미국 역사상 처음으로 실업이 국가적 문제가 되었으며 엘리트 계층이 창설 발전시킨 단체가 COS였다.

미국의 COS운동은 단순한 구호활동을 넘어 합리적이고 효율적인 자선, 즉 과학적 자선(scientific charity)을 지향하였다. 구호 신청자들을 체계적으로 조사하기 위해 유급 사무원(최초의 사회복지사)을 채용하였고, 자원봉사자인 우애방문원이 구호 신청자들을 개별적으로 면접하였으며, COS가 축적한 자료는 빈곤, 실업, 임금, 가정의 수입과 지출, 질병, 근로조건 등에 관한 기초 자료로 활용되었고, 과학적 자선을 지향하므로 전문직으로서의 사회복지실천의 발전을 가져왔다. 객관적인 자료의 수집과 분석을 위해서는 전문적인 훈련과 교육을 받은 전업 직원이 필요하게 되어 사회복지실천교육기관의 시설과 전문사회복지실천의 발전으로 이어졌다.

머피(Murphy)는 자선조직협회 프로그램을 세 가지로 요약하였다.

① 구호를 받고 있는 개인이나 케이스들의 명단을 제작

② 케이스분석 회의를 통해 케이스에 대한 원조방안 모색

③ 사회적 · 경제적 문제에 관한 광범한 연구 분석을 하여 특정 조치를 건의하였다.

호별 방문을 통한 사실 확인은 대부분 상류층 여성이 담당하였다. 방문자들의 목적은 조사와 자립과 근면의 가치를 훈계하는 것이었다.

다양한 사회문제의 해결 과정에의 개입, 임대주택에 관한 법과 제도 개혁, 결핵 퇴치 사업, 청소년 전담 법원 신설, 아동보육프로그램 제공 등이 대표적 사례들이다.

빈민에 대한 지도자들의 내재된 도덕적 우월감, 즉 빈곤을 개인의 도덕적 결함에서 발생한다고 보았기 때문에 빈민들을 자신들과 동등한 인격체로 여기지 않았다는 한계를 지닌다.

이러한 COS운동은 1900년부터 목적과 사업에 중대한 변화가 찾아와 구호에 필요한 기금을 운영하였고, 빈곤의 원인이 개인보다는 사회에 있다는 사실에 초점이 맞춰지며

점차 가족복지기관으로 변모하였으며, 협회 명칭도 전국자선조직협회협의회에서 1919년 가족사회복지실천조직협의회로 1946년 가족서비스협회로 바뀌었다.

(2) 인보관 운동

토인비 홀의 선례에 따라 코이트와 스토버는 1887년 뉴욕 시 근린길드를 결성하였다. 1889년 제인 아담스(Jane Adams) 여사는 시카고에 헐 하우스(Hull House)를 건립하였으며 인보관 운동은 전국의 도시로 급속히 확대되었다. 헐 하우스는 사회, 교육, 인도주의, 시민 생활 서비스를 제공하였다. 대학 공개강좌, 문맹 퇴치 활동, 민속 축제, 공중목욕탕, 여름 캠프, 유치원 등 오늘날의 지역사회복지관이 제공하는 서비스를 망라하였다.

노동조합의 활동 공간이나 각종 사회문제에 대한 토론의 장으로도 이용하였다. 인보관의 이와 같은 활동은 현대 사회복지학의 그룹워크의 발전으로 이어졌다.

1911년에 전국적으로 400개가 넘는 인보관을 설립하였으며 인보관의 지도자 중산층 출신 대졸 여성들이 대부분이다. 사상적 기반은 사회진화론보다는 자유주의와 개신교 사회복음이다. 영국과 차이가 있으며 빈곤 해결 자체에 관심을 집중하였고, 빈민과의 동등한 관계 형성을 강조하였다.

궁극적인 목적은 만연한 계급 갈등과 노사 갈등을 지역사회 수준에서 조정 또는 봉합하여 사회적 조화를 이루는 것이다. 개혁 노력에도 불구하고 빈민지역 환경이 크게 변하거나 빈민들의 사회적 힘이 크게 성장한 것은 아니다. 활동가들이 빈곤문제의 근본 원인을 지적하는 일은 소극적이었기 때문이다.

〈표 3-1〉 영국과 미국과의 차이점

	자선조직협회(COS) 운동: 미국	인보관 운동: 영국
목적	• 자선 및 빈민구호 단체의 업무를 조정 • 빈민들의 구호의존을 근절시키는 것	• 계급갈등이나 노사갈등을 지역사회 수준에서 조정하고 봉합하는 것 • 빈민가의 우애와 동료애를 강조
이념	• 사회진화 이론	• 자유주의, 개신교사회복음, 급진주의, 실용주의
관점	• 빈곤을 개인적 관점에서 접근 • 빈민은 수혜대상자이고 선별대상	• 빈곤의 해결 자체에 초점 • 빈곤을 지역사회에서 접근하고 • 빈민을 이웃과 동료로 접근
방법	• 빈민을 개조 • 빈민자격 구분	• 지역사회에 거주 • 자조적인 결성, 교육, 문화활동 방법
주도자	• 상류층, 부유층	• 대학교육을 받은 중산층
참여형태	• 우회방문, 호별방문	• 빈민들과 거주
끼친영향	• 전문적 접근(Case Work) • 지역사회조직의 모태가 됨 • 사회조사의 기술에 영향을 미침	• Group Work • 지역사회운동에 영향을 미침
한계	• 활동가들의 도덕적 우월감으로 빈민과의 개인적 관계형성에 실패 • 관료가 문제	• 빈곤의 근본문제 지적에 소극적 • 빈민들의 사회적 성장이 없음 • 필요한 서비스에만 중점을 둠
기타	• 영국의 경우 국가복지가 발달하면서 퇴보하였지만 미국은 지속적으로 발전 • 미국의 COS와 인보관 운동은 사회복지대학, 학과창설 과정의 촉진제 역할	

2) 지역사회복지의 형성기

지역사회복지의 형성기는 1920~1950년대이며 연방정부 차원에서 사회복지체계에 대한 계획과 조정의 필요성을 인식하였으며 국가계획위원회가 1933년부터 1944년까지 활동하면서 지역사회복지에 많은 영향을 미쳤다. 지역사회문제에 대한 관심은 문제 중심적 또는 실천분야의 준거 틀(frame)로 확립되는 데 중요한 요인이 되었다.

실업자, 지역조직운동 형태가 출현하였으며 공산당활동, 급진사회사업의 대중운동, 알린스키(S. Alinsky)의 지역조직운동이 있었다.

(1) 지역사회조직

1939년 지역사회조직의 실천분야 발표로서 첫째, 사회사업실천방업으로 지역사회조직을 공식화하고, 지역사회조직이라는 용어를 과정과 분야로 언급 둘째, 지역사회조직의 과정은 사회사업의 일반 영역 내에서뿐만 아니라 밖에서도 수행되며 셋째, 사회사업 내에서 지역사회조직과정은 사회복지기관의 주요 기능 또는 이차적 기능으로 수행되며 넷째, 지역 및 주, 국가 수준에서 지역사회 조직과정이 존재하며 다섯째, 지역사회조직(C. O.)은 사회복지전문직으로서 공식화되었으며, 전통적인 사회사업실천방법의 하나로 자리 잡았다.

1940~1950년대에는 지역사회복지실천을 강조하였으며, 보건과 복지협의회의 발전과 지역사회계획, 풀뿌리조직의 개발이 있었다.

(2) 미국의 지역공동모금과 협의회의 발전

도시빈민의 문제를 다루는 사회복지기관들이 계속 증가되었고, 이들 기관들은 재정난에 빠졌다. 자선가들과 전문가들은 구호방법을 개선할 필요성을 절감하나, 두 집단의 입장 차이가 발생하였다. 자선금을 희사하는 사람들의 이익을 위해서 지역공동 모금제가 생겨났고, 사회복지기관 간의 효과적인 업무조정 필요에 따라 지역복지협의회가 생겨났다. 제1차 세계대전은 공동모금제의 발전 촉진제가 되었다.

지역공동모금기관을 만드는 데 결정적인 역할을 한 사람들은 기업가와 같은 거액기부자들, 보수적인 성격을 보여 온 것으로 평가하였다. 기부자들의 영향력 아래에 놓여 있는 지역공동모금기관들이 지역사회조직사업과 같은 사회개혁 프로그램보다는 서비스 제공 사업을 위주로 지원하였기 때문이다.

전문가들의 지역사회복지 욕구에 대한 합리적이고 체계적인 접근과 지역사회 서비스 간의 부족을 보완하고, 그리고 지역사회가 당면한 문제와 앞으로의 욕구를 미리 찾아내려고 하였던 관심으로부터 사회복지협의회를 설립하게 되었다. 복지사업을 계획하고 조정하는 일차적인 목적을 수행하였다.

사회복지협의회는 빈민을 돕는 사람들 사이에 점차 전문성이 나타나기 시작하였다.

(3) 공공복지사업의 발전

세계대공황으로 실업 급증, 은행과 증권시장 도산, 집과 농장과 영세사업체를 잃는 국민들이 속출하게 되었다.

루즈벨트의 제2차 뉴딜, 와그너법(노동자들의 단체교섭권을 인정한 노동법)과 사회보장법을 제정하였다.

사회보장법은 미국 최초의 연방정부 차원의 복지 프로그램, 미국 사회보장제도의 근간이 되었다.

※ 사회보장법(1935년)이란 용어가 공적으로 사용되기 시작한 것은 1935년 미국의 사회보장법(Social Security Act)에서였다.

① 연방정부가 관장하는 노령보험

② 주정부가 관장하고 연방정부가 재정을 보조하는 실업보험

③ 주정부가 관장하고 연방정부가 재정을 보조하는 공적부조와 사회복지서비스로 구성되었다.

(4) 지역사회조직의 정착

1955년 이후에는 민권운동, 학생운동, 흑인운동이 거세게 일어났고, 더불어 소수 인종운동과 다양한(동성애자, 여성) 사회운동이 발생하였다.

마이클 해링턴(Michael Harrington)은 〈또 하나의 미국〉에서 약 4천만~5천만 명 정도의 미국인이 빈곤의 악순환에 갇혀 있다고 주장하여 풍요로운 사회를 자부하던 미국인들에게 충격을 주었다.

미국 정부가 '빈곤과의 전쟁'을 선포하고, 엄청난 돈과 수많은 인력을 투입한 대규모의 사회개발 프로젝트이다. 이 정책의 가장 큰 특징은 주민 참여를 강조하는 지역사회 프로그램이다.

지역사회행동 프로그램은 지역사회의 주민들을 조직화, 자신들이 당면한 문제를 직접 해결하도록 유도하였다.

3) 지역사회복지의 발전기

지역사회복지의 발전기는 1960년대 이후~현재까지이며 빈곤문제가 인종문제와 결부되면서 사회적 쟁점으로 부각되었다. 시민권 운동의 성장, 빈곤과의 전쟁(War on Poverty), 베트남전쟁 등과 같은 사회적 상황은 시민참여와 사회정의에 대한 활동을 더욱 촉진시켰다. 지역사회복지실천은 이슈에 대해 직접적인 조직화 및 사회행동, 옹호 계획으로 로스만의 세 가지 모델에 대한 논의도 이러한 상황과 밀접히 관련되어 있다.

(1) 로스만의 세 가지 모델

로스만(Rothman)의 세 가지 모델은 지역사회개발, 사회계획, 사회행동이다.

① 지역사회개발: 자조기반에 근거하여 지역사회능력과 사회 통합이라는 과정목표를 통해 지역사회를 새롭게 만드는 데 초점을 두며, 주민들의 자조정신을 강조하는 형태이다.

② 사회계획: 각종 지역사회문제를 해결하는 데 있어 합리적인 면을 강조하며, 예를 들어 범죄, 주택, 정신문제와 같은 구체적인 사회문제를 해결하는 기술적인 과정을 중시한다. 이 모델에서는 공식적인 계획과 정책 준거 틀에 대한 설계가 핵심이다. 계획이나 정책집행의 효과성과 효율성을 강조하기 때문에 과업목적에 초점을 둔다.

③ 사회행동: 지역사회의 억압받고 소외된 주민들이 사회정의와 정치적 공평성의 입장에서 사회, 정치, 경제적으로 보다 나은 처우를 받을 수 있도록 해 주는 활동으로서 1970년대와 1980년대의 신보수주의 이념의 확산과 그에 따른 복지국가에 대한 도전은 지역사회복지실천모델의 변화에 가장 큰 영향을 준 조류이다. 1990년대에도 복지삭감에 대한 압력, 사회복지서비스의 민영화 등 보수주의적 분위기는 여전히 지속되었다. 1996년의 복지개혁은 지역 수준에서 사회복지실천에 대한 새로운 활동모색과 사회복지서비스의 효율성, 평가 등을 증진시키는 계기가 되었다.

(2) 지역사회조직사업의 새로운 모색

석유파동, 경제성장 급강하, 신자유주의적인 이념의 등장으로 사회복지예산이 삭감되기 시작하였다. 1970년대 후반부터 복지에 대한 연방정부의 책임을 지방, 민간기업, 가족에 중심을 두는 방향으로 전환하였다. 1980년대에는 도시 지역에 대한 연방 정부의 재정 지원이 줄고 상당수의 공공서비스가 민영화되자 알린스키 방식의 대결 전술이 별다른 효과를 거두지 못하게 되었다.

지역사회조직들이 지방정부와의 동반자 관계에 관심을 가지지 않을 수 없게 되었고, 합의를 중시하였으며, 지역사회개발에 관심을 옮겨 가게 되었다.

1990년대에는 포괄적 지역사회 변화운동이라는 새로운 형태의 합의 중심 모델이 주목 받았다.

CHAPTER 4

지역사회복지의 기초이론

학습목표

1. 지역사회복지 기초이론의 의미와 관점을 이해한다.
2. 사회체계이론과 생태이론을 구분하여 학습한다.
3. 사회연결망이론, 사회교환이론과 사회구성론을 구분하여 학습한다.
4. 권력의존이론, 엘리트주의와 다원주의이론을 구분하여 학습한다.
5. 사회자본이론과 비판이론에 대해 학습한다.

개 요

전문적인 지역사회복지실천을 위해서는 실천적인 기술뿐만 아니라 이론적 근거가 매우 중요하다. 전문적인 가치와 이론은 객관적인 분석과 실천적 방안을 제공해 주며, 기초이론을 통하여 현재 발생되는 문제에 대해 해결 가능한 방법을 도출할 수 있는 근거를 제공해 준다.

지역사회복지실천과 관련된 이론으로는 사회체계이론, 생태이론, 사회연결망이론, 사회교환이론, 사회구성론, 권력의존이론, 엘리트주의, 다원주의, 사회자본이론, 비판이론 등이 있다. 이 장에서는 각 이론에 대한 주요 내용을 살펴보고자 한다.

1. 사회체계이론과 생태이론

1) 사회체계이론

사회체계이론(social system theory)은 독일의 사회학자 니콜라스 루만(Niklas Luhmann)에 의하여 '체계란 체계를 구성하고 있는 부분적 요소들이 상호의존적이고 역동적인 관계를 맺고 있는 단위들이 서로 영향을 주고받으면서 일어나는 모든 상호작용의 장'으로 정립되었다. 사회체계가 가지고 있는 속성을 살펴보면 체계는 자신과 환경을 구분하기도 하고 연결하기도 하는 경계선이 존재한다. 경계선은 체계와 환경을 구분하는 울타리로 존재하며, 항상성이라는 속성을 가지고 있다. 그러나 체계는 일관성을 유지할 수 없는 외부의 자극을 접하게 되면 스스로가 변화하게 되는데, 이러한 체계의 변화를 변형성이라고 한다. 체계 자체가 노력하여 외부자극을 효과적으로 통제할 수 있다면 체계는 항상성을 유지하게 되고, 이 노력이 실패하게 된다면 체계는 변형성을 발휘하게 된다.

이러한 체계는 개방체계, 폐쇄체계, 대상체계, 상위체계, 하위체계로 나뉘게 되며, 개방체계(open system)가 서로 다른 체계와의 정보를 상호 교류하는 것이라면, 폐쇄체계(closed system)는 서로 다른 체계와의 상호 교류가 단절된 것이라고 하겠다. 또한 대상체계(object system)는 분석의 대상이 될 수 있는 특정한 사회체계에 존재하는 모든 상황들에게 영향을 주는 것이며, 상위체계(upper system)는 대상체계를 외부적인 기능과 연결해 줌으로써 영향을 주고, 하위체계(subsystem)는 대상체계의 내부적인 기능을 각각의 다른 체계들과 상호 연결할 수 있도록 상호작용하는 것이다.

사회복지 측면에서 체계이론을 이용하여 가족이나 조직체계와 같은 미시적인 체계를 확인할 수 있으며, 지역 또한 체계이론을 통하여 설명할 수 있다. 지역은 개인과 집단 그리고 조직들을 포함하고 있는 하위체계이면서 다른 하위체계들을 포함하고 있는 상위체계로 볼 수 있다. 하위체계로서의 지역은 지역주민들에게 영향력을 미치는 조직이나 기업, 학교, 병원 등을 포함하게 된다. 사회체계이론에 의하면 지역은 정치적 · 사회적 · 경제적 체계에 의해 영향을 받으며 체계의 한 구성의 변화는 하위체계의 모든 것에 영향을 미치기도 한다.

사회체계이론에서 지역사회의 기본 속성은 다음과 같이 정리할 수 있다(생각의 마을, 2019).

첫째, 지역사회는 생산 · 소비 · 분배, 사회화, 사회통제, 사회통합, 상호지지의 하위체계로 구성되어 있다.

둘째, 지역사회의 내부 구성 체계는 서로 수평적으로 연결됨과 동시에, 지역사회 외부와도 동일한 성격의 구성체들과 수직적으로 연결되어 상호작용한다.

셋째, 지역사회는 어느 한 부분의 체계가 변화하므로 지역사회 전체와 다른 체계에 영향을 주고받으면서 평형상태를 유지하려는 경향을 가진다.

넷째, 모든 체계는 다른 체계와 구분되어 독자적인 영역을 가지고 있으며, 각각의 체계는 모두 분리된 실체로서 독특한 정체성을 가지므로 지역사회라는 체계 또한 의식적 · 무의식적으로 경계를 유지하는 활동을 하게 된다.

2) 생태이론

독일의 생물학자이자 진화론자인 헤켈(Ernst H. Haekel)에 의하여 '생태학이란 유기체와 환경 간의 상호관계에 관한 학문'으로 정의되었다. 생태학은 생태학이론이라고도 불리며, 사회를 통합적 · 전체적 · 역동적인 인간과 환경의 관계에서 분석하는 것을 말한다. 다시 말해, 지역사회의 역동적인 변화과정을 경쟁, 중심화, 분산 등의 다양한 개념을 사용하여 환경적 요소들과 끊임없이 상호 교류하는 인간의 적응적이고 진화적인 모습을 설명한다.

생태이론(ecological theory)의 기본적인 개념은 인간의 행동은 그들이 살고 있는 사회체계에 대한 설명이 없이는 이해될 수 없으므로 인간의 행동을 이해하기 위해서는 전체 체계와 그것의 영향을 함께 이해해야 한다고 보았다. 즉, 인간은 하나의 체계로서 환경과 상호 교류하는 존재인 생명이 있는 유기체라는 것이며, 상호 교류는 인과적 관계나 일방향적 관계가 아닌 호혜적이고 순환적인 교환관계라고 정리할 수 있다.

이러한 관점을 따라 지역사회복지를 실천하게 되면 사람과 환경 간에 질서가 있고 건설적인 방식으로 변화가 일어날 때, 지역사회의 역량이 커지고 지역주민들을 위한 자원을 원활하게 제공할 수 있게 된다.

이러한 측면에서 콤프톤과 갤러웨이(Compton & Gallaway)가 구분한 환경의 수준을 4가지로 정리하면 다음과 같다(간순옥 외, 2018).

첫째, 개인이 직접적으로 경험하는 부분적 환경으로서 개별상황(individual situation)이 있다. 개별상황은 우리가 직접 마주치는 환경으로써 환경과의 경험을 통하여 외부 체계를 다루는 방법을 발달시키는 것이다.

둘째, 개인이 일상 속에서 경험하는 가족, 학교, 직장, 여가생활 등에서 다루는 미시수준(micro level)의 환경이 있다. 이는 개인이 가장 친밀한 상호과정에서 개입하는 사회복지사가 직접 접촉하고 교류하는 활동이며, 클라이언트와 사회복지사 간에 일대일로 이루어지는 것이다.

셋째, 전체 환경 중에서 미시수준 환경에 영향을 주어 그 성격과 기능을 결정하는 중간수준(mezo level)의 환경이 있다. 이는 학교의 구조, 운영, 정책결정과정, 규칙의 경직성 또는 유연성, 재단의 교육의지가 포함된다.

넷째, 전체 사회구성원에게 공통적으로 해당되는 물리적 · 사회적 · 문화적 · 경제적 · 정치적인 거시수준(macro level)의 환경이 있다. 이는 사회구성원들의 전반적 기술의 정도와 지역사회구성원들의 언어, 문화와 경제, 법률적인 제도 등 지역사회 내면에 존재하는 규칙이나 관습상의 내용을 포함한다.

이처럼 생태이론의 가장 중요한 특징은 인간과 환경 간의 상호교류를 설명해 주며, 지역사회를 환경과 지속적으로 교류하면서 적응하고 진화하는 하나의 체계로 간주한다는 점과 지역사회의 구성요소들과 환경적 요소들의 상호교류를 통한 역동적인 변화과정을 보여준다는 점이다.

생태이론의 기본 개념으로는 다음과 같다(생각의 마을, 2019 재인용).

(1) 경쟁: 보다 나은 지위를 차지하기 위한 적응과정

(2) 협동적 경쟁: 파괴적 경쟁과정을 통해 다양한 그룹을 제거하기보다는 다양한 그룹의 이해관계에 적응해 나가는 것

(3) 중심화: 지역사회의 기능과 사회시설 및 서비스가 지역의 중심지로 몰리는 것

(4) 분산: 구성원이 중심으로부터 밀도가 더 낮은 지역사회 외곽으로 빠져나가는 것

(5) 집결: 개인들이 도시 등으로 이주하며 유입되는 것

(6) 분리: 개인, 집단 등이 배경적 특징에 따라 물리적 지역 내에서 서로 떨어져 유사 배경 및 기능을 중심으로 한데 모이는 것

(7) 우세: 기능적으로 우위에 있는 것이 다른 단위에 대해 영향력을 행사하는 것

(8) 침입: 지역사회의 한 집단이 완전히 분리된 다른 집단의 거주 지역으로 들어가는 것

(9) 계승: 침입이 완결된 지역의 상태

2. 사회연결망이론, 사회교환이론, 사회구성론

1) 사회연결망이론

(1) 개념

사회연결망이론(social network theory)은 상호조직이론과 자원동원이론에 기초하여 발전된 이론으로 연결망(network)이란 협력의 한 유형으로 각 조직들이 조직적 자율성을 유지하면서 공유된 자원을 가지고 어떤 서비스나 프로그램을 제공하기 위하여 함께

결합하는 협력 시스템이라고 할 수 있다. 연결망은 도움을 주거나 받기 위해 다른 사람이나 조직을 필요로 할 때 연결망이 형성되는 것으로 일반적으로는 행위자를 연결하는 관계로 해석한다. 이때의 행위자는 구체적으로 사람이나 조직 및 시스템을 의미하고, 관계는 상호행동을 의미한다.

사회연결망은 하나 또는 하나 이상의 관계에 의해서 연결된 행위자들이나 구성원들로 구성된 구조를 의미하며, 목적을 성취하기 위하여 교환을 하고 상호 교류하는 사람, 집단, 조직 또는 사회적 단위를 위한 사회적 배열이라고 할 수 있다. 또한 사회연결망은 위기 때 도움을 줄 수 있는 중요한 도구로서 환경자원의 역할을 수행하며 상호 원조체계로서 작동, 교환을 위한 구조를 제공하기 때문에 사회적 지지체계라고도 할 수 있다.

종합해 보면, 사회연결망이란 개인, 집단, 조직과 지역사회 내에서 통합적이고 문제해결 중심적인 서비스를 제공하기 위하여 상호 간의 도움을 주고받는 사회적 교환체계이자 사회적 지지체계라고 할 수 있다.

(2) 사회연결망의 기능

① **사회적 지지체계 기능**

② **사회적 체계 기능**: 사회적 체계로서 연결망은 교환을 위해 조직의 자원을 연계시켜 주는 역할을 수행하게 된다.

③ **사회적 교환체계 기능**: 사회연결망은 개인과 개인, 집단과 집단, 조직과 조직 사이의 자원의 교환을 위해 존재하는 공간적 영역을 제공하고, 자원의 교류를 통해 서비스의 중복을 막아 한정된 자원으로 최대의 조직효과성을 성취하는 것이 가능하게 되어 결과적으로 사회적 교환을 위한 도구의 역할을 수행하게 된다.

④ **통합된 연합구조 기능**: 사회연결망은 다양한 욕구를 지닌 지역주민들에게 사회복지사가 다양한 서비스나 프로그램을 제공하여 통합된 서비스를 제공할 수 있도록 하는 하나의 통합된 연합구조로서 기능하게 된다.

이를 토대로 사회연결망의 기능을 구체화하면 다음과 같다(지은구 · 조성숙, 2010).

첫째, 지역주민의 욕구와 지역자원의 교환을 위한 의사소통 연계장치와 정보채널의 기능

둘째, 집단과 집단, 나아가 지역사회조직과 조직 사이의 참여지지체계와 자원공유의 기능

셋째, 조직 간의 서비스 영역 조정, 협력, 협의, 프로그램 실현, 조직능력 건설, 구성원 훈련을 위한 수단의 기능

넷째, 개인, 조직, 나아가 지역사회문제해결을 위한 실천활동과 상호 원조 및 협조를 위한 지지체계의 기능

따라서 사회연결망은 지역사회의 응집력을 강화시킬 뿐만 아니라 사회적 자원의 적절성과 중요성과 지역사회를 복지 제공자로서 인식할 수 있게 하여 지역사회구조의 관계형성과 발전에 대한 특성을 구체적으로 기술할 수 있게 해 준다.

2) 사회교환이론

사회교환이론(social exchange theory)의 기본적인 개념은 사람은 자신의 이익을 극대화하기 위하여 손해가 되는 행동을 피하고 보상이 주어지는 상호작용을 추구한다는 것이다. 여기에서의 보상과 비용은 물질적인 측면뿐만 아니라 심리적인 만족감, 포괄적인 서비스도 포함된다. 주요 학자별로 사회교환에 대한 내용은 다음과 같다.

(1) 호만스의 교환행동주의

호만스(George Homans)는 스키너(Skinner)의 행동주의 심리학을 응용하여 인간 행동의 본질은 보상과 대가의 교환으로 보고 행동의 동기는 보상에의 욕구 때문이라고 설명하였다. 그에 따르면 사회집단과 사회의 특성은 시간이 경과하면서 여러 개인의 상

호작용의 결과라고 보며 다음과 같이 기본적인 명제를 정리하였다(간순옥 외, 2018).

① **성공 명제:** 개인의 특정한 행동에 대하여 보상은 자주 주어질수록 그 행동의 빈도는 반복될 가능성이 크다. 하지만 그 보상으로 인하여 그 행동이 반복된다 할지라도 그 과정이 무한 반복되지는 않는다.

② **자극 명제:** 과거의 경험된 자극이 개인에게 보상받는 계기가 되었다면 현재의 자극이 과거의 경험과 유사할수록 과거와 같은 행동을 할 가능성이 높다.

③ **가치 명제:** 행동의 결과물이 개인에게 다가오는 가치에 영향력이 높을수록 그 행동을 반복할 가능성이 커진다.

④ **박탈-포만 명제:** 개인의 특정한 행동에 대하여 특정한 보상을 자주 받았다면 앞으로 주어지게 되는 보상에 대해 덜 소중하게 된다.

⑤ **공격-인정 명제:** 개인이 기대하던 보상을 받지 못하거나 예외로 벌을 받는다면 공격성이 높아질 가능성이 있다.

그러므로 특정한 행동을 하게 될 가능성은 과거에 받은 보상의 빈도, 보상의 가치, 과거에 받은 보상행동의 상황이나 현재 상황의 유사성 정도에 따라서 보상이나 이익이 클 행동으로 선택하게 된다.

(2) 블라우의 교환구조주의

블라우(Peter M. Blau)는 인간은 보상을 원하지만 행동의 선택과 결정은 친구나 친척 등의 사회적 영향력을 행사하는 것에 의해 제약을 받는다는 상징적이고 상호작용이론적 입장에서의 교환이론을 설명하였다. 또한 인간 행동의 결과는 사회적 자아를 가지고 있으며 가지고자 하는 행동의 상호작용으로 정의하며 개인적 교환으로부터 사회구조와 변동에 이르기까지 4단계의 절차를 소개하였다(박원진 외, 2018).

① 1단계: 사람들 사이의 개인적 교환거래가 일어난다.

인간은 보상을 얻기 위하여 타인과 상호작용을 하게 되는데 교환은 되돌려 받기를 원하면서 행동하는 개인의 자발적인 행동이며 이는 어떤 행동에 앞서 자기중심적으로 선택을 한다.

② 2단계: 지위와 권력의 분화가 초래된다.

교환관계는 기본적으로 상호 호혜성의 원리에 기초하므로 상대방의 호혜성에 맞는 보상이 주어져야 하는데, 개인이 지닌 자원은 각기 다르므로 양편이 항상 동등한 보상을 받을 수 없어 상대방의 호혜성에 맞는 보상을 되돌려 줄 수 없을 때도 있다. 이런 경우 강제력의 동원, 다른 자원의 개발, 상대방에게 복종하는 등의 형태가 오가면서 권력과 의존관계가 형성된다.

③ 3단계: 정당화, 조직화가 된다.

간접적인 교환관계를 위한 상징적인 매체로 제공되는 가치관과 규범은 사회 내에서 제도화되고 사회화 과정을 통하여 구성원들에게 내재화된다. 이는 보상과 교환관계를 판단하는 기준으로 사용되며, 특수 가치, 보편적 가치, 권위적 가치, 대립적 가치가 각각의 다른 기능을 수행하면서 이루어진다.

④ 4단계: 대립과 변동이 일어난다.

사회에는 교환구조로 제도화되지 않은 가치관이 언제나 존재하므로 반제도적 요소로 제공될 수 있는 대립적인 가치관은 잠재적 원천이 되기도 한다.

(3) 하드캐슬의 권력균형전력

교환관계에서 권력은 교환 상대방이 필요로 하는 자원을 통제할 수 있는 능력이 어느 정도 있는지를 의미한다. 즉, A가 목표를 성취하기 위하여 가져야 하는 자원에 대하여 B가 어느 정도 소유하고 있느냐에 따라 B는 A에 대한 권력을 소유한다는 것이다. 이러한 관계에서 B는 A에 대한 권력을 행사할 수 있고, A는 B에 대해 권력–의존적인 상태에 있게 된다. 이런 경우 발생되는 교환상의 불균형을 수정하기 위해 경쟁, 재평가, 상호호혜, 연합, 강제와 같은 권력균형전략을 활용할 수 있다(생각의 마을, 2019).

① **경쟁**: 교환에 참여하는 대신 다른 자원을 찾는 전략이다.
A가 필요한 자원을 B가 독점하고 있을 경우, A는 B에 종속되어 B는 A에게 권력을 행사할 수 있다. 이런 경우 A는 B와의 교환을 포기하고 C나 D로부터 필요한 자원을 얻는 방식이다.

② **재평가**: 필요한 자원에 대해 평가를 다시 하여 새로운 해석을 하는 전략이다.
A가 B의 자원을 재평가하여 종속을 피하는 것으로, A가 B의 자원에 대한 매력도가 떨어진다면 A에 대한 B의 통제력도 약화된다.

③ **호혜성**: 서로 주고받을 수 있는 자원을 통해 상호 동등한 관계로 개선하고자 하는 전략이다.
A와 B가 서로에게 필요한 교환관계임을 인식함으로써 A와 B의 관계가 상호 독립적이고 동등한 관계로 전환되도록 하는 방식이다.

④ **연합**: 특정 조직이 가지고 있는 자원을 얻기 위하여 자원이 필요한 조직끼리 협력하는 전략이다.
A는 혼자서는 부족한 힘을 키우기 위해 B에 예속되어 있는 C, D 등의 조직들과 힘을 합쳐 B의 권력에 대항할 수 있다.

⑤ **강제**: 물리적인 힘으로 상대조직의 자원을 장악하는 것으로, 사회복지조직에서는 수용되기 어려운 전략이다.

3) 사회구성론

포스트모더니즘[1]의 영향을 받은 사회구성론(social composition theory)은 사람들의 문

1) 20세기 초 모더니즘이 리얼리즘에 대한 반작용으로 등장하였다면, 1960년대 이후 포스트모더니즘은 모더니즘에 대한 반작용으로 등장하였다. 모더니즘이 과학적 합리성과 사회의 진보에 기반을 둔 사상이라면, 포스트모더니

화적 규범, 가치, 언어의 사용과 관련된 의미로 일상생활의 행동을 구성한다는 상징적 상호작용주의를 기반으로 삼는다. 상징적 상호작용주의란 모든 대상을 주관적으로 해석하는, 즉 모든 것에 상징성이 있다는 것이다. 따라서 지식은 객관적이고 절대적인 것이 아니라 문화적 · 정치적 · 경제적인 영향 내에서의 개인의 사회적 경험과 사회적 상호작용 등의 이야기를 통하여 구성된다고 보았다. 따라서 문화적 · 정치적 · 경제적 구조를 이해하고, 문화적 가치와 규범에 대한 의미를 해석해야 한다.

사회구성론에 대한 개념을 정리하면 다음과 같다(황명주 외, 2006).

(1) 모든 인간존재는 앎의 능력이 있는 행위자이다. 행위자는 그들의 행동과 행동의 이유를 담화적으로 서술할 수 있다.

(2) 행위자의 앎은 한편으로는 무의식에, 다른 한편으로는 인식하지 못한 조건/의도하지 않은 결과에 의해 항상 제한되어 있다.

(3) 매일생활의 연구는 제도화된 관행의 재생산을 분석하는 데 핵심적이다.

(4) 불안의 무의식적 원천을 최소화하려는 것과 심리적으로 연결된 관례는 매일의 사회적 활동의 지배적 형태이다.

(5) 맥락(context) 혹은 상호작용의 맥락성(contextualities of interaction)에 대한 연구는 사회재생산의 탐구에 본질적이다.

−맥락은

① 상호작용의 시 · 공간 경계

② 여러 가지의 얼굴표정, 신체 제스처, 언어 및 기타 의사소통매체 등을 보이게 만들어 주는 행위자의 공−현전(the co-presence of actors)

③ 성찰적(reflexively)으로 상호작용의 흐름에 영향을 미치고 통제하기 위해 이러한 현상을 알고 이용하는 것

즘은 냉소적이고 탈역사적인 이데올로기에 기반을 두어 개성, 자율성, 다양성, 대중성을 강조한다.

(6) 사회정체성과 사회정체성에 결합된 지위–관행 관계는 사실상의 시 · 공간에서의 구조의 '표식들(markers)'이다. 특히 연령 및 성별 속성과 관련된 표준화된 표식의 사용은 모든 사회에서 기본적이다.

(7) 사회분석에서 '제약'을 일방적인 한 측면에서만 규정지을 수 없다.

(8) 사회체계의 구조적 속성 가운데 구조적 원리가 특히 중요한데, 그것은 구조적 원리가 사회의 전체적 유형을 특징짓기 때문이다.

(9) 권력의 연구는 사회과학의 이차적 고려대상으로 간주될 수 없다. 권력만큼 기본적인 개념은 없다. 권력은 행위와 구조의 관계에 완전히 관련된 사회과학의 기본 개념 가운데 하나이다. 사회생활의 격심한 갈등은 분명히 '권력투쟁'으로 보인다.

(10) 사회분석가가 확인한 사회조직 및 사회재생산 메커니즘 가운데 일반 행위자가 알지 못하고 그들의 행위 속에 녹아들어 있지 않은 것은 존재하지 않는다.

이러한 점들은 지역사회복지에 많은 영향을 미치게 되고, 이러한 관점에서의 지역사회문제는 객관적 현상이 아니라 지역사회의 한 집단이 다른 집단에서 설정한 의미에 동의하지 않을 뿐만 아니라 그 집단의 동의대로 행동하지 않는 현상으로 이해하였다.

또한 클라이언트와의 관계에서 사회복지사가 가지는 관습적인 지식이나 선입견 등이 내재되어 있을 가능성이 높기 때문에 사회복지사는 개인의 행동을 규제하고, 통제하려는 사회적 욕구에 대한 반응이 나타난다. 따라서 사회구성론의 관점에서는 전문가 중심의 사회복지가 아닌 지역사회구성원, 즉 클라이언트와 공유하는 모든 언어와 몸짓 등의 상징이 강조된다.

3. 권력의존이론, 엘리트주의, 다원주의

1) 권력의존이론

권력의존이론(power dependence theory)은 지역사회구성원들이 권력(힘)을 얻고 분산하면서 지역사회가 발전한다는 것을 강조한다. 다시 말해 지역사회의 발전은 권력의 소유 여부에 달려 있는 것이다. 여기에서의 권력은 자원이 풍부한 구성원과 자원이 빈약한 구성원과의 관계에서 형성된다.

지역사회 조직들은 생존을 위해 외부 자원에 의존할 수밖에 없다는 전제에서 출발한다. 즉, 조직은 생존을 위해 외부의 기부자로부터의 계약과 보조금에 의존한다는 것이다. 따라서 낙후된 지역에서 활동하는 지역사회 조직 중에서 조직의 생존을 위한 자금이 지역 내에서 들어오지 않는 조직에게는 매우 중요한 문제가 된다. 그러므로 권력의존이론은 지역사회 내에 존재하는 조직들이 권력을 얻는 것과 의존하는 것을 통하여 지역사회복지가 성장한다는 것을 강조한다.

하지만 기부자에 대한 조직의 의존은 결국 조직이 추구하는 목적의 불일치와 자율성의 상실, 정부정책에 찬성과 반대하기 위해 로비를 할 수 있는 능력에 대한 제한 등의 결과를 초래할 수 있다. 또한 조직으로부터 무임의 서비스를 받은 지역주민은 조직에 의존하게 되고 의무를 가지게 되면서 그 조직의 문제점이나 서비스에 대한 비판을 자제하게 되는 종속적 관계가 형성될 수 있다. 이와 마찬가지로 정부의 지원을 받는 조직 또한 정부의 요구를 수용할 수밖에 없으며, 결국 지역주민과의 상호작용에서 정부의 정책이 강화되는 결과를 낳을 수 있다.

권력의존이론은 지역사회조직의 자원에 대한 의존을 강조하여 자원의존 여부가 조직의 발전과 지역사회 발전에 영향을 미칠 수 있음을 강조하며, 지역사회복지실천에 미친 함의는 다음과 같다(박원진 외, 2018).

첫째, 균형적인 지원의 투입은 지역사회조직의 생존을 위해 반드시 필요한 원천일 수 있다.

둘째, 외부자원과 연관된 요구는 사회 변화를 위해 노력하는 지역사회조직의 능력을 제한시킬 수 있다.

셋째, 지역사회조직으로부터 무임 사회서비스를 제공받는 사람은, 사회서비스를 못 받을 수 있다고 믿기 때문에 자신을 위한 지지행동을 주저할 수 있다.

넷째, 사회 변화는 자원의 교환이 가능할 수 있는 분위기에서 일어날 수 있다. 정치적 측면에서 일자리나 정치적 호의, 다른 자원들을 받은 사람들은 그 후보자를 지지하거나 투표해 주어야 하는 의무를 가질 수 있다.

사회복지사는 지역사회복지실천을 위해서 균형적인 권력을 통하여 자원개발이 중요하다는 것과 권력을 행사해서 지역 내에 있는 조직은 원하는 자원을 획득할 수 있다는 것을 깊이 인식해야 한다. 따라서 권력의존이론은 지역사회조직이 지역사회의 발전과 번영을 위하여 보조금과 같은 권력에 의존하게 됨을 강조하지만, 과도한 의존은 지역사회조직 본래의 목적을 수행하고 조직기능을 원활히 하는 데 부정적인 영향을 가져다 줄 수 있으므로 지역사회복지 조직은 권력의 균형적인 배분을 위한 지역사회자원 개발을 위해 노력해야 한다.

2) 엘리트주의

엘리트이론(elite theory)이라고도 불리는 엘리트주의는 사회의 권력을 가진 엘리트 집단[2]과 이를 가지지 못한 대중으로 분류되며, 소수관료나 저명인사 등 사회지배계급(엘리트 집단)에 의하여 정책문제가 일방적으로 채택된다는 이론으로, 정치적으로 무능한 일반대중을 지배하는 엘리트 중심의 계층적 · 하향적 통치질서를 의미한다. 따라서 소수의 엘리트 집단으로부터 국가의 공공정책과 행정업무의 과정과 결정이 좌우되는

2) 정치와 경제 등에서 중요한 정책을 결정할 때, 우월한 지위에서 영향을 미치는 사람이나 집단이다.

것이다. 정책은 철저하게 엘리트 집단의 이익과 가치관을 반영하기 때문에 정책의 변동과 개혁 또한 엘리트 집단의 가치관을 수정한 결과인 셈이며, 엘리트의 일반적인 보수 성향으로 인하여 정책의 변동은 점진적으로 일어난다.

다양한 지역사회 집단의 역할을 강조하는 다원주의와는 상반되는 관점으로 사회복지정책과 행정에도 엘리트 집단의 이익을 위해 점증적이고 보수적인 사회복지정책을 도입하는 것으로 본다. 이러한 엘리트 집단의 지배력은 지역마다 다르게 나타나 지역사회복지사의 활동에 영향을 미칠 수 있으나, 이러한 권력구성을 이해한다면 지역사회의 이해뿐만 아니라 지역사회복지의 실천에도 보다 효율적이고 효과적으로 발전시킬 수 있을 것이다.

3) 신엘리트주의

무의사결정론으로 불리는 신엘리트주의는 정책의제 설정에서 엘리트 집단의 이해관계와 일치하는 사회문제만 정책의제화된다는 이론이며, 엘리트주의와 다원주의를 결합한 형태로서 엘리트 집단과 지역사회의 다양한 이익입단들이 연대를 통하여 이익집단들은 엘리트 집단을 통해 접근성을 확보하여 원하는 정책이 실현될 수 있도록 하고, 엘리트 집단은 이익집단을 통해 투표수를 확보하거나 활동자금을 확보할 수 있다고 본다(생각의 마을, 2019). 특징으로는 결정, 집행, 평가 등 정책과정 전반에 걸쳐 나타나며, 무의사결정은 결정자의 무관심이나 무능력과는 무관한 의도적인 현상으로 은밀하게 나타난다.

4) 다원주의이론

사회를 구성하는 개인이나 집단의 독자적인 가치관, 이념, 목표 등을 인정하고, 각각의 독립성과 자율성을 보장하는 것, 또는 그것을 전제로 하여 사회 · 문화 현상을 파악하고 설명하는 입장을 다원주의라고 한다. 이러한 다원주의는 권력 엘리트에 의하여 지배되는 획일주의를 배척하고 각 분야의 자율성을 인정한다. 즉 엘리트주의와는 상반된 관점인 다원주의(pluralistic theory)는 전문성 등을 기본으로 둔 다수의 이익집단들이 사회를 이끈다고 보며, 사회가 국가의 중심이라는 전제하에 이익집단의 내부구조나 변동을 강조한다. 여기에서의 이익집단이란 공통의 목적을 가지고 공공정책에 영향을 미치기 위해 노력하는 개인들의 조직체를 의미한다.

즉, 다원주의에서는 이익집단의 상대적 영향력의 정도에 따라 사회복지정책의 내용과 형태가 달라진다고 보았으며, 사회복지정책은 이러한 이익집단들 간의 갈등과 타협의 산물로 간주하였다. 이들은 사회권력이 단일집단에 국한되지 않고 민주주의체제 내에서 이익집단들이 협상한 결과이므로 서로 경쟁하는 이익집단이나 사회복지조직은 민주주의사회에 꼭 필요한 것이라고 강조하였다.

4. 사회자본이론, 비판이론

1) 사회자본이론

(1) 사회적 자본의 개념

물적 자본과 인적 자본에 이어 사회적 자본이라는 새로운 개념이 대두되었다. 사회적 자본은 사람들 간의 관계에 내재된 제3의 생산요소로 적립되었다. 푸트남(Robert Putnam)은 사회적 자본에 대해 공동체의 사회적 생산성에 영향을 주는 사람 간의 수평적 단체 내의 관계로 보았고, 콜만(James Coleman)은 사회적 자본이 사회구조의 측면으로 구성되어 있고, 그 구조 안에서 활동하는 행위자 간에 행동을 촉진시키는 것으로 보았다.

이를 토대로 사회자본이론(social capital theory)이란, 지역사회 내 사회관계에 내재된 자원을 사회적 자본이라 간주하여 개인, 조직 및 지역사회의 연결과 참여를 도모하는 행위가 지역사회의 협조와 협력의 토대를 형성한다는 것으로, 신뢰와 호혜성, 네트워크, 공유된 인지 등을 강조한다. 이러한 사회자본은 지역사회 문제해결의 선행조건이며, 지역사회구성원의 상호책임성과 주체성, 그리고 자발적이면서도 능동적인 관계망 간의 연결과 참여를 기초로 형성된다(생각의 마을, 2019).

(2) 사회적 자본의 특성

① 사회적 자본은 네트워크를 통하여 형성되고 다른 자본으로 전환될 수 있으며 협력적 관계망을 통해 형성된 사회적 자본이 다른 자본의 형태로 변환될 수도 있다.

② 사회적 자본은 공식화된 관계나 사회구조를 형성할 수 있는 사회적 · 정치적인 환경을 필요로 한다.

③ 사회적 자본은 자본으로서의 특성을 가지고 있어서 그것을 획득할 수도, 잃을 수도 있기에 사회적 자본의 형성을 위하여 지속적인 노력을 해야 한다.

④ 다차원적인 속성

- 관계적 차원: 신뢰를 중심으로, 구성원들 간의 관계가 이익과 가치 창출에 기여할 수 있는가에 초점을 둔다.
- 구조적 차원: 네트워크를 중심으로, 행위자들 간의 연결망에 초점을 둔다.
- 인지적 차원: 규범, 가치, 문화 등의 메커니즘을 중심으로, 행위자의 행동을 일관성 있게 유지시켜주는가에 초점을 둔다.

2) 비판이론

호르크하이머(Max Horkheimer)의 비판이론(critical theory)은 더 나은 사회를 위한 사유이며 노예적 상태로부터 인간의 해방을 지향한다. 따라서 비판이론은 기존 사회를 비판하고 대안을 모색하는 관점인 것이다. 인간의 해방이 성취된 사회는 이성적으로 조직된 사회를 의미한다. 이를 구체화하면 착취와 억압이 없고, 실제로 포괄적인 주체, 즉 자의식을 가지는 인류가 존재하며 통일적인 이론의 형성이나 개인들을 포괄하는 사고에 대해 논할 수 있는 상태인 것이다. 이와 같은 사회를 위해 초기의 비판이론은 사회적 혁명을 추구하였다. 여기에서의 비판이란 지배적인 이념이나 행동방식과 사회적인 상태를 반성하지 않은 채로 순전히 관습적으로 받아들이지 않으려는 지적이고 실천적인 노력을 의미한다.

이러한 비판이론의 구조는 사회발전에 따라 변화한다. 이런 의미에서 비판이론은 진화 과정 속에서 자신이 발견된다고 보았고, 전체에 대한 일반적 기준은 현상들의 반복에 언제나 근거를 두고 있으며 그로 인해 스스로 재생산되는 총체성에 근거를 두기 때문에 일반적인 기준은 존재하지 않는다고 주장한다. 따라서 비판이론은 구체적인 비판 내용이 비어 있다는 것이 아니라 변화하는 사회에 대해 끊임없는 비판적 태도 속에서 비판이론의 내용이 채워진다는 것을 의미한다.

비판이론에서의 비판적 태도는 긍정적이지 않고 생산적이지 않으며 부정적이다. 생산적이지 않다는 말은 비판이론이 사회변혁에 대한 전략과 사회 비판에 대한 구체적인 프로그램과 행동 지침을 제시하지 않는다는 것을 의미한다. 그럼에도 불구하고 호르크하이머는 인간은 옳은 사회에 대해 미리 규정할 수 없으며 단지 현재 사회의 나쁜 것에 대해 말할 수 있고 나쁜 것이 사라지도록 노력할 수 있기에 비판이론은 부정적일 수밖에 없다고 하였다. 비판이론은 나쁜 것을 예상하고 폭로하는 것을 통해 더 나은 것을 실현하는 데 기여할 수 있도록 시도한다는 의미에서 비관주의의 색체를 강하게 띤다고 보았다.

CHAPTER 5

지역사회복지의 실천모델

학습목표

1. 지역사회복지실천모델의 목적과 사회복지사의 역할을 이해한다.
2. 지역사회복지실천모델인 로스만의 모델, 테일러와 로버츠 모델, 웨일과 갬블 모델, 포플 모델을 이해한다.
3. 최근 지역사회복지실천모델인 스즈키 고로 모델, 최옥채의 지역사회 주민조직화 모델을 이해한다.
4. 지역사회복지실천모델의 특징과 활용을 이해한다.

개 요

지역사회복지실천모델의 목적은 과정목표(process goal)와 과업목표(tast goal)를 성취하는 것이며, 지역사회복지실천모델에서 사회복지사의 역할은 안내자의 역할, 조력자의 역할, 교육자의 역할, 조사자의 역할, 분석자의 역할, 계획가의 역할, 전문가의 역할, 중개자의 역할, 옹호자의 역할, 행동가의 역할과 촉매자, 촉진자, 연결자 역할을 수행한다고 나타났다.

지역사회복지실천모델의 유형은 전통적으로는 로스만의 모델, 테일러와 로버츠 모델, 웨일과 갬블의 8가지 모델, 포플의 8가지 모델로 볼 수 있으며, 최근에는 지역사회복지실천모델의 새로운 모델로 스즈키 고로의 모델과 최옥채의 지역사회 주민조직화 모델 등이 있다.

지역사회복지실천모델의 특징과 활용을 살펴보면 다양한 인종집단을 대상으로 하는 '다양성'에 기초한 새로운 형태의 지역사회복지실천모델을 발전시킬 것으로 전망되고 있다. 이 장에서는 다양한 지역사회복지실천모델들을 살펴봄으로써 지역사회복지실천가가 현실에서 어떻게 적용해야 할 것인가를 제시해 보았으며, 앞으로 한국적 상황에 토착화 시키려는 새로운 형태의 한국 모델 개발에 대한 시도가 이루어질 필요가 있다고 볼 수가 있다.

1. 지역사회복지실천모델의 목적과 사회복지사의 역할

1) 지역사회복지실천모델의 목적

실천모델은 두 가지의 기본목표를 가지고 있다. 하나는 과정목표(process goal)이고, 다른 하나는 과업목표(tast goal)이다. 과정목표는 지역사회 개업활동을 수행하기 위해 사용되는 수단과 방법의 초점을 두는 반면에, 과업목표는 지역사회 개입노력에 따른 목적과 성과에 초점을 둔다. 지역사회복지를 실천하는 데 있어서 실천모델(practice model)이 왜 필요할까? 하디나(Hardina, 2002)는 실천모델이 사회복지사들에게 지역사회복지실천을 하는 데 있어 개입방법을 설명해 주고 있다고 다음과 같이 제시했다.

첫째, 지역실천현장에 있는 사회복지사들에게 실천모델을 통해 사회 변화에 대한 노력의 통제를 어느 정도 할지를 알려준다.

둘째, 어떤 형태의 전략과 전술이 사용되어야 하는지를 알려준다.

셋째, 변화과정에서 분명한 사회복지의 역할들을 결정하는 데 도움을 준다.

넷째, 실천모델은 또한 변화되어야 하는 사람 또는 조직 등의 표적체계(target systems)와 사회복지사와의 관계를 설명해 준다.

2) 지역사회복지실천모델에서의 사회복지사의 역할

(1) 안내자의 역할

지역주민이 일상적 활동을 수행하면서 조직사회에 적응하고 생존하기 위하여 과도한 피로상태에 방치되어 있기 때문에 다소간의 불편함이 있더라도 지역사회의 문제를 무시하거나 관심을 두지 않는 경향이 있다. 따라서 사회복지사는 지역주민의 다수가 고통받고 있는 문제에 모든 지역주민이 적극적으로 참여할 수 있도록 설명하고 안내하는 역할을 해야 한다. 이를 위하여 문제 상황과 관련된 다양한 자료를 준비하고 다양한 의견이 표현될 수 있는 기회를 마련하여 그들의 의견을 하나로 집약할 수 있는 방안을 모색하여야 한다. 또한 문제해결 방향과 방법을 선택하는 과정에서 다양한 방법을 제시할 수 있도록 도움을 제공하여야 한다.

(2) 조력자의 역할

지역사회는 개발과정에서 의도하지 않은 다양한 문제가 항상 존재하며, 지역주민은 이러한 지역문제에 일상적으로 노출되어 습관적으로 인지하지 못한 경우가 많다. 혹은 문제를 인지하더라도 문제해결을 위한 노력과정에서 실패한 경험이 있어 미리 포기하는 경우도 있다. 혹은 일상생활의 불편함이나 부당함을 인지하더라도 외부의 강압적 통제와 억압에 의하여 자신들의 욕구를 표출할 기회를 가지지 못한 경우도 있다.

이러한 경우에 사회복지사는 지역주민의 잠재된 욕구나 내재된 욕구를 표출할 수 있도록 도울 수 있다. 특히 부정적이고 적대적인 감정을 표출할 수 있도록 자극함으로써 지역주민의 불만이 개인적인 것이 아니라 지역주민 모두의 공통적 문제라는 것을 인식시킬 수 있을 것이다. 또 지역주민의 개별적 불만을 서로 연계시킴으로써 지역사회의 전체적 문제를 파악할 수 있도록 지원할 수 있다.

사회복지사는 지역주민의 불만을 자극하고 집약하는 과정에서 지역사회와 관계가 좋은 주민과 관계가 악화되지 않고 원만한 관계를 유지할 수 있도록 신뢰관계를 조정하는 것이 무엇보다 중요하다. 따라서 지역주민의 협력적 활동에 장애가 되는 요인을 제거하기 위하여 노력하여야 한다.

중요한 것은 특정 과업에 지나치게 몰두하여 궁극적 목표가 상실하지 않도록 하는 것이다. 이를 위하여 장기적 목표를 우선적으로 수립하고 단계적으로 접근할 수 있는 과정 목표를 세우는 것이 바람직하다.

(3) 교육자의 역할

지역사회는 다양한 외부체계와의 교류와 상호작용을 통하여 성장하고 발달한다. 그러나 지역사회에 따라서 교류와 상호작용이 충분히 이루어지지 않거나 제한되는 경우 지역사회의 성장과 발달은 지체된다. 혹은 지역사회의 문화적 특성에 따라 지역주민의 권리가 억압되거나 제한되기도 한다. 이와 같은 지역주민은 자신들의 문제를 인지하지 못하거나 자포자기하는 경우가 있다.

이러한 경우에 사회복지사는 지역사회의 문화적 특성, 사고방식 그리고 지역사회문제에 대한 정확한 인지를 바탕으로 지역사회의 악습이나 지역사회의 구조를 지역주민에게 교육시킬 필요가 있다. 지역사회복지에서는 지역주민은 문제를 해결할 수 있는 주체이기 때문에 자신들의 문제를 객관적이고 정확하게 인지하도록 교육하는 것이 사회복지사의 주된 역할이다. 지역주민의 자발적이고 적극적인 참여가 지역사회를 변화시킬 수 있는 핵심 동력이기 때문에 지역주민이 인지하지 못하거나 자포자기한 경우에도 사회복지사의 활동은 개별적으로 혹은 집단적으로 이루어져야 한다.

(4) 조사자의 역할

지역사회의 문제는 드러난 문제 이외에도 잠재되어 있거나 다른 형태의 문제로 전환되는 경우도 있다. 지역사회의 문제는 표면적으로 드러난 경우 우선적으로 문제 상황을 해결하기 위하여 적극적 대책을 강구하여 현존하는 문제로부터 고통받는 지역주민을 편안하게 해 주어야 한다.

하지만 지역사회의 문제는 드러나는 것 이외에 복잡하게 얽혀서 존재할 수 있다. 부득이하게 문제 상황을 정확하게 파악하기 위하여 문제와 관련된 내용을 과학적으로 조사할 수밖에 없다. 문제의 현황, 심각성, 문제와 관련된 다양한 요소, 대응 노력 등을 문헌조사와 실증조사를 통하여 자료를 수집하고 분석하는 것이 필요하다.

(5) 분석자의 역할

수집된 자료는 다양한 시각에서 정리되고 분석되어야 한다. 사회문제 및 사회문제에 영향을 미치는 요인을 클라이언트의 측면에서 접근할 수 있도록 무엇을 개선할 것이며, 어떻게 변화를 가져올 것인지 접근방법을 모색하여야 한다. 프로그램을 실시하기 전에 다양한 대안을 모색할 수 있는 근거가 될 수 있다.

(6) 계획가의 역할

계획가는 수집된 자료의 분석결과를 중심으로 다양한 대안을 모색하여야 한다. 사회문제에 영향을 미치는 요인, 지역사회의 갈등을 조장하는 사고나 태도, 지역사회의 구조 및 역할에 대한 인지, 지역사회의 역사나 관습 등에 대한 조사 등을 통하여 지역사회문제의 관련성을 파악하는 것이 전제가 된다. 그리고 현재의 상황을 중심으로 접근 가능한 방법, 자원 동원이 가능한 방법, 실현 가능성이 높은 프로그램, 효과성이 높은 프로그램 등을 다양하게 모색하고 시뮬레이션을 통하여 검증하는 것이 바람직하다.

(7) 전문가의 역할

사회계획 및 정책 모델은 문제에 대한 인과적 관계를 밝히고 실현 가능한 대안을 모색하며, 실천과정에서의 오류를 찾아내는 등 논리적이고 합리적인 계획을 수립하는 것이 중요하다. 프로그램의 실천과정을 통하여 사회문제를 해결하기 위한 결과를 중시한다. 다른 어떤 모델보다 전문가로서의 자질과 실력이 강조되는 영역이기도 하다.

(8) 중개자의 역할

지역주민의 일상생활에 필요한 자원은 매우 제한적으로 존재한다. 제한적 자원이 소수에게 집중되어 있으며, 공유할 수 있는 자원이 어디에 어떠한 형태로 존재하는지 지역주민이 파악하기 어렵다. 사회복지사는 지역주민의 일상생활을 변화시킬 수 있는 자원의 소재를 알려서 접근할 수 있도록 중재하여 자원의 활용성을 높여야 한다.

(9) 옹호자의 역할

지역사회에 계층의 존재는 지배와 피지배를 합법화하고, 피지배계급의 권리를 상대적으로 지배계급이 통제하는 경향이 있다. 통제구조에서는 일상생활의 다양한 영역이 억압되거나 정당하게 주어진 권리조차도 확보되지 못하는 경우가 많다. 사회복지사는 통제되는 지역주민의 정당성을 대변하고 지역주민이 자신의 권리를 지킬 수 있도록 주장하며 옹호하는 역할을 담당하여야 한다.

(10) 행동가의 역할

모든 지역주민이 일상생활에 필요한 자원을 갈구하는 상황에서 최소한 지역사회의 자원을 필요한 만큼 가질 수 없다. 법제화된 제도는 불균등한 분배를 합법화하기 때문에 사회적 약자들의 정당한 권리를 보장하기 위하여 갈등적 상황을 초래할 수밖에 없다. 사회복지사는 직접적 실력 행사를 통해서라도 부당하게 박탈된 지역주민의 권리를 회복하고 사회정의를 구현하기 위하여 행동가로서의 역할을 수행하여야 한다. 그러기 위하여 사회복지사는 실력 행사를 두려워하거나 회피해서는 안 된다.

(11) 기타

이 외에도 지역사회복지는 촉매자, 촉진자, 연결자 등의 역할을 수행한다.

촉매자의 역할을 주민을 격려하고 지지하는 역할로서 회의 개최, 의견 청취, 분위기 조성 등이 있다. 촉진자로서의 역할을 돕는 과정 기술의 원조자의 역할을 수행한다. 그리고 연결자의 역할은 조직 외부 및 미디어와의 연계활동을 수행한다. 그리고 회의 참석, 타 조직과의 연대활동, 새로운 아이디어와 프로그램의 개발 등을 수행한다. 특히, 지역사회복지사는 지역주민의 권리를 대변하고 불평등한 사회구조를 바꾸는 대변인, 행동가, 계획가 등의 역할을 수행한다.

2. 지역사회복지실천모델의 유형

지역사회복지실천모델은 각 사회마다 다른 전통과 사회, 정치, 경제 발전과정과 관련되어 있기 때문에 지역사회복지실천모델을 단일 모델로 설명하기는 어렵다(김형수 외, 2010). 이 장에서는 로스만의 모델과 지역사회복지실천모델인 로스만의 모델, 테일러와 로버츠 모델, 웨일과 갬블 모델, 포플 모델을 이해한다.

1) 로스만의 모델

지역사회복지실천에서 가장 많이 사용되는 실천모델은 지역사회복지활동을 체계화하여 제시한 대표적인 학자인 로스만(Rothman)이었으며 그는 지역사회복지실천을 위한 실천모델로서 지역사회개발모델, 지역사회계획모델, 지역사회행동모델, 즉 3가지 모델로 구분하여 개입방법을 제시하였다(Hardina, 2002; Jacobsen & Heitkamp, 1995; Rothman & Tropman, 1987).

(1) 지역사회개발 모델

지역사회문제해결을 위한 지역사회의 역량강화와 사회통합을 목표로 한다. 지역사회의 기능적 통합과 사회통합이라는 목표를 통해 지역사회의 변화를 가장 효과적으로 하기 위해 시민참여의식을 갖도록 하는 과정을 강조한다. 따라서 사회복지사는 지역사회와 지역주민의 역량강화와 개발을 위해 조력자, 조정자, 촉매자의 역할을 수행할 수 있어야 하며, 문제해결 기술 훈련자의 역할도 담당해야 한다.

한계점으로는 첫째, 지역사회 변화노력을 위해 지역사회와 관련된 집단들의 협력을 끌어내기가 용이하지 않다는 점 둘째, 지역사회 관련 집단들이 성, 계급, 인종 등과 관련된 경계를 초월하는 공동의 이해관계를 가지고 있다는 가정의 현실성 문제 셋째, 실질적인 정책결정자가 사회 변화를 지지할 수 없는 경우 지역사회 개발을 위한 협상을 거부할 수 있는 권력구조의 문제점 등이 지적되고 있다.

(2) 지역사회계획 모델

문제해결을 위한 합리적인 계획의 수립과 통제된 변화에 기반을 두고 사회문제를 해결하고자 하는 기술적 과정을 강조한다. 문제해결의 결과보다는 과정을 더 중시하며 계획이나 정책집행의 효과성과 효율성을 강조하기 때문에 과업목적에 초점을 두고 있다.

지역주민 스스로 주체가 되어 지역발전 · 문제해결에 기여하기보다는 전문가가 문제해결의 방안을 합리적 · 과학적으로 제시하고 실행의 모델에서 사회복지사는 계획가, 행정가, 자료분석가의 역할을 수행할 수 있고 해결하고자 하는 문제에 대한 전문지식을 보유하여 관련 자료를 수입하고 분석하여 그에 입각한 프로그램의 계획과 평가까지를 담당한다.

한계점으로는 첫째, 계획가는 무제한적인 시간과 자원을 가지고 있지 않다는 점 둘째, 계획과정의 합리성을 전제하고 있기 때문에 문제해결과정에 미치는 정치적 영향력을 고려하지 못하고 있다는 점 등이다.

(3) 지역사회행동 모델

지역사회의 소수계층이 보다 많은 자원과 향상된 처우를 받기 위하여 지역사회에 권력균형을 요구하는 것을 전제로 한다. 지역사회행동 모델은 지역사회의 억압받고 소외된 주민들이 사회정의와 정치적 공평성 입장에서 사회, 정치, 경제적으로 보다 나은 처우를 받을 수 있도록 도와주는 활동을 말하며, 기본적으로 과업달성을 중시하기 때문에 적절한 의사결정 구조의 활용 또는 관계형성 등과 같은 과정목표는 무시되기도 하며 다음과 같은 한계점이 있다.

첫째, 일부 실천가는 지역사회 상황에서 실천활동을 대항활동으로 제한시키고 있다는 점이다. 이러한 경향은 지역사회 관련 집단들을 양극화시키거나 바람직한 결과를 달성하는 데 어려움으로 작용한다. 둘째, 일부 조직가와 지역사회구성원이 대항 전략에 대해 주저할 수 있다는 것이다. 셋째, 윤리적 이슈와 관련된 것으로 대항형태의 불법성이 있을 수 있으며 긴급 상황에서 사용될 수 있어 조직가와 조직구성원이 위험에 놓일 수도 있다는 점이다.

〈표 5-1〉 로스만의 실천모델의 영역별 비교

	지역사회개발 (local development)	사회계획 및 정책(social planning/policy)	사회행동 (social action)
지역사회 활동목표	지역사회의 활동능력과 통합; 자조(과정목표)	지역사회문제의 해결(과업목표)	권력관계와 자원의 변화; 기본적인 제도 변화 (과업 및 과정목표)
지역사회구조와 문제 상황에 관한 전제	지역사회의 상실, 아노미; 관계 및 민주적 문제해결 능력의 결여; 정태적 · 전통적 지역사회	실질적인 사회문제, 정신 및 신체적 건강문제, 주택, 여가 등	사회적 고통을 당하고 있는 사람, 사회부정의, 박탈, 불평등
변화전략	문제 결정 및 해결에 다수의 사람 참여	문제에 관한 자료수집과 최적의 합리적 행동조치 결정	이슈의 구체화와 표적대상에 대해 조치를 취할 수 있도록 주민 동원
변화 전술과 기법	합의; 지역사회집단 간, 이해관계 간 상호의사소통, 집단토의	합의 또는 갈등	갈등 대결, 직접행동, 협상
사회복지사의 역할	조력자–촉매자, 조정자; 문제해결기술과 윤리적 가치에 대한 교사	사실수집자와 분석자, 프로그램실행자, 촉진자	행동주의적 옹호자; 선동자, 중개자, 협상자, 파당
변화의 매개체	과업지향적인 소집단 활용	공식 조직과 객관적인 자료 활용	대중 조직과 정치과정 활용
권력구조에 대한 지향성	협력자로서 권력구조의 구성원	고용주와 후원자로서 권력구조	활동의 외부표적으로서 권력구조; 타도되거나 강요된 압제자

	지역사회개발(local development)	사회계획 및 정책(social planning/policy)	사회행동(social action)
수급자체계(지역)의 범위 정의	지리적 측면에서 전체 지역사회	지역사회 전체 또는 지역사회 일부	지역사회 일부
지역사회 하위부분의 이해관계에 대한 전제	공통의 이해관계 및 조정 가능한 차이	이해관계의 조정 가능 또는 갈등	쉽게 조정할 수 없는 갈등적 이해관계, 자원의 희소성
수급자 개념	시민(citizen)	소비자(consumers)	희생자(victims)
수급자 역할의 개념	상호작용적 문제해결과정에의 참여	소비자 혹은 수령자(recipients)	고용주, 지역사회구성원, 회원
임파워먼트의 활용	협동적이고 의사결정을 할 수 있는 지역사회 능력 구축; 주민의 개인적 주인의식 고취	소비자의 서비스 욕구 규명; 소비자의 서비스 선택의 정보 제공	수급자체계(지역사회)를 위한 객관적 권력–지역사회 의사결정에 영향을 미치는 권리와 수단–의 획득; 참여자의 주인의식 고취

출처: Rothman(2001: 45-66); 오정수 외(2006) 재인용.

2) 테일러와 로버츠 모델

테일러와 로버츠(Taylor & Roberts)는 후원자와 클라이언트 간의 의사결정 권한 정도에 따라 다섯 가지 모델로 구분하였다. 후원자의 의사결정 권한 수준이 높은 순서로 실천모델을 나열하면 프로그램 개발 및 조정, 계획, 지역사회연계, 지역사회개발, 정치적 권력강화 모델의 순이다.

(1) 프로그램 개발 및 조정 모델

프로그램 개발 및 조정 모델(Program Development and Coordination Model)은 어떤 특정 목적을 이끌어내는 과정에서 후견인이 전적으로 100%의 영향력을 행사할 수 있는 후원자 중심 모델로서 변화를 위한 실질적 힘을 발현시킬 수 있는 모델이다. 이러한 모델을 실행하는 대표 조직으로는 인보관 운동과 자선조직협회 운동에 근거한 사회복지협의회 및 지역공동모금회 등을 들 수 있다.

(2) 계획 모델

계획 모델(Planning Model)은 인간지향적 측면을 강조하며, 과업목표는 물론 과정목표도 강조한다. 즉, 지역사회문제해결에 있어서 전문적 지식과 기술을 가진 전문가가 합리성과 전문성에 기초하여 효율적으로 효과적으로 변화를 유도하는 모델이다.

(3) 지역사회연계 모델

지역사회연계 모델(Community Liaison Model)은 지역사회의 문제해결을 위해 클라이언트의 요구와 후원자의 영향력이 동등하게 반절씩 적용될 수 있는 모델이다. 지역사회의 문제해결을 위해 실천가가 서비스 전달자 역할에만 그치는 것이 아니라, 지역사회와의 바람직한 관계를 구축하는 역할을 수행해야 함을 강조하는 모델으로 클라이언트의 요구와 후원자의 영향력이 동등하게 반절씩 적용될 수 있는 모델이다.

(4) 지역사회개발 모델

지역사회개발 모델(Community Development Model)은 시민참여에 기반을 둔 자조적 활동, 시민역량의 자조 자체적 리더십 개발 등을 통해 지역사회 연구 및 문제해결을 강조한다. 지역사회개발 모델은 실천방법, 대안적 전략 고려, 의사결정 등에 대한 영향력 측면에서 클라이언트의 영향력이 약 7/8 정도 적용될 수 있는 클라이언트 중심적 모델이라고 할 수 있다.

(5) 정치적 권력강화 모델

정치적 권력강화 모델(Political Empowerment Model)은 지역사회에서 자기권리를 인정받지 못하는 구성원들을 지지하여 그들 스스로가 자신의 권리를 인정받도록 하는 모형이다.

3) 웨일과 갬블의 8가지 모델

웨일과 갬블(Weil & Gamble)의 실천모델은 로스만의 실천모델을 더 확장하여 여덟 가지 모델을 포함한다. 지역사회개발 모델을 확장한 모델에는 근린지역사회조직 모델, 기능적 지역사회조직 모델, 경제적 지역사회개발 모델이 있다. 사회계획 모델을 확장한 모델에는 사회계획, 프로그램 개발과 지역사회연계 모델이 있다. 사회행동 모델을 확장한 모델에는 정치사회행동 모델, 연합모델, 사회운동 모델이 있다. 이들 각 모델은 변화를 위한 목표, 실천가의 역할, 지역사회구성원, 표적체계, 전략과 핵심과업 등의 측면에서 차이가 있다.

(1) 근린지역사회조직 모델

근린지역사회조직 모델(Neighborhood and Community Organizing Model)은 지역사회 개발을 통한 지역주민의 지리적으로 가까운 지역사회 조직화에 초점을 두고 있다. 비록 하나의 특정 이슈와 사건을 계기로 지리적인 의미의 지역사회조직이 만들어진다 하더라도 지역사회의 사회적 · 정치적 · 환경적인 이슈를 다루게 된다.

변화의 표적체계는 시와 같은 공공행정기관, 개발계획의 추진 기업이며 주요 관심영역은 지역사회 주민의 삶의 질에 있다. 사회복지사의 역할은 조직가, 교사, 코치 및 촉진자로서 역할을 수행한다.

(2) 기능적 지역사회조직화 모델

기능적 지역사회조직화 모델(Functional Community Organizing Model)은 지리적인 의미보다 기능에 초점을 두고 있다. 기능적인 의미의 지역사회조직이란 공동의 이해관계를 기초로 한 지역사회조직을 말한다.

기능적인 지역사회조직의 핵심적인 관심과 목표는 자신들이 선택한 이슈의 정책, 행위, 태도의 옹호나 변화에 있다. 기능적인 지역사회조직의 1차적인 구성원은 공동의 이해관계를 갖는 동호인이다.

(3) 지역사회 사회경제적 개발모델

지역사회 사회경제적 개발 모델(Community Social and Economic Development Model)은 로스만의 지역사회개발 모델과 밀접한 관계가 있다. 이 모델은 저소득과 불이익 계층의 효과성을 제고시키기 위해서는 경제개발과 사회개발이 동시에 이루어져야 한다는 인식을 전제하고 있다. 따라서 변화의 표적체계는 은행, 재단, 외부개발자, 지역사회 주민 등이다.

(4) 사회계획 모델

사회계획 모델(Social Planning Model)은 전문성과 합리적인 계획수립에 기반을 둔 지역사회의 문제를 해결하고자 하는 모델이다. 따라서 합리적 의사결정을 통해 문제에 대한 우선순위와 자원의 배분 등이 중요하다고 본다. 계획가의 중심역할은 대인서비스, 사회계획 서비스의 통합과정에서 보다 합리성을 발휘하는 것이고 계획가는 대인서비스에 필요한 자원결정과 자원을 효율적으로 이용해야 하며 구체적인 기술과 책임성을 가져야 한다.

(5) 프로그램 개발과 지역사회 연결 모델

오늘날 지역사회조직의 연결활동은 프로그램 개발 측면에서 더욱 강조되고 있다. 그래서 프로그램 개발과 지역사회 연결 모델(Program Development and Community Liaison Model)의 목표는 지역사회의 대상자에게 필요하다고 평가되는 서비스를 향상시키거나 새로운 서비스를 계획하고 실행하는 것이다. 이러한 지역사회와 서비스 프로그램 간 상호작용은 다양한 방식으로 교류가 될 수 있다.

(6) 정치사회행동 모델

정치사회행동 모델(Political and Social Action Model)은 지역사회에서 불평등을 극복하거나 구조적 모순을 해결하기 위한 방법으로, 지역사회의 욕구를 무시하는 의사결정자에게 대항하고 조직화의 필요성을 강조하여 불공평한 조건을 변화시키기 위한 것이다. 따라서 권력균형의 노력을 통해 의사결정과정에서 배제된 사람들이 미래의 의사결정에 중요한 역할을 하는 것이다.

(7) 연합 모델

연합 모델(Coalitions Model)은 분리된 집단 및 조직을 연합적인 사회 변화에 동참시키는 데 있다. 목표는 함께 힘을 모아서 지역사회의 문제들에 대해 집합적으로 변화를 만들어내는 것을 추구하는 모델이다. 이 모형의 관심영역은 연합의 구성 집단과 조직들이 지지하는 구체적인 이슈들이다.

(8) 사회운동 모델

사회운동 모델(Social Movements Model)의 목표는 바람직한 사회 변화이다. 변화를 위한 새로운 패러다임을 제공해서 지역사회구성원들과 지역사회 조직체의 변화를 꾀하고자 하는 모델이다. 표적체계는 일반대중과 정치제도라 할 수 있다.

〈표 5-2〉 웨일과 갬블의 지역사회복지실천모델 비교

구분	목표	변화를 위한 표적체계	일차적 지지집단	관심영역	실천가 역할
지리적 지역 사회조직	조직화를 위한 구성원의 역량 개발, 부정적인 사회계획 등에 의한 파급효과 변화시키기	지역정부, 외부 개발자, 지역사회 주민	지역사회 주민	지역사회 주민의 삶의 질	조직가, 교육자, 코치, 촉진자
기능적 커뮤니티 조직화	행동과 태도의 변화에 초점을 둔 사회정의를 위한 옹호행동, 서비스 제공	일반대중, 정부 제도	지역사회, 지역, 국가 또는 전 세계 뜻을 같이 하는 사람들	특정 이슈, 인구 집단을 위한 옹호	조직가, 옹호자, 정보전달자, 촉진자
지역사회 사회 · 경제개발	주민의 관점에서 개발 계획을 수립, 주민들이 사회 · 경제적 투자를 이용하도록 준비시킴	은행, 재단, 외부개발자들, 지역사회 주민들	지역사회의 저소득주민, 소외된 주민, 억압받는 주민들	소득, 자원, 사회적지지 개발, 기본 교육과 리더십 기술의 향상	협상가, 추진자, 교사, 계획가, 관리자
사회계획	선출직 또는 휴먼서비스계획 협의체의 시단위나 지역단위의 행동계획	지역사회 리더의 관점, 휴먼서비스 기관장의 관점	선출직 공무원, 사회적 기관과 기관 간 조직	지역 내 공공영역의 사회적 니즈통합, 휴먼서비스 연계망 조정	연구자, 계획서 작성자, 정보전달자, 관리자
프로그램 개발과 지역사회 연결	서비스 효과성 향상을 위한 기관 프로그램의 확대와 수정, 새로운 서비스 개발	기관의 프로그램 자금지원자, 기관 서비스의 수혜자	기관 위원회, 행정가, 지역주민 대표	특정 인구집단을 위한 서비스 개발	대변자, 계획가, 관리자, 계획서 작성자
정치 · 사회 행동	정책이나 정책 입안자들의 변화에 초점을 둔 사회정의에 기반을 둔 행동	선거권자, 선출직공무원, 잠재적 참여자	특정 정치적 권한이 있는 시민	정치적 권력 만들기: 제도적 변화	옹호자, 조직가, 연구자, 후보자

구분	목표	변화를 위한 표적체계	일차적 지지집단	관심영역	실천가 역할
연합	프로그램 방향에 영향을 주거나 자원을 확보할 정도의 다조직적 권력 기반 구축	선출직 공무원, 재단, 정부 제도	특정 이슈에 이해관계가 있는 조직	사회적 관심, 사회적 니즈 관련된 특별한 이슈	중재자, 협상가, 대변인
사회운동	특정 대상집단, 현안 문제에 새로운 패러다임을 제공하는 사회정의를 위한 행동	일반대중, 정치체계	새로운 비전, 이미지를 창출할 수 있는 리더와 조직들	사회 내에서 사회정의	옹호자, 촉진자

출처: Weil & Gamble(1995), p. 581; 박태영(2008), pp. 73-74; 이애련 외(2009), p. 87; 이태희(2014), p. 111 재구성.

4) 포플(K. Popple)의 8가지 모델

영국의 포플(Popple, 1996)은 영국에서의 지역사회복지실천경험을 바탕으로 '보호(care)'와 '행동(action)'의 연속선에 기준을 두고 다음과 같이 지역사회복지실천모델을 여덟 가지 모델로 제시하였다. 그러나 각 모델은 독립적으로 구별되기보다는 기법이나 기술 측면에서 중복될 수 있으며, 상이한 전통과 이데올로기를 반영하고 있으며 각 모델은 기법이나 기술면에서 구별이 되지 않거나 사회복지사의 역할이 상호 중복되는 측면도 있는데 세부적으로 살펴보면 다음과 같다.

(1) 지역사회보호 모델

지역사회보호 모델(Community Care Model)의 주요 전략은 노인, 장애인, 아동 등 지역사회 주민의 복지를 위한 사회적 관계망과 자발적 서비스를 증진하는 데 있으며, 복지욕구를 충족시키기 위한 자조개념을 개발하는 것에 중점을 두고 있다. 이 모델에서 사회복지사는 지역주민이 자원봉사활동의 주도자가 되고, 보호를 제공할 수 있도록 격려하는 역할을 담당한다. 이 모델에서 사회복지사는 지역사회 주민을 조직하는 조직가와 자원봉사자로서의 역할을 담당한다.

(2) 지역사회조직 모델

지역사회조직 모델(Community Organization Model)의 주요 전략은 지역의 다양한 복지기관 간의 상호협력을 증진시키는 데 있으며, 사회복지기관의 상호협력 및 조정은 중복서비스를 방지하고 자원의 부재현상을 극복하여 사회복지전달체계의 효율성과 효과성을 높이는 데 일조하고 있다. 이 모델에서 사회복지사의 역할은 조직가, 촉진자, 관리자이다.

(3) 지역사회개발 모델

지역사회개발 모델(Community Development Model)의 주요 전략은 지역사회구성원의 삶의 질을 향상시키기 위한 기술과 신뢰를 습득할 수 있도록 집단을 원조하고 교육을 통해 자조개념을 증진시켜 지역주민의 적극적인 참여로 지역사회의 독자성을 반영하도록 돕는 데 있다. 이 모델에서 사회복지사의 역할은 조력가, 지역사회활동가, 촉진자이다.

(4) 사회/지역계획 모델

사회/지역계획 모델(Social/Community Planning Model)의 주요 전략은 지역사회개발 모델과 유사한 측면이 있지만, 사회적 상황, 사회정책과 사회복지기관의 서비스를 분석하여 주요 목표 및 우선순위를 설정하고, 서비스 및 프로그램의 기획과 필요 자원의 동원, 서비스와 프로그램의 실행 및 평가 등에 중점을 둔다는 점에서 차이가 있다. 이 모델에서 사회복지사의 역할은 조사자, 계획가, 평가자이다.

(5) 지역사회교육 모델

지역사회교육 모델(Community Education Model)은 교육과 지역사회 간의 관계를 보다 밀접하고 동등한 관계로 방향 설정을 모색하는 시도로서, 비판적 사고와 담론을 통해 억압적 조건이나 상황을 변화시키는 행동양식을 고양시키는 데 중점을 두고 있다. 이 모델에서 교육과정은 지역사회구성원의 경험, 문화, 가치 등을 공유하는 기회로 활용될 수 있다. 이 모델에서 사회복지사는 조직가와 교육가의 역할을 한다.

(6) 지역사회행동 모델

지역사회행동 모델(Community Action Model)은 전통적으로 계층갈등에 기초한 모델로 갈등과 직접적인 행동을 활용하며, 권력이 없는 집단이 자신들의 효과성을 증가시킬 수 있는 모델이다. 따라서 지역사회행동 모델은 지역사회 수준에서 계층갈등에 기초한 협상을 위해 직접행동을 선호한다. 이 모델에서 사회복지사는 행동가의 역할을 하게 된다.

(7) 여권주의적 지역사회사업 모델

여권주의적 지역사회사업 모델(Feminist Community Work Model)은 지역사회실천에 대해 페미니즘을 적용하여, 사회적 용인으로 인한 여성의 사회적 배제와 더불어 생물학적 성과 사회 · 문화적 성별로 인해 발생하는 모든 형태의 차별을 없애기 위한 집합적인 대응을 통해 여성의 복지를 향상시키는 것이다. 이 모델에서 사회복지사의 역할은 행동가, 조력자, 대변자이다.

(8) 인종차별철폐 지역사회사업 모델

인종차별철폐 지역사회사업 모델(Black And Anti-racist Community Work Model)은 지역사회실천에 있어서 인종차별에 저항하고, 그들의 권리보호를 위해 상호원조와 조직화에 초점을 두는 것이다. 즉, 소수민족의 욕구충족을 위한 집단적인 조직 활동과 전체적인 인종주의에 반한활동으로 소수민족의 교육, 주택, 건강, 고용, 등의 영역에서 차별을 시정하는 데 목적을 두고, 캠페인, 자조집단 형성, 직접행동과 같은 다양한 방식을 전개한다. 이 모델에서 사회복지사는 행동가, 대변자, 자원봉사자의 역할을 맡게 된다.

- 여성주의(feminism)는 여성억압의 원인과 상태를 기술하고 여성해방을 궁극적 목표로 하는 운동 또는 그 이론으로 정의되며, 여성의 사회적 권리달성을 지향하는 운동 및 사상을 일컫는다. 여성주의의 목표는 정치, 경제, 문화, 인권에 있어서의 남녀의 동등함을 달성하는 데 있다.
- 반인종차별주의(anti-racism)는 신념, 행동, 운동 및 정책에서 인종차별을 반대하는 것을 의미한다. 일반적으로 반인종차별주의는 사람들이 인종에 근거하여 차별하지 않는 것 또는 인종주의에 반대하는 것을 말한다.
- 인종차별주의(racism)란 인간의 가치는 개개인의 인성에 따라 결정되는 것이 아니라, 유전적인 형질 · 혈통에 의하여 생물학적으로 결정된다는 믿음을 말한다. 이는 '인종'을 근거로 다른 이들을 차별하는 생각이다.

〈표 5-3〉 포플의 지역사회복지실천모델 비교

모델	주요 전략	사회복지사의 역할
지역사회보호	• 사회적 관계망과 자발적 서비스의 증진 • 자조개념의 개발	• 조직가, 자원봉사자
지역사회조직	• 타 복지기관 간 협력 증진	• 조직가, 촉매자, 관리자
지역사회개발	• 삶의 질 향상과 관련된 신뢰 및 기술 습득을 하도록 집단 원조 • 적극적 참여	• 조력자, 지역사회활동가, 촉진자
사회&지역계획	• 사회적 상황의 분석, 목표와 우선순위의 설정, 서비스 및 프로그램 실행 및 평가	• 조력자, 촉진자
지역사회교육	• 교육과 지역사회 간의 밀접하고 동등한 관계 시도	• 교육자, 촉진자

모델	주요 전략	사회복지사의 역할
지역사회행동	• 지역수준에서 계급 및 갈등에 기초한 직접적 행동	• 행동가
여권주의적 지역사회사업	• 여성복지의 향상 • 성 불평등 해소를 위한 집합적 행동	• 행동가, 조력자, 촉진자
인종차별철폐 지역사회사업	• 소수인종의 욕구충동을 위한 집단 조직 및 활동 • 인종주의에 대한 도전	• 행동가, 자원봉사자

출처: Popple(1996). pp. 149-150; 오정수 · 류진석(2008), p. 104; 이애련 외(2009), p. 92 재구성.

3. 최근 지역사회복지실천모델의 유형

1) 스즈키 고로의 모델

일본은 외국의 지역사회복지모델을 소개하는 수준에서 발전하여 스즈키 고로에 의해 일본의 시각에서 실천모델을 시도하였다. 스즈키 고로는 지역사회복지모델을 이론과 실천모델로 구분하고 주민주체 · 자원활용형이라는 네 가지의 이론모델과 주민참여의 복지활동모델, 복지서비스 개별모델, 복지와 보건 · 의료 등의 연계조정모델이라는 세 가지의 실천모델을 제시하였다.

스즈키 고로의 모델은 두 축을 교차시켜 네 가지의 모델을 도출하고 있는데 지역사회복지에서 활동의 주체를 주민주체의 활동에 둘 것인지, 시설이나 사회복지협의회, 행정 등과 같은 전문기관과 주민활동에 둘 것인지에 따라 접근방법이 크게 달라진다. 다른 한 축은 문제해결을 위한 수단을 이미 확보한 사회복지시설이나 재가 복지서비스, 자원봉사활동, 보건 · 의료서비스 등을 연계 · 조정 · 네트워크 형성 등에 의한 자원

활용형과 새로운 시설이나 재가복지서비스, 자원봉사활동 등의 개발과 조직화에 의한 자원개발형으로 구분한다. 이와 같이 문제해결 수단의 차이에 따라 사회복지사의 개입 방법이 달라지게 된다.

활동주체와 문제해결 수단의 두 축을 교차시켜 이론상의 네 가지 모델을 설정하고 그 내용을 정리하면 [그림 5-1]과 같다.

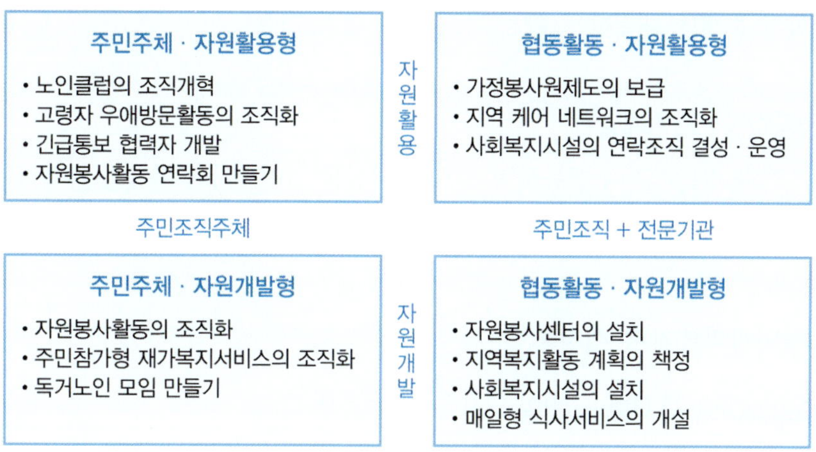

[그림 5-1] 지역사회복지의 이론모델

(1) 지역사회복지의 이론모델

① 주민주체 · 자원활용형

지역 내의 주민이나 자원봉사자, 사회복지서비스 이용자와 가족 등이 주체가 되고 지역 내의 인력이나 집단 · 조직, 사회복지시설, 행정서비스 등 모든 사회자원을 동원하여 문제를 해결하는 활동이다. 즉, 지역 내의 주민집단이나 조직들이 협력하여 취약한 대상자들의 문제해결을 도모하는 모든 활동이다.

② 주민주체 · 자원개발형

문제를 해결하기 위해 필요한 자원을 발굴하고 주민이 조직화를 통하여 새로운 지원 시스템을 구축하는 활동이다.

③ 협동활동 · 자원활용형

지역사회의 주민조직과 전문기관이 협동하여 현존하는 자원을 연계하고 교류하여 지역사회의 문제를 해결하는 활동

④ 협동활동 · 자원개발형

주민조직과 전문기관이 협동하여 필요한 시설을 설치하거나 문제를 해결하기 위해 필요한 시스템을 구축하는 모든 활동

(2) 지역사회복지의 실천모델

① 주민참여의 복지활동 지원

이 모형은 사회복지사가 지역사회복지를 실천하는 기본적인 기술이다. 예를 들면 사회복지서비스 이용자와 가족, 노인이나 장애인의 사회참여 및 지원활동, 주민조직의 복지활동 지원, 주민들의 자원봉사활동 지원 등이다.

② 복지서비스의 개발

이 모형은 주민참여에 의한 사회복지서비스의 개발과 지원과 민간 복지단체 등에 의한 독자적인 복지서비스의 개발과 지원과 행정에 의한 복지서비스의 개발 지원 등

③ 복지와 보건 · 의료 등의 연계 · 조정

공공기관, NGO, 지역복지협의체, 자원봉사조직 등과 내부적으로 연계하고 국 · 공립 병원과 민간병원, 개업의원과 보건소, 정신건강복지센터 등과의 연계를 통해 복지와 보건 · 의료 간의 연계와 복지 관련 기관 간의 연계 및 조정이 가능할 것

2) 최옥채의 지역사회 주민조직화 모델

지역사회복지의 실천을 주민의 조직화에 두고 지역사회문제를 해결하거나 예방하기 위하여 지역사회복지실천가가 지역주민들의 모임을 만들고, 이 모임이 화합을 통하여 문제해결능력을 강화시키는 것으로 주민조직화 모델의 세 가지 축은 다음과 같다.

첫째, 조직화 목표에 따른 접촉전략으로 조직화의 목표가 예방 중심이면 일반적 접촉, 조직화 목표가 해결 중심이면 선별적 접촉을 활용하는 것이 바람직하다는 것이다.

둘째, 주민의 여건에 따른 접촉방법으로 여건이 열악하면 개별접촉, 중간 수준이면 다단계 접촉, 주민의 접촉이 양호하면 투망식 접촉을 활용한다.

셋째, 주민조직화 목표와 주민의 여건 결합에 의한 접촉형태로 조직화 목표가 예방 중심이면서 주민의 여건이 중간수준이면 일반적 다단계 접촉, 주민의 여건이 양호하면 투망식 접촉, 조직화 목표가 해결 중심이면서 주민의 여건이 열악하면 개별접촉, 여건이 중간수준이면 선별적 다단계 접촉방법을 활용한다.

(1) 개별 접촉모델

이 모델은 이미 노출된 지역사회의 문제를 해결하려고 하지만 지역주민의 참여가 열악할 때 유용하다. 실천가는 지역사회문제의 해결에 도움이 될 만한 지도력, 열의, 시간, 경험 등을 갖춘 주민을 모으기 위한 접촉전략을 펼쳐야 하고, 사전정보와 제3자의 도움을 받아 적합한 주민과의 접촉에 신중해야 하며 주민의 조직화에 중점을 두어야 한다. 이 모형은 지역사회가 주민의 나태함, 경제적 어려움, 부적응 행위, 열악한 환경 등으로 인하여 문제가 심각해지고 있는 영구임대주택단지에의 적용 가능성이 높을 것이다.

(2) 선별적 다단계 접촉모델

이 모델은 지역사회의 문제해결이나 예방에 목표를 두지만 문제해결에 더 효과적이다. 그러나 개별접촉 모델보다는 지역사회 주민의 여건이 덜 열악하고 문제의 심각성도 낮은 지역사회에서 활용하는 것이 바람직하다. 이 모델에서 실천가는 문제해결을 위한 필요한 여건을 갖춘 주민을 중심으로 선정하되 접촉한 주민이 다른 적합한 주민을 접촉하여 조직화에 참여시킬 수 있도록 하는 연쇄접촉방법을 시도해야 한다. 적용가능성이 높은 지역사회는 저소득층이 밀접해 있는 영구임대주택단지보다는 지역주민의 여건이 좋을 것으로 판단되는 빈곤단독주택단지(산동네, 달동네)가 바람직하다.

(3) 일반적 다단계 접촉모델

이 모델은 지역사회문제의 해결과 예방에 목표를 두지만 예방에 더 효과적이며, 특히 지역주민의 여건이 비교적 양호한 곳이 바람직하다. 실천가는 조직화에 참여한 경험이 있는 주민을 선정하고 그 주민이 연쇄적인 접촉을 통하여 조직화하는 방법이 좋다. 적용가능성이 높은 지역사회는 대체로 안정된 지역사회로 진입하는 과정에서 지역주민들이 관심을 갖지 않으면 문제로 번질 수 있는 특성을 가진 신시가지에 적합하다.

(4) 투망식 접촉모델

이 모델은 지역사회문제를 예방하는 데 중점을 두기 때문에 이 모델의 적용 가능성이 높은 지역사회는 주민의 여건이 매우 좋고 경제적으로 안정된 곳이다. 따라서 지역사회실천가는 접촉 주민을 선정하는 데 엄격한 기준을 적용할 필요가 없다. 즉, 조직화에 참여할 수 있는 주민이라면 적격자로 받아들이고 주민 다수를 일시에 접촉하여 조직화를 실시한다.

지역사회실천가는 지역사회 주민 다수가 참여하는 프로그램을 실시하고 프로그램을 진행하면서 지역사회 주민조직화의 필요성을 알리고 주민의 참여를 유도해야 한다.

특히 투망식 접촉 모형은 예방에 목표를 두기 때문에 지역사회실천가가 지역사회 주민을 조직화하는 것만으로도 지역사회실천의 전체 과정으로 볼 수 있다.

〈표 5-4〉 지역사회 주민조직화 모델

구분	개별 접촉	선별적 다단계 접촉	일반적 다단계 접촉	투망식 접촉
조직화목표	• 특정 문제해결	• 특정 문제해결 • 문제 예방	• 문제 예방 • 특정 문제해결	• 문제 예방 • 주민 간 친목도모 • 협력관계 유지
주민의 여건	• 경제적 어려움 • 참여의지 결여 • 참여기회 부족	• 비교적 어려움	• 비교적 좋음	• 경제적 여유로움 • 참여기회 충분함 • 심리적 안정
접촉전략	• 문제 관련 능력을 갖춘 주민위주	• 문제 관련 능력을 갖춘 주민위주	• 참여기회가 있는 주민이면 충분함	• 참여기회가 있는 주민이면 충분함
접촉방법	• 실천가와 주민이 1 : 1 접촉	• 실천가로부터 주민과 주민으로 이어지는 연쇄접촉	• 실천가로부터 주민으로 이어지는 연쇄접촉	• 한 명의 실천가가 다수의 주민을 일시에 접촉
지역사회의 문제 정도	• 여러 문제가 악순환하면서 심화	• 여러 문제가 복합	• 문제가 될 여건을 내포하고 있음	• 표출된 문제는 없음
적용 가능성이 높은 지역사회 유형과 특성	• 영구임대주택 단지	• 빈곤 단독주택단지(산동네, 달동네)	• 신시가지	• 중산층 지역사회
적용상 특성	• 적합한 주민을 접촉하기 위해 사전 정보 이용 • 제3자의 도움을 받을 수 있음	• 접촉 주민들이 실천가처럼 활동할 수 있도록 유도 • 사전정보 이용	• 접촉 주민들이 실천가처럼 활동할 수 있도록 유도	• 주민 조직화만으로 지역사회실천을 종료할 수 있음
지역사회 실천가의 주요 임무	• 주요 인물 파악 • 주민의 참여유도	• 주요 인물 파악 • 접촉 주민 교육	• 접촉 주민 교육 • 접촉한 주민 측면 지원	• 일시에 다수 주민을 참여시키기 위해 다중집회 진행

앞서 소개한 지역사회복지의 실천모델들은 각각의 국가와 지역주민의 복지문제의 변화, 이에 대응하는 사회복지서비스의 정비 상황, 기반이 되는 사회복지사상 등에 의해 변화하고 있음을 알 수 있다. 우리에게는 이러한 모델에 따른 지역사회복지실천경험이 부족한 것이 현실이다. 앞으로 우리의 지역사회 내의 생활문제를 해결하는 데 보다 적합한 모델들을 적용해 보고 그 결과를 근거로 보다 유용한 한국적인 지역사회복지실천모델을 개발해 나가야 할 것이다.

4. 지역사회복지실천모델의 특징과 활용

지역사회복지실천의 모델로서는 1967년에 미국의 로스만(Rothman)이 제시한 '지역사회조직 3가지 모델'을 전통적 모델로 하며, 미국의 경우는 1985년에 테일러(Taylor)와 로버츠(Roberts)가 제시한 5가지 모델과, 웨일(Weil)과 갬블(Gamble)이 1995년에 제시한 8가지 모델이 후속 모델로 다루어지고 있다. 그리고 영국의 경우는 1996년에 포플(Popple)이 영국의 경험을 바탕으로 제시한 8가지 모델이 후속 모델에 속한다(김용환 외, 2014).

1940년대와 1950년대 던햄(Dunham)이나 로스(G. Ross)에 의해 제시된 미국의 지역사회조직 이론을 최근에 지역사회복지실천모델로 체계화한 학자는 로스만(Jack Rothman)이라고 할 수 있다. 이 모델들은 그 동안 네팅(Netting) 등의 학자들이 발표한 지역사회개발 모델과 알린스키(Alinsky)가 발표한 사회행동모델 등 일반적으로 소개되어 오던 이론에 사회계획모델을 추가하여 체계화해 놓은 이론이라고 할 수 있다(Rothman, 1995). 로스만의 세 가지 지역사회복지실천모델은 지역사회 문제해결을 위한 전통적인 접근 모델로 평가되고 있다. 그리고 이들 세 모델을 12가지의 실천 변수에 따라서 각 모델의 특성을 비교하여 설명하였다.

로스만이 제시한 지역사회조직 실천의 모델들과 방법은 이념형적인 분류에 해당하며, 실제 지역사회 조직사업의 실천과정에서는 상호 중첩되는 측면이 있을 수 있고, 지역사회에 산재한 복지욕구를 발현시키고 그것을 해결해 나가는 과정에서는 명확히 구분 짓지 못하는 관계성이 있다는 점을 확인하였다. 따라서 로스만의 전통적인 세 모델의 개요와 지역사회에 대한 문제인식, 지역사회 조직과의 관계는 알아보고, 12가지 지역사회 복지실천변수를 통해서 모델을 비교 · 분석함으로써 문제점과 시사점을 연구해 볼 필요가 있다.

학자들이 제시한 다양한 모델을 비교하고 검토하는 과정은 다음과 같은 중요한 의의가 있다.

첫째, 다양한 실천모델을 비교와 검토하는 것은 각 모델 간의 유용성과 문제점, 결함들을 파악하여 유용성은 보다 잘 발전시키고 결함과 문제점은 수정 및 보완하여 모델의 이론적 발전을 기할 수 있다.

둘째, 우리나라와 같이 지역사회복지실천모델에 따른 경험이 풍부하지 않은 상황에서는 다양한 모델의 장단점을 잘 활용하는 실천기법들이 유용할 것이다.

셋째, 다양한 모델에 대한 검토를 통하여, 지역사회복지의 대상을 확대할 수 있으며 사회 경제의 급격한 변동 속에서 복잡화 다양화되는 지역사회의 생활 문제에 대해 효과적으로 대응할 수 있는 방법론적인 이론체계를 확립할 수 있게 될 것이다.

한편, 지역사회복지실천모델의 발달과정은 크게 다섯 가지 과정으로 구분할 수 있다(김용환 외, 2014).

첫째, 1890~1910년대로 웨일은 이 시기를 지역사회복지실천의 '원시적 모델' 발생시기로 본다. 인보관 운동에서 지역사회개발, 지역사회계획, 지역사회조직화 등 지역사회 변화를 위한 실천 활동을 찾을 수 있으며, 특히 자선조직협회가 지역사회계획과 지역사회서비스 조정의 실천 활동의 시초가 되는 역할을 수행하였다고 보았다.

둘째, 1920~1930년대로 개별사회사업과 집단사회사업의 발전뿐만 아니라 지역사회를 대상으로 지역사회문제에 합법적인 개입을 할 수 있도록 지역사회조직사업이 형성된 시기로 보았다. 특히 지역사회 전체를 대상으로 하는 복지계획 등이 지역사회복지실천의 중요한 관심대상으로 부각되기 시작하였다.

셋째, 1940~1950년대로 지역사회복지의 실천방법이 더욱 세분화된 시기로서 세분화된 구체적인 노력들을 통해 사회복지실천의 한 영역으로 확립될 수 있도록 로스와 던햄 등이 기여하였다. 로스는 지역사회복지실천 과정에 지리적 지역사회와 기능적 지역사회 모두를 대상으로 적용해야 한다고 강조하였다. 더불어 지역사회복지실천에서 개혁적 접근, 계획적 접근, 과정적 접근 등 세 가지 접근방법의 필요성을 제시하였다. 이 접근방법은 지역사회복지실천에 대한 개념적 논의의 장을 전개하는 중요한 계기가 되었다. 던햄은 지역사회계획과 서비스 조정방법에 초점을 맞춰 지역사회복지실천방법을 논의하였으며 사회행동을 지역사회복지실천의 기본적 속성으로 간주하여 사회복지를 직업의 한 분야로 보았다. 던햄의 이러한 연구는 사회행동 모델의 기초를 마련한 것으로 볼 수 있다.

넷째, 1960~1970년대로 지역사회복지실천의 기본 모델이 더욱 명료화된 시기로서 시민참여 운동이 더욱 강조되었다. 로스만은 지역사회개발(지역개발), 지역사회계획(사회계획), 지역사회행동(사회행동) 등의 세 가지 모델을 제시하였는데, 지역사회복지실천 모델로 기존의 지역사회개발, 지역사회계획과 함께 사회적 요구에 부응하여 새롭게 부상하는 지역사회행동 모델을 포함한 세 모델을 지역사회복지실천의 기본 모델로 수용하였다.

다섯째, 1980년대 이후부터 현재까지로 여성과 소수민족 등 취약계층의 욕구를 반영하기 위하여 지역사회복지실천모델의 접근이 더욱 세분화되고 다양한 모습을 갖게 되었다. 테일러와 로버츠는 다섯 가지 모델을 제시하였고, 웨일과 갬블은 이를 더욱 세분화시켜 여덟 가지 모델을 제시하였는데, 이는 다각화되는 실천현장의 모습을 그대로 반영하는 동시에 새로운 욕구에 적합한 실천방법의 제시라는 점에서 의의가 크다.

앞으로 다양한 인종 집단을 대상으로 하는 지역사회복지실천은 '다양성'에 기초한 새로운 형태의 지역사회복지실천모델을 발전시킬 것으로 전망되고 있다. 이와 같은 지역사회복지실천모델의 발달 과정을 통해서 실천모델이 사회적 변화에 따라 적절하게 변용됨을 알 수 있다. 지역사회복지지실천모델은 지역사회복지실천을 위한 기본적인 방향과 지침을 제시해 주긴 하지만 궁극적으로 지역사회복지실천가가 지역사회복지실천모델을 바탕으로 하여 자신의 지식과 기술을 적용함으로써 현실적인 실천을 수행하게 된다.

즉, 지역사회복지실천모델은 지역사회복지실천을 위해 무엇을 할 것인지를 가르쳐주는 것이다. 또한 지역사회복지실천모델은 지역사회복지실천가의 실천과정을 보다 전문적으로 이루어지도록 한다. 따라서 지역사회복지실천모델에 대한 학습과 훈련은 전문가로서 지녀야 할 실천지식과 기술을 몸에 익히게 한다는 점에서 큰 의미가 있다. 이러한 지역사회복지실천모델은 지역사회의 특성에 따라서, 해결해야 하는 문제에 따라서, 실제 개입이 이루어지는 과정 속에서 개발된 것으로 지속적 활용 속에서 그 효과가 확인된 것만이 이론적 근거로써 역할을 하게 된다. 이 장에서는 다양한 지역사회복지실천모델들을 살펴봄으로써 지역사회복지실천가가 현실에서 어떻게 적용해야 할 것인가를 제시해 보았다. 단, 상당수의 지역사회복지실천모델들이 미국에서 시작된 것이 많기 때문에 이를 바탕으로 한국적 상황에 토착화시키려는 노력이나 새로운 형태의 한국 모델 개발에 대한 시도가 이루어질 필요가 있다.

CHAPTER 6

지역사회복지의 실천원칙과 과정

학습목표

1. 지역사회복지의 실천원칙의 맥닐, 존스와 디마쉬, 로스의 원칙을 이해한다.
2. 지역사회복지의 실천과정을 이해한다.
   1) 지역사회복지실천과정에 대한 학자의 과정을 이해한다.
   2) 지역사회복지실천과정(문제규정, 지역사회 주민의 욕구사정, 실천계획의 수립 및 프로그램 실행, 평가단계)을 이해한다.

개 요

지역사회복지실천의 원리는 정상화의 원리, 주민참여의 원리, 네트워크의 원리를 들 수 있다. 이러한 3가지 원리를 기반으로 지역사회복지를 실천하는 원칙을 각 학자들이 제시하였는데 맥닐은 7가지, 존스와 디마쉬는 13가지, 로스도 13가지로 제시하였다.

지역사회복지의 실천과정을 던햄과 리피트 등과 길버트와 스펙트, 펄만과 구린, 펄만과 스펙트 등의 학자들은 그들의 연구방법에 따라 다양한 단계를 제시하여 각각 차별성을 부여하는 실천단계를 제시하여 많은 기여를 하였다.

이러한 학자들의 의견을 통합하여 하나의 통일된 지역사회복지실천의 과정을 제시하였다. 첫째로는 문제규정단계이다. 둘째로는 지역사회 주민의 욕구사정단계로 욕구사정 관련 주요 문항검토, 지역사회욕구사정의 유형파악, 지역사회욕구의 파악방법제시, 지역사회 사정의 자료수집 방법을 실천한다. 셋째로는 실천계획의 수립 및 프로그램 실행의 단계로 목적과 목표수립설정, 실천계획, 프로그램 실행을 행한다. 마지막으로 평가단계로 다양한 평가방법으로 평가한 후에는 평가만이 아니라 앞으로의 재조직화를 위해서 목표의 달성도와 좌절의 원인과 전체 과정을 재점검하는 것이 요청되기도 한다.

1. 지역사회복지의 실천원칙

지역사회복지실천의 원리는 정상화의 원리, 주민참여의 원리, 네트워크의 원리를 들 수 있다. 이러한 원리를 기반으로 하여 지역사회복지를 구체적으로 실천해 나감에 있어서 지켜야 하는 원칙을 학자별로 정리하면 다음과 같다.

1) 맥닐의 견해

맥닐(McNeil)은 그의 저서에서 지역사회조직에 관한 원칙을 다음과 같이 일곱 가지로 제시하고 있다(McNeil, 1954: 123).

① 지역사회복지를 위해서 지역사회조직은 사람들과 그들의 욕구에 관심을 갖는다.
② 지역사회복지를 위한 지역사회조직에 있어서 일차적인 클라이언트는 지역사회이다.
③ 지역사회는 있는 그대로 이해되고 수용되어야 한다는 것이 지역사회조직의 철칙이다.
④ 지역사회의 모든 사람은 보건과 복지서비스에 관심을 갖는다.
⑤ 인간의 욕구는 계속 변한다는 사실과 사람들과 집단들 간의 관계도 계속 변한다는 현실은 지역사회조직 과정에 있어서 인식되어야 한다.
⑥ 모든 사회복지기관과 단체는 상호 의존적이다.
⑦ 과정으로서 지역사회조직은 일반적인 사회사업의 한 분야이다.

2) 존스와 디마쉬의 견해

존스와 디마쉬(Johns & Demarche)는 지역사회조직의 일반적인 원칙에 대해서 다음과 같이 제시하고 있다(Johns & Demarche, 1951: 235-239).

① 지역사회조직은 목적(end)이 아니라 수단(means)이다.
② 개인과 집단처럼 지역사회들도 상이하며, 각 지역사회는 특유의 성격과 문제와 욕구를 갖고 있다.
③ 지역사회는 개인과 마찬가지로 자기결정의 권리를 갖는다.
④ 지역사회조직사업의 토대는 사회적 욕구이며, 각 욕구 사이의 중재를 위해 민주적인 태도를 견지해야 한다.
⑤ 사회복지기관 자체의 이익보다 지역사회복지가 사업을 선정하는 데 맨 먼저 고려되어야 한다.
⑥ 지역사회는 조정이 필요하다.
⑦ 지역사회조직을 수행하기 위한 구조는 가능한 한 단순해야 한다.
⑧ 지역사회서비스는 공평하게 분배되어 모든 사람들이 차별 없이 평등하게 이용할 수 있어야 한다.
⑨ 문제해결의 접근방법에 있어서 다양성이 존중되어야 한다.
⑩ 복지기관협의체에는 광범위한 집단의 이익이 반영되어야 한다.
⑪ 지역사회복지기관의 효과적인 운영과 사업을 위해서는 집중과 분산 간의 균형이 있어야 한다.
⑫ 지역사회 내에 존재하는 집단들 간의 의사소통을 가로막는 장애는 제거되어야 한다.
⑬ 지역사회는 전문가의 도움을 필요로 한다.

3) 로스의 견해

지역사회복지의 실천원칙 중 실제적으로 로스(Ross)의 견해가 가장 대표적인 것으로 밝혀지고 있다. 지역사회복지를 실천하는 주체로서 로스는 어떤 종류의 구조나 사회조직체를 강조하고 있다. 이러한 조직체를 로스는 '추진회'라 부르고 지역사회조직의 일체의 과정은 이 추진회를 중심으로 전개된다고 본다(최일섭 · 류진석, 2000; Ross, 1967).

① 지역사회에 존재하는 불만으로부터 추진회가 결성된다.
② 불만은 특정 문제에 관한 계획을 세우고 실천에 옮길 수 있도록 집약되어야 한다.
③ 집약된 불만은 지역사회 내에서 공유되어야 한다.
④ 추진회에는 지역사회 내 주요 하위집단의 지도자를 참여시켜야 한다.
⑤ 추진회는 지역사회 주민들로부터 고도의 지지를 받을 수 있는 목표와 운영방법을 가져야 한다.
⑥ 추진회의 사업에는 정서적 활동이 포함되어야 한다.
⑦ 추진회는 지역사회 내의 선의를 활용하여야 한다.
⑧ 추진회는 효과적인 의사소통 방법을 개발해야 한다.
⑨ 추진회는 참여집단을 지지하고 강화해야 한다.
⑩ 추진회는 절차에 있어서 융통성을 가져야 한다.
⑪ 추진회는 활동에 있어서 지역사회의 현상에 보조를 맞추어야 한다.
⑫ 추진회는 유능한 지도자를 육성해야 한다.
⑬ 추진회는 지역사회 내에서 적절한 위상을 가져야 한다.

2. 지역사회복지의 실천과정

1) 지역사회복지 실천과정에 대한 제 학자의 견해

지역사회복지실천의 일반적 과정에 대해서 수많은 학자들이 제 나름의 모델을 제시하고 있다. 이 모델들은 다양한 구분과 특유한 용어들을 사용하고 있으나 기본적인 골격은 같다고 할 수 있다.

(1) 던햄(Dunham)

지역사회복지실천의 과정을 '문제해결 과정'으로 보고 여섯 단계로 구분하고 있다(Dunham, 1970: 279-280).

① 문제의 인식(recognition), ② 문제의 분석(진단 또는 사실 발견), ③ 계획(planning), ④ 조치(action), ⑤ 평가, ⑥ 다음 단계(next steps)

(2) 리피트 등(Lippitt et al)

지역사회복지실천의 과정을 '변화매개자가 계획된 변화를 성취하기 위해 수행해야 하는 과정'으로 보고, 그 과정을 일곱 단계로 구분하고 있다(Lippitt et al., 1958: 129-143).

① 변화의 필요성 개발, ② 변화관계의 작성 및 수립, ③ 클라이언트 시스템의 문제 진단, ④ 대안과 목표의 설정, ⑤ 의도를 변화노력으로 전환, ⑥ 변화의 일반화와 정착화, ⑦ 종료관계의 달성

(3) 칸(Kahn)

지역사회복지실천의 과정을 '계획과정'이라는 제목하에 여섯 단계를 제시하고 있다(Kahn, 1969. 61).

① 계획의 선동(planning instigations), ② 탐색(explorations), ③ 계획과업의 결정(definition), ④ 정책 형성, ⑤ 프로그램화(programming), ⑥ 평가와 환류(feedback), ⑦ 종료관계의 달성

(4) 길버트(Gilbert)와 스펙트(Specht)

지역사회복지실천의 과정을 '정책형성 과정'의 여덟 단계로 제시하고 있다(Gilbert & Specht, 1974: 16-20).

① 문제의 발견, ② 분석, ③ 대중홍보(informing the public), ④ 정책목표의 설정, ⑤ 일반의 지지와 합법성(legitiomarion) 구축, ⑥ 프로그램 설계, ⑦ 실천, ⑧ 평가와 사정(assessment)

(5) 펄만(Perlman)과 구린(Gurin)

지역사회복지실천의 과정을 '사회문제해결모델의 다섯 가지 국면으로 설명한다(Perlman 1972== 61-20).

① 문제에 대한 정의, ② 문제를 개진할 구조와 커뮤니케이션의 구축, ③ 정책대안의 분석과 정책의 채택, ④ 프로그램 계획의 개발과 실시, ⑤ 반응조사와 환류(monitorision) 구축

2) 지역사회복지실천의 과정

지역사회복지의 실천과정은 각 지역사회복지의 실천모형 특징과 지역사회의 상황에 따라 다소 다를 수 있다. 그럼에도 불구하고, 지역사회복지실천과정은 일반화할 수 있는 공통 요소들을 가지고 있다. 지역사회복지실천의 구체적 과정 구분은 학자들 간에 다소 차이를 보이고 있지만, 여기에서는 문제규정, 지역사회 주민의 욕구사정, 실천계

획의 수립 및 프로그램 실행, 평가의 4단계로 구분하고자 한다.

(1) 문제규정

지역사회 문제해결과정의 첫 단계는 지역사회의 충족되지 않은 욕구나 해결을 필요로 하는 문제를 찾아내는 일이다. 문제해결과정에서 문제를 어떻게 규정하느냐 하는 것은 다음 문제해결에 영향을 미친다. 문제를 어떻게 개념화하느냐에 따라 정책수립을 위한 구상이 달라지고 그에 따른 구체적인 해결방안과 실천전략이 달라진다. 지역사회복지실천가는 지역사회의 고유상황을 파악하기 위하여 다음의 사항들을 고려해야 한다.

첫째, 지역사회 내의 다양한 사회문제들 사이의 우선순위를 결정짓는 일이다. 왜냐하면 지역사회 내의 여러 집단들 간에 의견충돌이 있을 경우 추후 전체 실천과정에 있어 더 큰 차질을 빚을 우려가 있기 때문이다. 둘째, 지역사회의 현안 문제에 대한 공식적 확인을 입증하기 위한 실증적 자료와 수집이 필요하다. 셋째, 과거 사례들을 교훈삼아 효과적인 지역사회복지실천을 저해하는 장애요인들을 충분히 검토하고, 추후 발생될 장애요인들에 대해서 미리 대비해야 한다.

(2) 지역사회 주민의 욕구사정

일반적으로 지역사회복지실천에서 욕구사정(assessment)은 지역주민에게 어떠한 서비스가 필요한지를 살펴보는 과정을 말한다. 욕구사정은 일반적으로 지역거주자, 서비스전문가, 지역유지 또는 주요 정보 제공자들의 지역사회 현황에 관련된 인지를 바탕으로 이루어진다(Burch, 1996). 그러므로 지역사회복지실천가는 지역 욕구사정 시 다양한 대인관계 및 조사에 관련된 기술을 갖고 필요한 정보를 획득해야 한다. 지역사회복지의 실천과정에서 욕구사정은 중요한 의미를 지니고 있다. 지역사회복지실천에서 지역사회의 다양한 이슈와 문제를 포괄해야 하며, 다양하고 상이한 자료수집방법으로 이루어지기 때문에 욕구사정에 관한 방법론에 대해 정확히 이해할 필요가 있다.

① 욕구사정 관련 주요 문항

효과적인 욕구사정을 실천하기 위한 욕구조사에 포함해야 할 관점으로는 지역사회에 대한 관점, 서비스욕구에 대한 관점, 지역욕구에 대한 관점, 지역자산에 대한 관점이 있다(김정기 외, 2009).

〈표 6-1〉 지역사회의 욕구사정 관련 주요 문항

주요 관점	지역사회의 욕구사정 관련 주요 문항
지역주민의 지역사회에 관한 관점	• 지역주민은 어떠한 문제들을 겪고 있는가? • 이러한 문제들을 어떠한 방식으로 다루어야 하는가? • 이러한 문제들을 다루기 위해 지역주민은 어떠한 행동을 취해야 하는가? • 공공기관이나 정부는 어떠한 행동을 취해야 하는가? • 지역기관이나 시설 등은 어떠한 행동을 취해야 하는가?
지역주민의 서비스욕구에 대한 관점	• 이러한 문제들을 다루기 위해 지역사회에서 제공되는 서비스는 있는가? • 확인된 문제들을 다루기 위한 서비스가 제공돼야 한다고 주민들은 느끼는가? • 이러한 문제들을 다루기 위해 지역주민은 현재 가능한 서비스들을 이용하고 있는가? • 이러한 서비스들을 제공받지 못하는 주민들이 있는가? • 추가적으로 어떠한 서비스가 제공되어야 하는가?
서비스제공자나 핵심적 제공자의 지역욕구에 대한 관점	• 어떤 유형의 서비스를 주민들이 필요로 하는가? • 지역단체나 기관에서는 현재 어떠한 서비스들을 제공하고 있는가? • 한 기관이나 단체 이상에서 비슷한 서비스가 제공되고 있는가? • 어떤 지역단체나 기관에서는 특성화된 서비스를 제공하고 있는가? • 현재 제공되는 서비스들이 주민들의 욕구를 충족하기에 적합한가? • 지역사회 내의 기관들 사이에 서비스 연계는 어떠한 방식으로 이루어지는가? • 전체 서비스 체계로 볼 때 어떠한 서비스가 제공되지 못하고 있는가?
지역자산에 대한 관점	• 지역주민에게 필요한 기술이나 자원은 무엇인가? • 지역사회 내의 중요 조직이나 시설은 어떤 것이 있는가? • 이러한 기관들을 지역자산으로 활용할 수가 있는가? • 지역기관 내의 중요 연결장치는 무엇이며, 지역조직을 최대화하기 위해 그 연결장치들을 잘 활용할 수 있는 방법들은 무엇인가? • 지역의 외형적 특성은 무엇인가? • 지역조직을 위해 활용될 수 있는 지역 외부의 자원들은 어떤 것들이 있는가?

② 지역사회욕구사정의 유형

지역사회욕구사정의 유형은 목적, 영역, 초점 등에 따라 다양하게 구분할 수 있다. 지역사회욕구사정의 유형은 포괄적 사정(comprehensive assessment), 탐색적 사정(familiarization assessment), 문제 중심 사정(problem-oriented assessment) 및 하위체계 사정(subsystem assessment)으로 구분할 수 있다(Hardcastle, D. Wenocur, S, & Powers., 1999).

첫째, 포괄적 사정(comprehensive assessment)은 지역사회 전반을 대상으로 행하는 사정으로 1차 자료의 생성이 목적이다. 조사대상 규모가 다른 조사에 비해 커서 비용의 제한이 있을 경우는 대략적 욕구만을 파악할 가능성이 높다. 둘째, 탐색적 사정은 지역사회의 상태를 개괄적으로 살펴보기 위해 실행되는 초보적 단계의 사정으로 사정 대상이나 참여자, 비용 등이 상대적으로 적다. 셋째, 문제 중심 사정(problem-oriented assessment)은 지역사회에서 우선적으로 해결해야 할 문제 중심에 초점을 두고 사정이 실행되는 경우이다. 포괄적 사정보다는 좀 더 전문적 사정이 이루어질 가능성이 높다. 넷째, 하위체계 사정(subsystem assessment)으로 이 사정은 지역사회의 특정 하위체계 욕구 중심으로 이루어지며, 이때 하위체계의 역동성을 고려해야 한다. 이 사정은 지역사회의 특정 하위체계를 중심으로 이루어진다는 점에서 문제 중심 사정과는 차이가 있다.

③ 지역사회욕구의 파악방법

지역 내의 기관이나 단체는 정기적으로 기초자료나 사업에 관한 자료를 공표하고 있어 지역사회의 욕구나 문제를 파악할 수 있다. 또한 지역사회 내에 어떤 특징이 있는지도 알 수 있다.

첫째, 기존자료에 의한 파악으로 지역 내의 기관이나 단체는 정기적으로 기초자료나 사업에 관한 자료를 공표하고 있어 지역사회의 욕구나 문제를 파악할 수 있다. 또한 지역사회 내에 어떤 특징이 있는지도 알 수 있다. 둘째, 현지답사에 의한 파악으로 실제로 해당 지역사회에 나가 파악하는 방법으로 실제로 눈으로 보고 확인하는 작업이다. 셋째, 모임이나 대화를 통한 파악으로 직접적으로 지역주민이나 관계자, 관련된 전문기관이나 시설직원 등의 의견이나 요망을 들음으로써 지역사회복지 욕구나 지역사회의 실정을 파악하는 방법이다. 넷째, 통계조사를 통한 파악은 지역사회복지 욕구 파악을 위하여 설문지를 통하여 지역사회 주민을 대상으로 실시하는 방법이다. 이 통계조사에서는 우편조사나 집합조사, 면접조사, 전화조사 등 상황이나 대상에 적합한 방법을 활용해야 한다.

④ 지역사회 사정의 자료수집 방법

지역사회 사정은 지역사회 욕구를 파악하는 과정이다. 이때 욕구 파악을 위한 자료수집 방법은 크게 질적 접근방법과 양적 접근방법을 들 수 있다. 질적 접근방법으로는 공식·비공식 인터뷰, 민속학적 방법, 지역사회포럼, 대화기법, 명목집단기법, 초점집단기법, 델파이기법 등이 있으며, 양적 접근방법으로는 구조화된 서베이, 프로그램 모니터링, 사회지표분석 등을 들 수 있다(남일재 외, 2015; 오정수 외, 2012).

첫째, 질적 접근방법

가. 공식·비공식적 인터뷰

지역사회복지실천가는 지역의 조건이나 특정 사회문제에 관한 전문적 지식을 소유한 주요 정보 제공자와 공식적인 인터뷰를 진행할 수 있다. 공식 인터뷰는 지역조건이나 특정 사회문제에 관해 전문적 지식을 소유한 주요 정보 제공자, 즉 지역사회구성원을 포함한 이해집단, 기업가, 정치가, 사회복지 및 보건 관련 전문가, 지역의 지도자 등과 공식적 모임을 갖거나 전화 등을 통해 이루어질 수 있다. 이 경우 신뢰도와 일관성을 위해 표준화된 인터뷰 도구를 사용하며, 응답자가 풍부하고 자세한 설명을 할 수 있도록 개방형 질문들로 구성된다. 경우에 따라 응답자의 동의를 얻어 기록하거나 녹음할 수도 있다. 또한 지역사회의 정확한 이해와 욕구를 파악하기 위해 비공식 인터뷰를 수행하게 되는데, 이는 '무계획적이고 기대하지 않은 상호작용'을 통해 자연스럽게 정보 제공자의 반응과 질문자의 정보욕구에 따라 이루어진다. 이때 응답자는 단순히 실천가와 대화할 뿐 자신이 인터뷰하고 있다는 사실을 인지할 수 없는 경우가 많다. 이러한 비공식적 인터뷰를 통해서 실천가들이 응답자들로부터 공통적 주제와 패턴을 인식할 경우 그 문제에 훨씬 용이하게 초점을 맞출 수 있다.

나. 민속학적 방법

민속학적(ehnography) 방법은 현장연구와 조사자의 관찰, 심층적 인터뷰를 통하여 진행한다. 사회적 약자계층의 문화적 규범과 실천행위를 규명하는 데 활용할 수 있는 방법이며 통상 지배문화로부터 벗어난 사람들의 삶의 양식을 조사하는 데 이용되고 있다. 지역사회복지실천가는 민속학적 방법을 통해 지역주민이 지역문제를 어떻게 인식하는지, 어떤 해결방법을 사용하고 있는가에 대한 통찰력을 얻을 수 있다. 민속학적 방법의 특징은 다음과 같다.

㉮ 사람 간의 사회적 표현을 기술하고 해석하는 과정으로, 조사자의 관찰과 심층 인터뷰가 함께 사용되어 응답자의 외양, 모습, 언어 등의 조사가 포함된다. ㉯ 민속학적 방법의 목적은 집단의 신념이나 삶에 대한 이해를 목적으로 한다. ㉰ 자료 분석은 조사자의 관찰과 인터뷰의 기록에 기초하며, 조사자가 발견한 내용을 서술적 형태로 묘사한다. 이러한 서술은 지역주민의 공통된 이슈, 행동패턴, 문화적 규범의 확인뿐만 아니라 관찰된 사건, 관련 행위자, 특정 활동에 대한 규칙과 이러한 요소의 사회적 맥락에 대하여 묘사될 수도 있다. ㉱ 조사자의 감정이나 관점, 가치나 신념도 자료원이 된다. 즉, 조사자가 조사 활동 중 경험한 다양한 상황과 응답자의 반응이 기록된 일기 등도 자료원이 된다.

다. 지역사회포럼 및 공청회

지역사회복지실천가는 지역사회 이슈에 관한 자료수집과 지역문제 및 해결책에 대한 구성원의 공통인식을 촉진하려는 욕구사정의 방법으로 지역사회포럼(community forum)과 공청회(public hearings)의 방법을 사용한다.

지역사회포럼은 모든 사람에게 공개되거나 지역사회를 대표한다고 생각되는 사람들이 초대되어 특정한 지역문제에 대해 설명을 듣고 의견이나 피드백을 요청받기도 하고 지역 문제를 확인하고 문제해결방안을 제시할 수도 있다. 즉, 지역사회포럼은 대부분 참여자들로부터 정보를 수집하기 위해 구조화된 접근으로 이루어지며 문제에 대한 인식을 공유하거나 문제해결방안을 함께 모색하는 데 그 목적이 있다. 한편 공청회는 지역사회구성원에게 정부의 프로그램이나 계획에 대한 의견을 제시할 기회가 제공되며 공청회의 실행에 대한 책임은 정부기관에 있다. 공청회의 단점은 첫째, 비 구조화되고 통제하기 어렵다는 점 둘째, 소수의 개인이나 집단이 공청회를 주도할 수 있어 공청회 자체를 혼란시킬 수 있다는 점 셋째, 공청회의 참여자 및 그들의 견해가 실제 지역사회를 대표하는지 결정하기 어렵다는 점이다.

라. 대화기법

대화(dialogue)의 목적은 지역사회구성원이 지역문제에 대한 공통의 이해를 넓히고 문제를 해결하기 위한 행동을 동의하는 데 있다. 즉, 대화과정은 문제해결을 위한 가능한 대안들, 문제를 효과적으로 다루는 데 필요한 자원을 확인하고, 산출목표의 설정과 행동 계획이 개발될 수 있는데, 결과적으로 대화과정 동안 지역사회구성원을 문제해결 과정으로 끌어들일 수 있다는 것이다.

마. 명목집단기법

명목집단기법(nominal group technique)은 델파이기법과 마찬가지로 토론은 없으나, 토론자들이 한자리에 모여서 의사결정을 한다는 점이 다르다. 여기서 명목집단이라고 하는 것은 성원들이 한자리에 모이기는 하지만 이들 사이에 말에 의한 토론이나 의사소통이 없는 이름뿐인 집단(nominal group)이라는 점에서 붙여진 것이다. 명목집단 기법은 구조가 상당히 잘 잡혀 있고 참여에 대한 촉진이 잘 되어 있는 팀 회의에서 아이디어를 창출하고 우선순위를 부여하고 아이디어에 대한 팀의 합의를 도출하도록 하는 데 주로 사용된다.

이 방법의 주된 특징은 참여자들은 제시된 의견에 독자적으로 점수를 매기고 투표를 통해 최고점을 받은 의견을 최종안으로 결정한다. ㉮ 아이디어 서면 작성, ㉯ 아이디어 제출 및 전체 아이디어 기록, ㉰ 구성원 토의, ㉱ 투표 후 결정의 단계로 진행하는데 이 방법의 주된 특징은 참석자들로 하여금 서로 대화(말)에 의한 의사소통을 못하도록 하는 데에 있다. 그렇게 함으로써, 집단의 각 구성원들의 진실로 마음속에 생각하고 있는 바를 끄집어내려는 것이다. 특히 ㉮와 ㉯의 단계에서는 전혀 토의를 하지 않는다. 투표에 의해 대안을 평가하는 명목집단기법은 다른 집단모임에서 발생할 수 있는 적의(敵意)나 왜곡 등을 피할 수 있다.

바. 초점집단기법

초점집단기법(focus group technique)은 지역사회 문제에 대한 공통의 관점을 확인하는 데 사용하는 기법의 일종으로 지역사회포럼의 맥락 내에서 사용될 수 있다.

초점집단기법의 절차와 내용은 다음과 같다. ㉮ 실천가는 지역사회집단의 이해관계를 잘 대표할 수 있는 6~8명을 선택한다. ㉯ 선택된 사람들은 하나의 초점집단으로 구성되며, 이를 대상으로 편안한 분위기에서 독립적으로 인터뷰한다. ㉰ 인터뷰 시 이루어지는 질문은 6~8개 정도의 개방형 질문들로, 조사자는 각각의 질문에 대답하기 위한 시간을 참석자에게 허락하고 동의하에 응답내용을 녹음한다.

사. 델파이기법

델파이기법(delphi technique)은 지역사회문제에 대한 전문가들의 공통적 인식과 동의를 확보하는 과정을 말한다. 즉, 전문가 중심의 주요 정보 제공자로 학자, 사회복지 전문가, 기업인, 지역사회 지도자, 보건 관련 전문가 등 통찰력을 겸비한 사람들의 의견을 우편이나 이메일을 통해서 수집할 수 있는 기법이다. 자료수집과정은 다음과 같은 순서로 진행된다. ㉮ 주요 정보 제공자를 중심으로 설문에 응할 전문가를 선정한다. ㉯ 지역사회문제에 대한 개방형 설문지를 작성하여 발송한다. ㉰ 주요 정보 제공자들은 지역사회문제에 대한 자신들의 의견을 작성하여 회송한다. ㉱ 회수된 설문지의 응답내용을 합의된 부분과 합의되지 않은 부분으로 종합 정리한다. ㉲ 분석결과 합의되지 않은 내용에 대한 이유와 두 번째 설문지를 발송하여 다시 의견을 묻는다. ㉥ 회수된 응답을 분석하고, 반복과정을 통해 최종 합의에 도달한다.

둘째, 양적 접근방법

가. 구조화된 서베이

서베이(survey)는 욕구사정의 자료수집방법으로 구조화 또는 반구조화된 설문지를 작성하여 우편, 이메일, 면접조사를 통해 체계적으로 자료를 수집하는 방법으로 가장 중요하게 사용되고 있다. 서베이의 장점은 응답 내용을 표준화시킬 수 있고, 지역사회 내의 다양한 인구학적 집단 간, 지역사회구성원 간의 응답결과를 비교할 수 있다는 것이다. 단점은 조사자가 미리 응답항목을 결정해야 하기 때문에, 지역사회구성원들에 따라 지역사회문제 및 해결방안이 상이할 경우 이를 모두 포괄할 수 없다는 한계가 있다.

나. 프로그램 모니터링

프로그램 모니터링은 지역의 기존 사회복지관이나 지역사회조직에서 소유하고 있는 기록들을 확보하여 자료를 분석하는 방법으로 이러한 기록들은 지역사회의 욕구나 기존 서비스의 효과성에 대한 많은 정보를 제공하기 때문에 자주 활용된다. 프로그램 모니터링을 하는 주요 목적은 프로그램의 적용대상이 적정한가, 특정 집단만 프로그램을 포괄하고 있는가를 파악하고 프로그램의 효과성을 검토하는 데 있다.

다. 사회지표분석

사회지표분석은 정부기관 또는 사회복지 관련 조직에 의해 수집된 기존의 자료를 이용하여 지역사회구성원의 욕구나 문제를 분석하는 방법이다. 기존의 자료는 2차 자료라고도 하는데, 통계청의 각종 통계자료, 보건복지부, 지방자치단체, 사회복지기관에서 발행하는 자료를 이용할 수 있는데, 예를 들면 인구센서스 자료, 한국의 사회지표, 사회통계조사 보고서, 노동통계, 보건복지통계 등을 바탕으로 해당 지역사회의 문제 또는 욕구, 서비스 이용실태를 분석하는 것을 들 수 있다. 이 사회지표분석은 다양한 정보를 쉽게 수집하여 조사가 쉬운 장점이 있으나 해당 지역사회의 실정에 맞는 지표가 부족하기 때문에 분석에 제한이 있다.

(3) 실천계획의 수립 및 프로그램 실행

지역사회의 사정조사를 마친 후에는 지역사회의 실천계획을 수립해야 하는데, 이를 위해서는 먼저 목적과 목표를 설정한 후에 구체적 실천계획을 세우는 것이 좋다.

① 목적과 목표수립

지역사회복지실천에서 목표설정은 개입과정의 방향을 명확히 제시해 주어 계획대로 진행할 수 있도록 도와주고, 개입이 끝난 후 그 결과를 효과적으로 평가할 수 있게 해 주기 때문에 중요하다. 만약 실천계획 수립 시 무엇을 목표로 할 것인가에 대해서 의견일치가 되지 않았다면, 합의될 때까지 기다려야 한다.

첫째, 목표의 종류 및 내용에서 목표는 변화하며, 서로 다른 상황은 서로 다른 변화와 다른 종류의 목표를 필요로 한다. 둘째, 목표의 설정 및 선정지침으로 목표는 지역사회 주민들이 바라는 목표결과와 관련되어야 하며, 목표는 명시적이며 측정 가능한 용어로 진술되어야 한다. 또한 목표는 가능하다면 성장을 강조하는 긍정적 용어로 진술되어야 한다. 셋째, 목표의 상호적 합의과정으로 이는 지역사회실천가가 지역주민들에게 목표의 필요성을 설명하고자 할 때 상호 협의하여 선정하도록 하고, 지역주민이 선택한 목표를 향하여 헌신할 수 있도록 목표의 순위를 정한다.

② 실천계획

지역사회의 문제해결을 위하여 우선순위를 결정하고 구체적 대책이나 활동계획을 세운다. 구체적으로 언제, 누가, 어디서, 무엇을, 어떻게, 어떤 방법, 어느 정도의 비용으로, 어떤 협력자와 함께, 어느 정도의 횟수와 빈도로 실시할 것인가 등에 대한 내용을 명확하게 해야 한다. 이때 융통성 있게 계획을 세우되, 각자의 책임과 역할분담을 명확히 할 필요가 있다. 실천계획을 수립한 후에는 이를 적극적으로 추진해야 한다(김범수 · 신원우, 2009).

첫째, 재원의 확보로 아무리 훌륭한 실천전략이라 할지라도 안정적 재원 없이는 기대만큼의 성과를 기대하기 어렵다. 그러므로 실천전략을 추진하는 기관에서는 재원을 확보하고 재원확보 후에는 지역주민에게 재원과 관련된 불필요한 불신요소들을 제거시켜야 한다.

둘째, 추진 인력의 확보로 잘 수립된 실천계획은 안정적 재원뿐만 아니라 우수 인력 확보에도 중요한 영향을 미친다. 실천한 추진 인력 중 가장 중요한 인력은 지역사회의 토착 지도자 발굴이다. 이러한 지도자를 발굴하기 위하여 지역사회복지실천가는 열린 마음으로 지역주민들과 접촉하는 등 노력을 아끼지 말아야 한다. 또한 우수한 추진 인력을 확보하기 위해서는 다양한 훈련 프로그램을 통하여 계속적인 교육을 시키는 것도 중요하다.

셋째, 추진 기관의 리더십으로 지역사회의 중요 추진기관으로는 사회복지협의회, 종합사회복지관, 사회복지공동모금회, 자원봉사센터, 복지 관련 시민단체라고 할 수 있다. 이들 기관에서는 지역사회복지실천전략이 잘 추진될 수 있도록 리더십을 개발해야 한다.

넷째, 프로그램의 실행으로 프로그램의 실행은 목표를 달성하기 위해서 행하게 되는 일련의 활동을 말한다. 목표를 달성하기 위한 프로그램의 실천 과정에서는 사업을 추진하는 기관이 여러 관련 집단과 협력적인 활동을 전개하는 것이 보통이다. 또한 프로그램 실천과정에서 새로운 문제가 발생될 수 있는데, 이는 사업의 외부적인 요인에 의해서 발생될 수도 있고, 사업의 행동체계 내의 변화 등에서 비롯될 수도 있다. 때로는 대폭적인 수정을 가해야 할 경우도 발생한다. 이에 지역사회복지실천가는 프로그램의 실행단계에서 변화를 예측할 수 있는 통찰력을 가지고 예기치 못한 상황에서 신속하게 대처할 수 있는 능력과 기술이 필요하다.

③ 프로그램 실행

프로그램의 실행은 주요 인력을 확보 및 조직화된 집단의 집행부를 구성하며, 실행에 필요한 재원을 확보하는 것으로 준비과정이 이루어진다. 지역주민 중에서 가장 핵심적인 인력을 확보하여야 하며, 지역주민 안에서 토착적 지도자를 발굴하여 집행부를 구성으로 프로그램 실행에 필요한 재원을 확보하는 것이다. 그리고 홍보활동, 주민조직화 및 자원동원, 연계협력적 활동, 협상, 사회활동을 실행한다(김만호, 2016).

첫째, 홍보활동

현대를 PR(Public Relation)의 시대라고 하고 대중사회 혹은 정보화 사회라고도 한다. 지역사회 홍보란 조직이 활동하고 있는 지역사회에서 조직의 목적과 내용, 프로그램과 서비스 등을 알리고, 지역사회 주민들로부터 호응을 얻어 그들의 욕구를 보다 잘 충족시켜 줄 수 있도록 하기 위해 지역사회 주민 및 기타 다른 기관과 우호적이고 친밀한 관계를 추구하는 과정이다. 지역사회복지기관이 계속 유지 존속되고 발전해 나가려면 그 기관이 위치한 지역사회로부터 인정받고 여러 사람에게 널리 알려져 그들의 지지와 참여를 유도해 낼 수 있어야 한다. 지역사회의 문제는 시급한 정도의 차이는 있지만 지역주민이 해결되기를 바라는 것으로 모든 지역주민에게 알려서 공유할 필요가 있다. 따라서 지역주민의 적극적 참여를 독려하고 자발적으로 문제해결에 나설 수 있도록 하기 위해서는 지역주민과 문제의식을 공유하고 문제를 어떻게 해결할지를 나누는 의사소통과정이 반드시 필요하다.

이러한 의사소통과정을 통하여 문제해결의 필요성과 정당성을 지역주민에게 알려야 한다. 알리는 방법으로 일반적인 것은 매스컴을 활용하는 것이다. 신문, 텔레비전, 라디오, 잡지, 주민 소식지, 리플릿, 인터넷 등을 최대한 활용하여 지역주민과의 공감대를 형성하는 노력이 홍보활동이다. 또한 매스컴만큼 광범위하지는 않지만 지역주민과 직접 대면할 수 있으면 홍보 효과는 아주 높다. 주민좌담회, 반상회, 각종 모임, 비공식적 모임에서 문제를 설명하고 해결방법을 공유하는 것이 더욱 바람직하다.

둘째, 조직화 및 자원 동원

지역사회의 문제해결 주체는 명백하게 지역주민이어야 한다. 하지만 모든 지역주민이 문제해결에 적극적인 것은 아니다. 따라서 지역주민이 문제해결에 참여하는 것은 문제해결에 있어서 가장 중요한 관건이 된다. 이를 위하여 주민조직, 단체를 육성하고 강화하여야 하며, 지역 내의 리더를 개발하고 민주적 의사수렴과정을 수립하여 지역주민에게 신뢰를 형성하는 것이 중요하다.

조직화의 정도가 미약할 때는 지역 내의 다른 조직이나 단체 등과 연계하는 것이 바람직하다. 하지만 지역주민의 참여를 강제적 방법에 의존하는 것은 한계가 분명하기 때문에 바람직하지 않다.

셋째, 연계 협력

지역사회복지 연계 협력이란 지역사회복지 수요자의 복지증진을 위해 지역사회복지 서비스 공급주체 간의 정보공유, 서비스의 연결 등 지역사회복지조직 및 관련 조직 간 유기적 연계체계를 의미하며 일회적 또는 사안별 연계와 협력보다는 지속적이고 체계적 · 구조적인 연계가 이루어지는 과정이라 볼 수 있다. 지역사회 내의 문제해결을 위한 조직은 단 하나의 조직만으로는 효과를 발휘하기 어렵다. 문제와 관련된 다양한 조직체가 연대하여 활동함으로써 효과성을 높일 수 있다. 물론 경우에 따라서는 협력체 및 연대 자체가 목적이 될 수도 있다. 이러한 지역사회복지 연계 협력은 지역사회의 다양한 자원을 조직하고 참여시킬 수 있으며 지역사회복지조직 간 공통의 목표나 문제해결을 추구할 수 있기 때문에 지역사회조직화의 유용한 실천 전략이 될 수 있다. 따라서 연계 협력활동은 문제해결을 위한 공감대 형성과 목표를 공유할 수 있다는 점에서 매우 필요하다.

넷째, 협상 및 사회활동

지역사회의 문제를 해결하는 과정에서 모든 주민의 적극적 호응을 얻기는 어렵다. 오히려 이해관계에 있는 당사자 간에 갈등을 일으킬 수 있다. 실행과정에서는 이러한 갈등을 협상하거나 협상을 유리하게 전개하기 위하여 사회행동이 필요하다.

(4) 평가단계

지역사회복지의 실천과정의 마지막 단계인 평가단계에서는 효과성에 대한 평가뿐만 아니라 앞으로의 재조직화를 위해서 목표의 달성도와 좌절의 원인을 검토하고 전체 과정을 재점검하는 것이 요청된다.

① 프로그램 평가의 목적

배호순(2000)은 프로그램 평가의 목적을 다음과 같이 제시하였다(최호윤, 2007: 193-197).

첫째, 프로그램의 목표달성 정도를 파악하기 위한 목적

둘째, 프로그램의 장점 및 가치를 파악하기 위한 목적

셋째, 프로그램의 존속 및 폐지를 결정하기 위한 조직

넷째, 프로그램의 지지 및 그 안정을 위한 목적

다섯째, 프로그램 수행 점검 및 통제를 위한 목적

여섯째, 프로그램 담당자의 책무성(accountobility)을 제시하기 위한 목적

일곱째, 프로그램의 홍보를 위한 목적

여덟째, 프로그램을 정당화 및 타당화 하기 위한 목적

아홉째, 프로그램에 관한 연구를 위한 목적

② 프로그램 평가의 기준과 평가요소

프로그램 평가의 기준으로는 노력, 효율성, 영향, 품질, 과정, 형평성 등이다(오정수·류진석, 2006).

〈표 6-2〉 프로그램 평가의 기준과 평가요소

기준	정의	평가요소
노력성 (effort)	프로그램 활동의 양	**프로그램의 투입요소와 이의 전환과정** • 단위활동의 수 • 이용자의 수 • 전문지식과 기술의 소유와 활용 정도(전문 인력의 수) • 프로그램 예산 및 자원 • 프로그램 기간 및 하위 활동들의 단위기간 등 • 프로그램 활동에 대한 전문 인력의 투입시간
효율성 (efficiency)	산출 대비 비용 정도	**서비스 단위 산출당 소요 비용** • 프로그램 노력(위의 요소들)에 대한 비용 • 프로그램 결과에 대한 비용 등
효과성 (effective –ness)	프로그램 목표의 달성 정도	**목표달성과 프로그램 노력과의 인과관계** • 이용자의 인지적/감정적 변화 • 이용자의 행동상의 변화 • 이용자집단의 사회적 변화 등
영향 (impact)	사회문제나 이용자 욕구 변화에 미친 영향	**프로그램 노력과 사회적 지표변화 간의 관계** • 위기집단과 표적집단 내에서의 변화 정도 • 사회지표상의 변화에 대한 실증적 기대 정도 등
품질 (quality)	프로그램의 전문성	**프로그램 제공자의 전문성** • 서비스 인력의 전문자격 소유 여부와 정도 • 프로그램에서 활용하고 있는 전문지식과 기술의 발전상태 등
과정 (process)	프로그램 결과의 경로	**프로그램 운영상의 매개체** • 세부목표(수단적 목표)들의 달성 정도와 연계성 • 세부목표와 프로그램 결과 사이의 영향 정도의 차이 등
형평성 (equlity)	프로그램 배분의 공평성	**프로그램의 접근성** • 대상집단에게 동일한 접근기회가 주어지는지의 여부와 정도 • 프로그램 활동이 지역 내에 균등하게 배분되는 정도 등

출처: 오정수 · 류진석(2006) 재인용.

③ 평가의 유형

평가의 유형은 그 분류 기준에 따라 총괄평가와 형성평가로 구분할 수 있으며, 사회복지프로그램 평가는 평가주체에 따라 내부평가와 외부평가로 구분될 수 있다. 또한 평가할 자료의 속성에 따라 양적 평가와 질적 평가로 분류할 수 있다.

첫째, 시간의 기준에 따른 분류로는 총괄평가와 형성(과정)평가로 나뉜다. 결과를 평가대상으로 한 것이 총괄평가이며, 운영과정을 평가대상으로 한 것이 형성(과정)평가이다. 즉 프로그램 평가는 시간을 기준으로 보아 총괄평가와 형성평가로 구분되는데, 총괄평가는 프로그램 운영이 끝날 때 내리는 평가이며, 형성평가는 운영 도중에 이루어지는 평가로서, 운영의 관리 및 전략의 수정 보완을 위한 것이다(정무성, 2006: 379-381; 황성철 외, 2007: 204-296).

둘째, 평가주체에 따른 분류로는 내부평가와 외부평가가 있으며, 내부평가로는 프로그램의 결정과 집행을 담당하고 있는 사람들이나 같은 조직체 내의 다른 구성원이 행하는 평가이며, 외부평가는 프로그램을 수행하는 조직체가 아닌 대학전문교수, 조사연구기관 등의 제삼자가 행하는 평가를 의미한다.

셋째, 평가할 자료의 속성에 따른 분류에 의하면 양적 평가와 질적 평가가 있다. 양적 평가로는 획득한 자료의 속성이 계량화가 가능한가를 측정하는 평가, 평가를 위해서 수집되는 자료가 주로 계량화되어 실험조사와 같은 설계를 통해 객관적 자료가 연역적 방법으로 분석되는 것을 강조하는 평가방법 등이 있다. 질적 평가로는 획득한 자료의 속성이 계량화가 어려운 경우 나타나는 현상의 정도와 수준을 평가하는 것으로 소수의 사례를 대상으로 하거나 평가는 자연스러운 상황에서 수량화되지 않는 자료를 수집하여 귀납적으로 자료를 분석하는 데 의미를 두는 조사평가방법을 의미한다.

CHAPTER 7

지역사회복지의 실천기술 I

학습목표

1. 지역사회복지 프로그램 기획과 평가에 대하여 학습한다.
2. 지역사회 조직화 기술, 즉 네트워크 기술에 대하여 학습한다.
3. 지역사회의 자원에 대하여 알아보고 자원개발과 동원에 대하여 학습한다.

개 요

지역사회는 다양한 환경과 다양한 조직이 함께 연계되어 역동적인 지역사회를 만들어가는 곳이다. 이러한 지역사회는 다양성에 기초한 접근이 필요하고 실제로 지역사회에 활용할 수 있는 기술이 필요하다.

무엇보다 지역사회를 객관적으로 판단할 수 있는 근거가 필요한데, 이를 위하여 지역사회복지 프로그램 기획과 평가는 매우 중요한 부분을 차지하고 있으며, 지역사회주민의 욕구를 반영한 프로그램의 개발은 지역복지 전문가로서 갖추어야 할 필수 기술이라 하겠다. 지역사회의 욕구는 객관적으로 조사되어야 하며, 이를 바탕으로 강점과 약점, 기회와 위기를 판단할 수 있어야 하며, 문제해결을 위한 프로그램 기획과 평가가 객관적으로 이루어져야 한다. 또한 지역사회 문제해결을 위한 프로그램이 지역사회 안에서 유기적으로 연계되어야 하며, 이를 위한 네트워크 기술이 필요하고 이러한 네트워크를 바탕으로 지역사회 자원 동원이 이루어져 궁극적으로 지역사회 문제를 지역사회주민 스스로 해결할 수 있는 역량을 갖추게 되는 것이다.

1. 지역사회복지 프로그램 기획과 평가

지역사회는 다양한 문화와 역사, 다양한 가치관이 공존하는 곳으로 지역사회의 욕구를 정확히 파악하여 주민이 원하는 프로그램을 기획하고 그 프로그램을 통하여 지역사회주민의 문제를 해결하고 지역사회의 발전을 추구하는 것이 중요하다.

1) 프로그램 기획의 의미

프로그램 기획이란 그 프로그램에 참여하는 다양한 사회복지실천가들이 프로그램의 목적을 달성할 수 있도록 요구하는 최소한의 행동 지침이라고 할 수 있다.

프로그램 기획에서는 이 프로그램의 수행에 동반되는 다양한 이해관계가 고려되어야 하며, 그 프로그램의 실행을 통하여 나타나는 직접적인 효과와 간접적인 효과에 대해서도 충분히 고려할 필요가 있다. 또한 프로그램의 기획과정에서는 충분한 사전 조사와 점검이 이루어져야 하며, 프로그램 기획의 배경과 추구하는 목표, 경험적 근거, 선행 프로그램과의 차별성 등을 충분히 고려하여 프로그램을 기획하여야 한다. 무엇보다 중요한 것은 해당 프로그램을 통하여 프로그램 참여자는 물론 지역사회 주민의 복지증진에 이바지할 수 있어야 한다는 것이다.

2) 프로그램 개발과정

사회복지 현장은 다양한 대상자와 여러 문제해결을 요구하는 이해집단의 집합체이다. 따라서 프로그램을 개발할 때는 이 프로그램이 갖는 의미와 수행과정의 논리적 전개가 중요하고 이론적 틀과 실천적·경험적 근거가 프로그램으로 나타나야 한다.

따라서 프로그램을 개발하는 일련의 과정도 계획성과 논리성, 성과측정 가능한 목표를 가지고 지역복지 프로그램 개발이 이루어져야 한다. [그림 7-1]은 지역사회복지 프로그램을 개발하기 위한 일련의 과정을 나타낸 것이다.

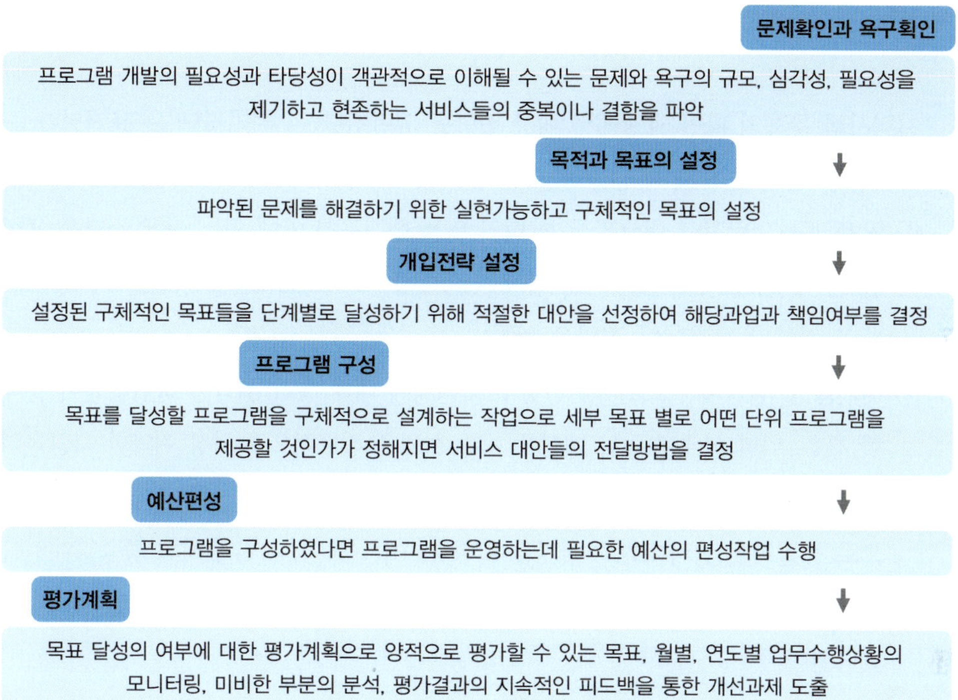

[그림 7-1] 프로그램 개발과정

(1) 문제의 확인과 욕구 확인

사회문제는 사회의 고유한 기능 불량의 결과가 아니라 어떤 주어진 조건 안에서 형성되는 사회현상의 결합체라고 할 수 있다. 따라서 지역사회에서 발생하는 다양한 사회문제는 사회적 · 문화적 · 정치적 다면성을 가지고 접근하여야 하며, 지역주민의 욕구를 표면적 욕구만으로 판단하지 말고 잠재적인 욕구까지 고려하여 미래예측을 위한 분석으로 연결되어야 한다. 예를 들면 프로그램을 역사적 사건, 이론, 선행연구의 조사 결과, 원인을 비롯한 문제의 범위, 문제 유형의 생생한 서술(묘사)을 전개해 나가는 것이 중요하다. 이 단계에서는 프로그램 개발의 필요성과 타당성이 객관적으로 이해될 수 있는 문제와 욕구의 규모, 심각성, 필요성을 제시하고 프로그램 필요성의 당위성에 대하여 제시하여야 하며 문제를 규정해가는 과정은 다음과 같다.

지역사회 문제의 확인 과정에서 대상 집단을 일반집단 → 위기집단 → 표적집단 → 클라이언트 집단 순으로 대상을 좁혀간다.

① **일반집단**: 일반적인 대상은 문제 범위 또는 행정구역 안에 있는 전체 집단을 포함한다. 예를 들면, ○○○시의 장애인을 대상으로 프로그램을 기획할 때 ○○○시의 전체 등록장애인 집단을 말한다.

② **위기집단**: 일반대상으로부터 어떤 사회문제에 대해 특히 취약한 하위집단이 존재할 경우, 위험 상태에 있는 대상에 대한 설명은 전형적으로 가장 취약한 사람들의 특성이 포함되며, 이러한 특성이 있는 사람들의 수를 말한다. 위험 대상은 상대적으로 동질적인 클라이언트 집단을 말한다. 예를 들면, ○○○시의 중증장애인을 대상으로 하는 프로그램이라면 ○○○시의 전체 장애인 중 중증장애인이 여기에 해당된다.

③ **표적집단**: 목표대상이며, 프로그램에 자격이 되는 위험 대상의 부분집합을 지칭하는 것으로 프로그램에 참여 가능할 것으로 생각하는 프로그램 가능 참여집단을 말한다. 예를 들면, ○○○시의 중증장애인 중 이 프로그램이 필요한 참여 가능한 중증장애인 집단을 말한다.

④ **클라이언트 집단**: 클라이언트 대상은 클라이언트가 될 표적 대상의 하위집단을 말한다. 프로그램 자격이 되는 사람 중에 이 프로그램이 필요하여 실제로 참여할 집단을 말한다. 예를 들면, ○○○시의 중증장애인 중에서 이 프로그램을 신청하고 실제 참여한 중증장애인을 지칭하는 것으로 프로그램 참여집단이라고도 한다.

문제의 확인과 욕구 확인 단계에서 욕구는 규범적 욕구(실무에서 전문가에 의해 규정된 욕구), 인지적 욕구(욕구를 가진 사람들이 인지하는 욕구), 표출적 욕구(서비스를 찾는 경우), 그리고 상대적 욕구(지리적으로 다른 지역의 욕구와 자원을 비교하여 요구되는 욕구의 자원)의 4가지 다른 관점의 욕구가 존재하므로 이 욕구들을 프로그램 기획 단계에서 잘 반영할 필요가 있다.

- 욕구는 사회적 · 정치적 · 경제적 환경에 의해 형성된 규범적 개념임
- 매슬로우는 계층 구조로 욕구를 정의하고, 하위 단계의 욕구가 충족된 후에만 상위 단계에 대한 고려가 욕구로 발전할 수 있다고 주장
- 욕구는 질적 차원과 양적 차원의 두 측면을 지닌다는 것을 고려해야 함

(2) 목적과 목표의 설정

일반적으로 프로그램을 기획하는 단계에서 논리모델(logic model)을 적용하는 경우가 많다. 이 논리모델은 목표와 결과의 상관성을 평가하는 모델이다. 즉, 프로그램이 지향하는 목표에 맞게 프로그램을 설정하고 그 프로그램의 성과는 프로그램 기획 단계에서 이루어졌던 평가척도에 맞는 결과를 예측한다. 이 단계에서는 문제 확인 단계에서 이루어졌던 지역사회주민의 문제가 해결 가능한 구체적인 목표를 설정하여 추진할 필요가 있다.

(3) 개입전략의 설정

프로그램의 실행단계에서의 전략이라고 할 수 있다. 구체적인 목표를 수립하고 프로그램을 어떻게 어떤 방법으로 개입하여 실행할 것인지를 구체화한다.

이 단계에서는 프로그램의 특성을 최대한 고려한 내용이 포함되어야 하며, 이 프로그램 참여자들의 문제해결에 대한 전문적인 개입과 기술이 요구된다. 따라서 평가계획에서도 이 개입전략에 대한 부분은 프로그램의 성과와 밀접한 관련이 있고 이 과정에서의 다양한 논의와 실천방법이 강구될 필요가 있다.

(4) 프로그램의 구성

프로그램의 실행에 있어 사업계획서에서 총괄 프로그램과 단위사업 프로그램으로 구분하여 프로그램을 구성하고 평가도 단위사업과 총괄평가가 별도로 이루어져야 한다. 단위사업 평가는 해당 프로그램의 세부적인 사업 단위로 구성되며, 목표를 달성할 구체적인 프로그램을 구성하여야 한다.

(5) 예산편성

전체 사업과 단위사업의 세부적인 프로그램을 구성하였다면 예산을 프로그램에 맞게 편성하여 운영하여야 한다. 프로그램을 운영하는 데 필요한 예산은 정부의 예산지침에 따라야 하지만 대부분 "사회복지법인 및 사회복지시설 재무 · 회계 규칙"에 따라 예산을 편성하고 집행한다. 예외적으로 외부 민간사업을 수탁받아 프로그램을 운영할 경우는 해당 사업비 지침에 따라 집행하면 되지만 별도의 지침 규정이 없다면 일반적으로 지역사회복지기관에서는 위 재무 회계 규칙을 적용하여 예산을 편성하고 집행한다.

(6) 평가계획

평가는 목표 달성의 여부에 대한 평가계획으로 양적으로 평가할 수 있는 목표와 질적으로 평가할 수 있는 목표가 있다. 이 평가계획은 사업계획서 작성 초기에 이미 수립되어 있어야 하며, 사업의 수행전과 수행과정별, 수행 후의 평가가 이루어져야 한다. 월별, 연도별, 전체사업 단위사업 등 프로그램이 수행되는 전 과정에서 평가가 이루어지고 이는 총괄평가에서 성과평가로 이어진다. 또한 평가과정에서 나타난 문제점의 피드백은 물론 사업종결 후의 평가 결과를 차기 연도에 반영하는 문제까지 평가계획은 세부적이어야 한다. 그리고 프로그램 평가는 초기에 설정한 목표나 목적인 프로그램의 성과로 나타나야 한다. 프로그램 평가에 대하여 정리하면 다음과 같다.

3) 프로그램의 평가

(1) 프로그램 평가(program evaluation)는 사회복지 실천과 조사의 공통영역이다. 프로그램 평가의 주요 목적은 과학적 사고, 방법, 측정, 분석을 사용하여 사회복지서비스의 질적 향상과 사회문제를 효과적이고 효율적으로 해결하고자 하는 것이다(Fredrick W. Seidl, 1974).

(2) 프로그램 평가는 일반적으로 행정 운영 체계로 불리며 프로그램의 총체적인 측면이나 결과보다는 프로그램의 형성이나 과정을 강조하는 것이다.

(3) 프로그램 평가는 프로그램이 의도된 결과를 달성하고 측정 가능한 영향을 성취할 수 있는 정도를 사정하는 것이다.

(4) 프로그램 평가단계는 설정된 목표가 어느 정도 달성되었는지를 알아보는 과정이자, 그 프로그램의 가치와 의의를 판단하는 사회적 과정이다.

(5) 프로그램 평가의 4단계는 다음과 같다.

① 1단계: 평가를 위한 질문 항목 결정
- 프로그램 과정평가: 프로젝트 수항 시 사용된 절차 사정
- 프로그램 결과평가: 프로젝트 영향과 효과 결정

② 2단계: 프로젝트 목표의 성공이나 실패를 지시해 줄 필요한 증거 유형과 자료 결정

③ 3단계: 자료 분석을 위한 계획 검토

④ 4단계: 평가보고서를 프로그램 발주자 또는 펀드 후원자에게 보고서 제출

위와 같이 프로그램 평가는 4단계로 이루어지며, 내용에 따라 총괄평가와 형성평가가 이루어진다.

첫째, 총괄평가는 프로그램 투입에 대한 총체적인 판단을 내리기 위한 평가이다. 주로, 사업이 시작된 후 그 사업이 지역사회에 미친 영향을 추정하는 조사 활동이라고 할 수 있다. 총괄평가의 내용은 다음과 같다.

- 효과성 평가: 목표로 했던 사업효과에 대한 양적·질적 평가, 사후평가
- 효율성 평가: 투입된 비용과 산출된 효과의 비율을 평가하는 것. 사전적 평가, 사업 중 평가, 사후적 평가 모두 가능. 비용편익분석(cost-benefit analysis) 또는 비용효과분석(cost-effectiveness analysis) 등

둘째, 형성평가는 과정평가라고도 하며, 프로그램 수행, 전달 과정 중에 실시하는 평가이다. 형성평가(과정평가)는 사업 내용의 수정·변경 여부의 결정에 도움을 주고, 사업의 효과나 부작용의 경로를 밝힘으로써 총괄평가를 보완하는 기능을 가진다. 형성평가의 주요 내용으로는,

- 사업효과의 경로 확인
- 사업효과가 발생하지 않을 때 문제 되는 경로 확인
- 좀 더 강한 효과의 경로 탐색
- 운영계획의 실현 여부 탐색
- 계획된 양적, 질적 자원의 적절한 투입 여부
- 대상 집단의 적중성
- 법규와 규정에의 순응성 등

4) 지역사회복지기관에서 수행되는 사업계획서 작성의 프로세스

프로그램 계획은 지역사회의 문제해결을 위하여 필수적인 것으로 지역사회복지기관에서는 프로포절 작성은 매우 중요한 업무 중의 하나로 평가되고 있다. 그 이유는 지역사회 문제의 객관적 접근을 위한 방법 때문이기도 하지만 한정된 사회복지 자원에 대한 자원개발의 의미도 포함하고 있다.

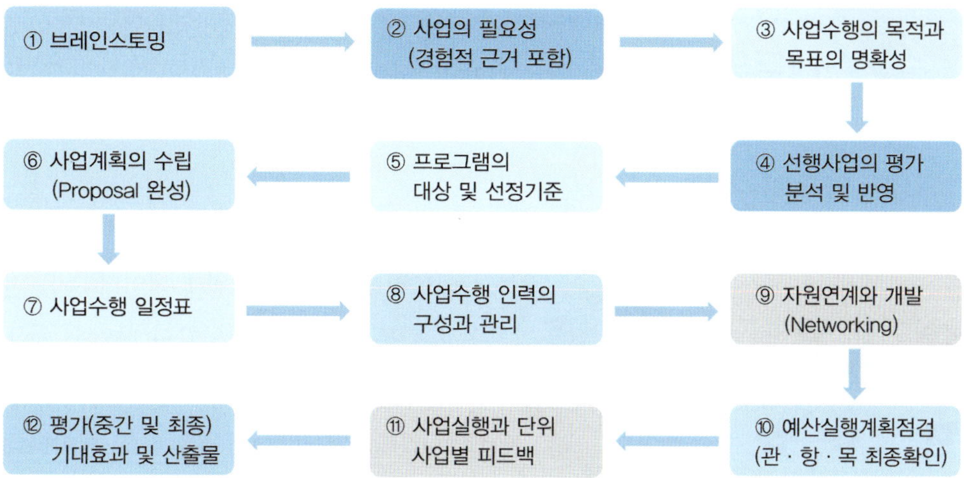

[그림 7-2] 프로포절 작성의 과정

[그림 7-2]는 사업계획서 작성을 위한 전체 과정을 나타낸 것으로 일반적으로 지역사회의 복지서비스 기관에서 통용되는 과정을 제시한 것이다.

세부적인 사업계획서 작성과정에서 무엇보다 중요한 것은 사업계획서 작성 전에 충분한 의견수렴 과정이 필요한데 이 단계를 브레인스토밍 단계로 보았다.

많은 복지서비스 기관에서 프로포절을 작성할 때, 초기 단계인 브레인스토밍을 중시하지 않는 경우가 있는데 이는 수정되어야 할 태도이며, 브레인스토밍과 마지막 단계의 평가는 매우 중시되어야 할 단계라 하겠다.

전체 프로세스는 12단계로 되어 있는데, 실천 현장에 매우 유용하게 적용되는 것으로 지역사회복지 실천 현장에서 사회복지 전문가들이 유용하게 활용할 수 있는 프로세스로 활용될 수 있을 것이다.

2. 네트워크 기술

1) 네트워크의 개념

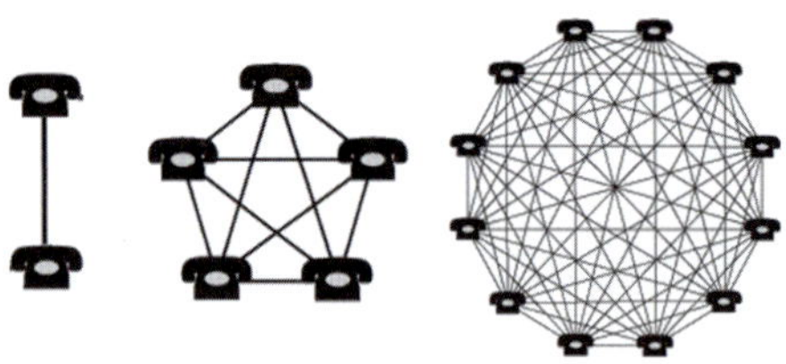

네트워크(network)란 원래 데이터 등을 전송하는 통신망 혹은 가입자의 단말을 잇는 전기통신 회로망을 지칭하는 것으로 여러 대의 컴퓨터가 이 연결망을 통해 데이터를 공유할 수 있는 역할을 해준다. 사회과학에서 네트워크는 연결망 또는 연계로 해석되는데 사회연결망 또는 소셜 네트워크(social network)라고 사용되는 것이다.

소셜 네트워크는 개인, 집단, 사회의 관계를 네트워크로 파악하는 개념으로 사회복지에서는 개인 또는 집단 간의 상호의존적 관계에 따라 만들어지는 사회적 관계 구조를 말한다. 사회 연결망에 대해서는 현재 인문, 경제, 공학, 웹, 사이언스 등 다양한 분야에서 많은 연구가 진행되고 있고, 사회연결망 분석은 개인과 집단 사이의 무수히 다양한 관계들로 인해 접근하는 복잡한 분야이지만 사회과학 분야에서 응용과학인 사회복지서비스 분야에서는 중요한 분야라고 할 수 있다(Patterson & Graham, 2018).

2) 구성원에 따른 네트워크의 종류

(1) 기관 분야별 네트워크

비슷한 성격과 활동을 하는 기관들에서 같은 분야의 담당자들이 모이는 네트워크가 있다. 주로 사업담당자들의 모임이 여기에 해당하는데, 이러한 기관 중심, 사업 중심의 모임은 폐쇄적인 구조를 가지게 되어 있고 해당 분야의 대표성을 가지지 못하게 되는 반면, 구성원들 간의 친밀도와 응집력이 높고 사업에 대한 구체적인 논의가 가능한 장점을 가지고 있다.

(2) 주제 중심의 네트워크

지역사회 내에서 아동·청소년, 교육, 환경 등 주제 중심의 모임이 있을 수 있고, 지역 안에서 하나의 주제를 중심으로 모이기 때문에 지역사회에서 해당 분야에 대한 대표성을 확보할 수 있는 가능성이 높다. 또한 다양한 기관들과 사람들이 참여할 수 있는 열린 구조로 되어 있어서 모임의 강제성 보다는 자발적인 참여와 모임 내에서의 건강한 교류, 이익이 중요한 촉매제가 된다. 다양한 사람들이 참여하므로 보다 폭넓은 주제로 나아갈 수 있는 장점이 있다.

3) 네트워크 동력

네트워크가 동력을 얻으려면 중요한 몇 가지 요소를 갖추어야 한다. 먼저 우리가 하려고 하는 일이 도덕적 정당성, 우리의 가치에 맞는지 살펴보아야 한다. 특히 공동의 비전과 목표를 공유하는 것은 네트워크를 운영할 때 매우 중요한 핵심요소가 된다. 구성원들이 함께 하려고 하는 일에 대한 목표와 비전 아래 함께 모이고 활동할 수 있는 기회를 제공할 수 있다.

네트워크를 추진할 때 고려할 사항으로 네트워크 안에 실질적 이익이 있어야 한다는 것이다. 좋은 취지, 좋은 사람들과의 모임만으로 네트워크가 유지되는 것은 아니며, 더군다나 일선 실무자의 경우 기관장의 출장 허락을 받고 참여하는 모임인데 개인에게는 한없이 유익하더라도 기관에 도움이 되지 않는다면 계속해서 네트워크 모임에 참여하기 어려운 형편에 당면할 수 있다.

4) 네트워크의 내용

네트워크에는 다음과 같은 내용을 포함하고 있어야 한다. 먼저, 좋은 사람들과의 교류인데, 네트워크도 결국 사람이 중심이 되어서 하는 활동이기 때문에 좋은 사람들과의 만남이 네트워크를 보다 강화하는 것은 물론, 모임 안에서의 위로와 격려는 참여하는 구성원 개개인에게도 큰 힘이 될 수 있다. 특히 다양한 사람들과의 관계와 교류는 활동 내용을 떠나 개인의 삶에도 유익할 수 있다.

다음으로 지식공유의 관계를 갖는다. 네트워크 모임을 통해 우리는 다양한 지식을 얻을 수 있다. 특히 이론적인 틀을 갖게 되고 사회복지의 다양한 현장에 대한 적용을 공유가치를 실현할 수 있는 장점이 있다.

5) 네트워크의 유지발전

네트워크의 중요한 핵심은 네트워크가 구성원 모두를 만족시키기 위해서는 그 안에서 진정한 나눔과 협력, 연계가 일어날 수 있도록 하기 위해서는 어떻게 할 것인가는 매우 중요한 요소이다.

네트워크에 참여하는 구성원들은 첫째, 내가 먼저 나눈다는 마음을 가져야 한다. 처음 만났을 때 아무런 일이 일어나지 않으면 이후로도 그 사이에서는 아무런 일이 일어나지 않을 확률이 높다. 관계가 생겨나기 위해서는 누군가 먼저 의도적으로 접근하고 상대방과 그 기관에서는 주로 어떤 일을 하는지, 업무를 하면서 어떤 고민을 하고 있는지 서로 소통하여야 한다.

그리고 정보를 제공할 때는 아주 귀한 고급정보를 나누어주어야 한다. 흔히 얻을 수 있는 정보, 활용 가치가 크지 않은 정보 등은 주지 않느니만 못하다. 가치가 높은 정보를 나눌수록 생겨난 관계에 대한 신뢰는 높을 수 있는 것이다.

네트워크에 참여할 때 구성원들은 자신과 네트워크를 최우선으로 생각해야 한다.

네트워크 안에서 이기적으로 나누고 성장, 발전해야 한다. 그렇게 쌓은 실력과 능력으로 발전하였다면 그것을 남을 위한 나눔으로 발전시켜야 한다. 성장, 발전하고 나눔으로 이어지는 네트워크가 생명력을 가지고 유지, 발전될 수 있다(山本美香, 2017).

6) 지역사회 네트워크를 통한 주민 조직화

최근 지역사회에서 나타나는 현상 중 하나는 지역주민 간의 네트워크 부재가 도시집중 사회일수록 매우 강하게 나타나고 있다. 주민들이 상호교류나 작용이 부족한 현대사회에서는 네트워크는 단순히 주제나 목적 중심보다는 주민교류와 협력의 수단으로 네트워크를 활용할 필요가 있다. 네트워크는 주민 네트워크, 기관 네트워크, 민관 네트워크 등 다양한 네트워크 관계가 형성될 수 있고 결국 지역사회 네트워크는 연결고리를 형성하게 되어 지역주민의 소통과 화합으로 이어질 수 있을 것이며, 네트워크의 이론은 연계이론과도 상호보완적인 측면이 있고, 조정, 연락, 연계, 협력 등 다양한 용어에서도 네트워크의 개념이 상충되어 나타날 수 있다(Rothman, 1995).

3. 자원 동원 및 개발 기술

1) 자원 동원의 개념

일반적으로 자원 동원은 인적, 물적, 정보, 문화, 제도 자원 등으로 나누어 설명되는데, 인적 자원개발은 전문지식이나 고급정보를 사람을 통하여 얻는 것으로 이해된다. 우리 지역사회에는 다양한 전문가가 함께 살아가고 있고 이러한 전문가들을 지역사회

주민을 위한 또는 지역개발을 위한 인적 자원으로 활용된다면, 이는 매우 큰 가치로 나타날 수 있다. 또한 물적 자원도 지역사회에 존재하는 학교, 체육관, 운동장, 교회 공간 등 지역사회에 존재하는 물적 자원을 지역주민을 위한 자원 공간으로 활용된다면 이는 지역개발을 위하여 매우 바람직한 방향으로 반전해 갈 수 있을 것이다. 이 외에도 정보, 문화, 제도 자원이 존재한다(강철희 · 정무성, 2013).

2) 자원개발 방법으로서 공동모금

(1) 모금의 의미와 역할

모금의 의미와 역할은 여러 가지로 해석될 수 있다. 비영리조직에서 목적사업을 수행하는 데 필요한 재정적인 요소라는 1차적인 역할보다 더 큰 의미와 역할이 있다. 케이 스프링켈 그레이스(Kay Sprinkel Grace)는 그녀의 저서 〈비영리기관의 모금〉을 통해 모금의 의미와 역할을 세 부분으로 나누어 정의했다. 가치에 기초한 '박애정신', 가치를 공유할 수 있도록 홍보하는 '개발', 사람들이 그들의 가치를 추구할 수 있도록 하는 '모금'은 비영리기관을 지탱하는 3요소이다. 즉 모금은 사람들이 자신의 가치를 추구할 수 있도록 도와주는 과정인 것이다.

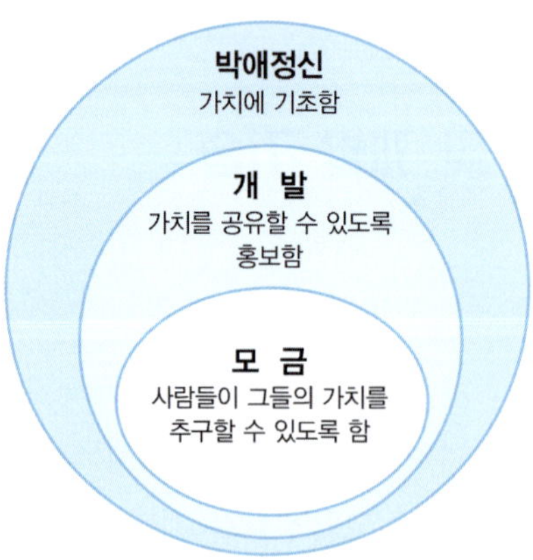

[그림 7-3] 모금의 의미와 역할

이런 기본적인 모금의 목적은 점차 부족한 정부의 보조금, 기업과 단체의 지원금 등에 대한 보조적인 재정확보 수단으로 모금을 통해 최대한 안정적인 자원을 마련해야 한다. 보조금은 기본적인 운영비와 인건비만이 지급되고 기업에서 지원되는 자금도 직접 사업에 사용되는 예산만 지원된다. 비영리조직에서 필요한 자원은 물적 자원과 인적 자원으로 나눌 수 있는데, 물적 자원은 현금이나 물품, 식품으로 나눌 수 있고 인적 자원은 자원봉사자, 재능기부자 등으로 구분될 수 있다. 그러나 비영리조직에서 전문적이고 독립적으로 목적사업을 위해 사용될 수 있는 자원은 현금인 후원금이다. 우리나라 「사회복지사업법」 제45조의 명시된 후원금은 '아무런 대가 없이 무상으로 받은 금품, 기타의 자산'이라고 정의되어 있다. 기부금이나 후원금은 기부자의 입장에서의 의미이고 기부금 혹은 후원금을 확보하는 비영리조직의 활동을 '모금(fundraising)'라고 정의할 수 있다. 이렇게 확보된 모금은 직 · 간접적으로 비영리조직의 목적사업에 사용되며 박애정신의 가치를 공유하는 유 · 무형의 역할을 한다. 여러 연구 결과를 바탕으로 도출되는 모금의 역할과 필요성은 다음과 같이 정리될 수 있다(Sargeant & Jay, 2014).

첫째, 부족한 재정적 자원을 보완할 수 있다.
둘째, 비영리조직의 미션과 비전을 기부자들과 공유하여 목적사업을 수행할 수 있다.
셋째, 개인의 대한 박애정신을 표현할 수 있는 도구로 활용된다.
넷째, 기부의 가치를 통해서 나눔 문화에 대한 확산을 유도할 수 있다.

공익적 사업을 하기 위한 비영리조직은 사회와 개인의 변화를 위한 '가치'중심의 일을 한다. 따라서 영리조직에서의 '수익'을 위한 활동을 하기보다 보이지 않는 변화에 초점을 맞추어 일하게 된다. 그렇기 때문에 '가치의 변화'라는 목적에 동의하는 사람들(회원 혹은 기부자)에 의한 재원이 안정적으로 필요한 것이다. 정부의 정책과 기업의 욕구에 맞춘 보조금이나 후원금은 정치나 사회, 이익집단의 움직임에 따라 매우 불안정한 사원이며 자원을 제공하는 측의 욕구에 순응될 수밖에 없기 때문이다. 미국 모금

전문가협회(AFP, Association of Fundraising Professionals; https://afpglobal.org/)에서 모금전문가로 활동하고 있는 패트리샤 비욜호브다(Patricia Bjorhovde)는 한 언론사 인터뷰에서 "미국의 사회공헌 기부금 중 기업이 차지하는 비중은 5~6%밖에 되지 않으며 개인한테서 나오는 기금이 80% 이상을 차지한다"고 했다. 즉 이 말은 미국 사회 기부 섹터를 움직이는 중추는 개인들이라는 것을 강조한 것이다. 한국의 경우, 65%가 개인기부이고 35%가 기업기부인데 이나마 개인기부의 85%는 종교시설에 내는 기부금으로 실제 순수개인기부의 규모를 기준으로 하면 기업기부가 3배가 더 많다. 비영리조직의 모금은 비영리조직의 안정된 활동과 정부나 기업의 영향 없이 독자적으로 사회문제를 해결하기 위한 매우 중요한 자원이다.

(2) 모금의 방법

모금은 목적에 따라 선택하는 방법이 달라지는데, 일반 운영을 위한 모금(annual campaign), 특별기금(special campaign), 거액 자산 증진 모금(capital campaign), 계획모금(planned gift)의 네 가지로 구분된다(Weinstein & Barden, 2017).

① 일반 운영을 위한 모금

비영리조직이 유지되기 위한 운영비 마련을 위한 모금이다. 주로 목적사업비, 경상운영비, 사무실 유지비 등에 사용된다. 일정 기간을 정하지 않고 수시로 모금하며 편지, 전화, 온라인, 방문을 통해 모금을 한다. 특별기간에 이벤트 모금을 개최하여 조직이 추구하는 미션과 비전을 공유하여 신규기부자를 개발하는 역할도 할 수 있으며 조직의 목적을 알릴 수도 있다. 일반적으로 거액모금을 하기 전 일반모금에 대한 경험이 매우 중요한 성공 요인이 되기도 한다.

② 특별기금

특별한 기간에 진행되는 것으로 우리의 경우 방송에서 진행하는 특별모금방송이 여기에 속한다. 특별 캠페인은 특정한 목적을 가지고 단시간에 모금이 이루어진다. 긴급 구호, 전쟁, 천재지변 등의 국제적인 구호 모금이 좋은 사례이다.

③ 거액 자산 증진 모금

주로 병원이나 대학교에서 진행되며 일반적인 모금과 달리 해당 조직에 종사하는 전문가들이 모금활동가로 참여한다. 조직의 자산을 늘리는 경우에 사용하며 이사회를 중심으로 충성도 높은 기부자를 대상으로 모금 활동을 한다. 연중 캠페인 모금과 자본 캠페인 모금으로 구분할 수 있는데 각 캠페인은 비영리조직의 자본화를 증진시키는 것이다. "자본화(capitalization)란 비영리기관이 소득이나 기증을 통해 얻는 수입의 변화에 대처하고 건실한 프로그램과 서비스를 유지하기 위하여 충분한 양의 자원을 창출하고 보유하는 것을 의미한다." 연중캠페인 모금과 자본캠페인 모금의 차이점은 〈표 7-1〉과 같다(강철희 · 정무성, 2013).

〈표 7-1〉 캠페인 모금의 차이 비교

구분	연중 캠페인	자본 캠페인
지속기간	연중 계속 진행	제한된 기간(1~5년)
기부금의 원천	임의적인 소득	재산 또는 부동산, 소득
기부금의 범위	소액부터 거액	초기 단계에는 거액 강조, 후기에는 소액부터 거액
초점	기존 프로그램의 지원	건물, 장비 및 자산
목적	기부자 확보 · 갱신 및 업그레이드, 현금 흐름 확보, 소명의식 갱신, 투자자와의 돈돈한 관계 유지	건물 · 자산 및 장비에 대한 주요 자본화, 주요 개인과 기관을 후원투자자로 참여시킴

④ 계획모금

계획모금의 대표적인 기부는 유산기부이다. 계획모금은 어느 날 갑자기 유산기부가 이루어지는 것이 아닌 기부자와 조직 간의 관계가 긴 세월 동안 누적되어 서로 성장하는 가운데 발생된다. 유산기부는 유서나 공증을 통해 기부자가 사후에 재산의 일부 혹은 전부를 비영리조직에 기부하는 것이다. 아직 우리나라는 유산기부의 인식이 보편화되어 있지 않지만 일반적으로 모금의 최정점을 찍는 매우 높은 가치의 모금형태이다.

3) 조직의 규모에 따른 모금 방법

처음 모금을 시작하거나 아직 비영리조직의 이미지가 알려지지 않은 브랜드가 적은 단체에서 사용하는데 이 모금 방법을 풀뿌리모금(Grass Root)이라고 한다. 이 방법은 일반 영업 방법과 비슷하여 영업적 마인드와 사람에 대한 심리, 전략과 준비를 갖추어야 한다. 구체적인 형태로는 집집 방문, 편지, 전화, 웹 등의 수단을 사용하며 바자회 등과 같은 음식, 물품을 판매하거나 특별강의, 복권 당첨의 이벤트와 겸해서 접촉하는 것이다.

(1) 기부자의 발전단계에 따라

비영리조직에 기부를 시작하는 경우 보편적으로 해당 비영리조직에 대한 정보를 알고 시작한다. 정보에 대해서 알고 있다는 것을 가정할 때 이를 잠재적 기부자라고 한다.

잠재적 기부자는 비영리조직에서 제공하는 서비스를 이용하는 고객이 되기도 하고 비영리조직에서 판매하는 물품의 소비자가 되기도 한다. 이를 통해 특별행사에 초청되어 참여자로서 관계를 확보하게 된다. 비영리조직의 목적의식에 공감하고 참여를 하게 되면 연례기부자나 회원이 되는데, 이 과정에서 광고우편, 이메일, 인터넷, 전화, 집집 방문들의 도구가 사용된다. 연례기부자는 정기적인 약정을 통해 수시기부자가 되며 은행 자동이체, 신용카드, 급여공제의 방법으로 월정액을 기부한다. 정기기부자는 매년 증액요청을 받아 기부금을 높이게 되고 점차 조직의 행사나 활동에 참여하여 이사나 자원봉사를 하게 된다. 개별요청에 의해 기념기부나 명예기부를 함으로써 비영리조직에서 주요한 기부자로서의 역할을 하게 된다. 비영리조직에 대한 개입과 참여가 확대되면 유증, 보험, 신탁과 같은 계획기부자로 성장하게 되는 것이다. 그리고 대중을 대상으로 한 다양한 모금방법은 〈표 7-2〉과 같이 인터넷 모금, ARS 모금, 광고우편(DM) 모금, 전화모금, 호별 방문 모금 등이 있다.

〈표 7-2〉 대중모금을 위한 다양한 모금방법

종류	특징
인터넷 모금	• 폭넓게 기부를 호소할 수 있는 장점 • 많은 사람들이 웹사이트에서 정보를 확인 • 기부의 참여가 신속하게 진행
ARS 모금	• TV와 연계하여 진행 • 잠재기부자가 비영리조직의 전화를 인식하도록 해야 함
광고우편(DM) 모금	• 기부자에게 전달되는 강력한 이슈가 필요 • 조직의 이사나 영향력 있는 지도자의 서명으로 보냄
전화모금	• 전화를 통한 기부요청 • 광고우편, 호별방문 모금과 결합하면 효과적 • 시급한 이슈, 입법주제에 대한 뉴스에 활용
호별 방문	• 가장 오래된 모금 방법으로 대중적 모금 • 최대한의 양방향 의사소통의 기회 제공 • 극빈층 혹은 고소득층 지역에는 효과 없음

① 인터넷 모금

인터넷 모금은 폭넓게 기부를 호소할 수 있는 장점이 있으며 많은 사람들이 웹사이트에서 정보를 확인할 수 있어 기부의 참여가 신속하게 진행되는 장점이 있다. 그러나 대량의 접근성과 신속성에 충족되는 조직의 초기 투자, IT활용의 전문인력이 배치되어야 한다.

② ARS 모금

주로 TV와 연계하여 진행되며 잠재기부자가 비영리조직의 전화를 인식하도록 해야 하는 특징이 있다. 대형모금 조직에서 연례행사로 진행할 수 있으며 소형모금 조직에서는 사례별 참여 외에는 독자적으로 실행할 수 없는 단점이 있다.

③ 광고우편(DM) 모금

기부자에게 전달되는 강력한 이슈가 필요하거나 조직의 이사나 영향력 있는 지도자의 서명으로 보내며 유리하다. 그러나 잠재기부자에 대한 기존 데이터가 구축되어 있어야 하며, 회수율을 높일 수 있는 전략을 함께 구축해야 효과가 높다.

④ 전화모금

전화를 통한 기부요청 하는 방법으로 광고우편, 호별방문 모금과 결합하면 효과적이다. 주로 시급한 이슈, 입법 주제에 대한 뉴스에 활용하면 성과가 높다.

⑤ 호별방문

가장 오래된 모금 방법으로 대중적 모금이다. 최대한의 양방향 의사소통의 기회가 제공되지만 극빈층 혹은 고소득층 지역에는 효과 없다.

4) 모금 방법의 활용

모금의 방법을 결정하는 데 있어 앞서 설명한 것처럼 모금의 목적에 따라, 기부자의 발전단계에 따라, 조직의 규모에 따라 다양하게 활용할 수 있다. 그러나 가장 중요한 것은 현재 우리 조직의 모금 능력을 먼저 객관적으로 측정해 보는 것이 필요하다. 조직의 규모가 아무리 크더라도 모금실행을 해야 할 인력과 전문성이 없다면 아무리 좋은 방법을 사용한다고 하더라도 성과를 얻지 못할 것이다. 모금의 대한 조직 전체의 필요성을 나누고 단 한 번의 모금이벤트, 예를 들어 바자회나 일일 찻집을 기획할 때부터 모금의 목적에 적합한지 현재 우리 조직을 지지하고 있는 기부자의 의식과 활동력은 어느 정도인지를 측정한 후 작게 기획하고 성과를 내는 습관을 갖는 것이 더욱 의미 깊고 중요하다.

5) 모금 확대를 통한 기부문화의 구축

사회복지의 재원은 무한자원이라고 했었지만 민간 자원의 개발을 통하여 자원개발의 미래를 개척해 나갈 수 있다. 민간 자원은 수 없이 많은 후원자들이 자원개발을 기다리고 있고 자원개발과정에서 그 자원이 시민의 행복과 미래를 밝혀줄 수 있다는 희망을 준다면 자원개발은 지속될 무한자원이 될 것이다.

최근 코로나 등 사회적 위험을 가하는 새로운 사회위험이 출현하면서 사회복지 자원 확대 개발과 지원의 분배를 통한 사회적 위험의 최소화가 요구된다.

정부의 재원은 한정적이기 때문에 그 유한성을 극대화할 수 있는 방법이 바로 민간 자원의 개발이며 모금 운동은 그 사회 전체의 기부문화를 이루는 원동력으로 작용할 것이다.

CHAPTER 8

지역사회복지의 실천기술 II

학습목표

1. 옹호기술의 개념, 특징, 유형, 주요 원칙을 이해한다.
2. 역량강화의 개념, 특징, 실천원칙, 증진 기술, 접근방법의 과정을 이해한다.
3. 조직화기술의 정의, 원칙, 내용, 단계를 이해한다.
4. 지역사회교육기술의 개념, 사회복지사의 역할을 이해한다.
5. 지역사회복지계획기술의 개념, 유형을 이해한다.

개 요

지역사회복지실천기술은 지역사회복지를 실천하기 위한 구체적인 기술(skill)에 해당된다. 옹호기술은 억압된 집단 입장의 정당성을 주장하고 지도력과 자원을 제공하는 기술이며, 옹호기술의 특징은 설득하기, 대변하기, 청문 · 이의신청 · 청원하기, 정치적 압력 등이 있다. 옹호의 유형과 주요 원칙에 따라서 개입된다.

역량강화기술은 지역사회 내 개인이나 조직들이 욕구를 충족시키기 위해 지역사회 전체 구성원들이 지지할 의사결정 구조를 구축하고 소외계층의 참여를 확대하는 기술이며, 역량강화는 4가지 특징과 실천원칙은 6가지와 접근방법의 과정은 대화 단계, 발견 단계, 발전 단계로 구분하고 있다.

조직화기술은 클라이언트의 문제를 해결하기 위해 필요한 인력과 서비스를 모으고, 조직의 목표를 성취하기 위해 합당하게 운영해 나가는 과정이다. 조직화기술은 4가지의 원칙이 있으며, 동원하기, 회의하기, 리더십 개발로 채워진다. 단계는 준비 단계, 계획화 단계, 조직화 단계, 지역활동 및 복지운동 단계, 평가 및 과제전환 단계 등 다섯 단계로 구분할 수 있다.

지역사회교육기술은 지역사회 주민들에게 정보를 제공하고 기술을 가르치는 역할이다. 지역사회복지사는 의식향상기술, 정보 제공기술, 훈련으로 분류될 수 있다. 지역사회복지계획기술은 사회서비스를 생산하는 지역사회복지조직이 지역사회에 필요한 재화와 서비스를 제공하는 활동과 관련되어 있다. 지역사회복지계획기술의 유형은 자원동원개발 기술 등이 있다.

1. 옹호기술

1) 옹호기술의 개념

옹호(advocacy)란 클라이언트나 시민의 이익 또는 권리를 위해 싸우거나, 대변하거나, 방어하는 활동을 일컫는 것으로, 옹호는 클라이언트의 이익을 지키고 대변하는 모든 활동으로 클라이언트가 권리를 갖고 있으며, 그 권리의 보장은 법적으로 요구할 수 있는 것이라는 가정에서 출발한다. 옹호기술은 지역사회복지실천과정에서 지역주민, 특히 억압된 집단 입장의 정당성을 주장하고 지도력과 자원을 제공해야 한다는 점에서 매우 중요하며, 특히 지역주민이 권리를 갖고 있고, 그 권리의 보장은 법적으로 요구할 수 있는 점에서 매우 중요하다. 다시 말해 지역사회복지실천에서의 옹호는 지역주민의 이익 혹은 권리를 위해 싸우거나, 대변하거나, 방어하는 활동을 말한다(감정기 외, 2005: 233).

옹호자로서 사회복지사는 클라이언트의 이익을 위하여 전문적인 대변인이나 대리인으로서 활동한다. 옹호기술의 실제과정은 옹호활동의 계획, 문제 정의, 목표 설정, 표적 정하기, 옹호를 위한 재가의 획득, 개입 수준 결정, 개입 전력 실행, 결과평가 등 일련의 과정으로 이루어진다(오정수 · 류진석, 2013: 175; Rothman & Sager, 1998: 184-185 재인용).

2) 옹호기술의 특징

옹호의 기술로는 설득, 대변, 청문 · 이의신청 · 청원, 정치적 압력 등이 있다(감정기 외, 2009; 김종일, 2007; 남진열 외, 2009).

(1) 설득

설득(persuasion)은 대상자에 대해 호의적인 해석을 얻어 내기 위한 제반활동으로, 설득의 효과를 높이기 위해서는 개인적인 권위와 정확한 사실 파악이 필수적이다. 설득은 메시지 전달자(communicator), 전달형식, 전달할 메시지, 그리고 전달대상 등의 네 가지 요소로 이루어진다. 한편, 설득의 주요 원칙은 다음과 같다(Hardcassle et al., 1997: 377).

① 원하는 바를 분명히 하라.
② 사실자료들을 파악하고 그것들이 활용되도록 하라.
③ 활용할 권력의 원천에 대해 이해하라.
④ 연습하라.
⑤ 통상적이고 편안한 복장을 갖추라.
⑥ 분명하고 단순하며 시각적 이미지를 활용하라.
⑦ 감정과 논리에 호소하라.
⑧ 시선을 맞추어라.

(2) 대변

경험 있는 사람이 다른 사람의 의견을 대신해서 표현 또는 전달하는 행위로 대변(representation)의 주요 원칙은 다음과 같다.

① 문제 당사자 외에 누군가가 관여될 필요가 있는지 판단하라.
② 당신이 아는 바를 클라이언트와 공유하라.
③ 당신의 클라이언트가 바라는 바를 발견하여 확인하라.
④ 선택 대안들을 제시하고 클라이언트로 하여금 바람직한 것을 선택하게 하며 중요한 순서를 정하도록 하라.

⑤ 특수한 상황에 대해 파악하라.

⑥ 추진과정의 공식화 수준을 결정하라.

⑦ 서로 조정하라.

⑧ 분할통치 전술에 대비하라.

⑨ 당신에 대한 채용과 해고의 권한을 클라이언트에게 주어라.

(3) 청문 · 이의신청 · 청원

청문(hearing)은 행정기관이 무엇을 처분하기에 앞서 당사자 등의 의견을 듣고 증거를 조사하는 절차이며, 이의신청(complaints)은 기관의 행위에 대해 불만이나 이의가 있을 경우 관계 법령에 따라 규정되는 절차이며, 청원(petitioning)은 특정 조직이나 기관이 일정한 방향으로 조치해 줄 것을 요청하는 다수인의 설명지를 전달하는 활동으로, 우리나라에서는 청문과 의견절차 등은 일반적인 행정절차법에 의하고, 청원은 청원법에 의한다.

(4) 정치적 압력(political pressure)

새로운 법을 통과시키도록 한다거나 새로운 프로그램 개발을 한다든지 지역사회 주민 조직에게 이로운 정책을 강구하고 시행하도록 하는 기술로 선출직 공무원을 대상으로 펼치는 옹호활동이다.

3) 옹호의 유형

옹호기술은 억압된 집단의 입장에서 대변하는 핵심기술이라는 점에서 매우 중요하다. 하드캐술(Hardcastle, 1997)은 옹호의 유형을 다음 6가지로 분류하였다. 어떤 수준의 옹호전략을 선택하는가는 결국 문제를 어떻게 규정하는가에 따라서 다르며, 옹호의 수준에 따라 사용되는 옹호방법과 기술이 다르다.

〈표 8-1〉 하드캐슬 옹호의 유형

유형	개념	사회복지사의 구체적 기술
자기옹호 (self-advocacy)	클라이언트 개인 및 집단이 스스로 자신을 옹호하는 활동, 때로는 자조집단 및 자치집단을 구성해서 활동	행정직 및 기술직 지원/격려 및 정보 제공
개인옹호 (individual-advocacy)	클라이언트가 스스로 자신을 옹호할 수 없을 때 사회복지사가 개인이나 가족을 대신하여 옹호하는 활동	개인 및 가족의 욕구 파악 및 사정 기술
집단옹호 (group-advocacy)	유사한 문제를 경험하는 클라이언트들로 구성된 집단의 공동 문제를 해결하기 위한 옹호활동	집단사회복지실천기술, 의사소통 기술
지역사회옹호 (community-advocacy)	소외된 혹은 공동의 문제를 경험하는 지역주민들을 위한 옹호활동, 지역주민들이 스스로 지역사회를 옹호하기도 하고 지역사회를 대신하여 다른 사람들이 옹호하기도 함	주민을 모으고 조직화하는 기술/일일캠프 개최, 건강달리기 모임 활용
정치옹호 (political-advocacy)	사회정의와 복지를 증진시키기 위해서 입법영역, 행정영역, 사법영역에서 다양한 형태로 전개되는 옹호활동	특정 법안의 통과를 제안하거나 저지하기 위한 로비 기술/사법과정에서 증인으로 나서는 클라이언트를 보호하고 정보를 제공하는 기술
체제변환적 옹호 (advocacy for system change)	근본적인 제도상의 변화를 위해 구성원인 시민들과 사회체제 전체에 영향을 미치려는 옹호활동	캠페인 기술, 조직화 기술, 미디어 활용 기술

4) 옹호의 주요원칙

옹호는 다양한 집단을 상대로 하는 활동일 뿐만 아니라 그들이 지닌 가치, 신념, 규칙 등과도 싸워야 하는 어려운 일이다. 효과적 옹호활동을 펼치기 위해 다음과 같은 원칙을 지켜야 한다(김종일, 2005; 남진열 외, 2009).

① 옹호활동은 합리적 수준을 유지하는 것이 좋다. 즉, 대상자 수준에 맞아야 한다는 것이다.

② 가능하면 개별 활동보다 팀워크(team work)에 의존한다. 개별적 옹호활동이 더 좋은 결과를 가져올 때도 있지만, 집단적 옹호활동은 동원 가능한 자원이나 다양한 전술을 활용할 수 있다는 점에서 유리하다.

③ 옹호활동은 가끔 적극적이고 단호한 태도를 요구하기도 한다. 기득권을 가진 조직이나 개인을 대상으로 옹호활동을 할 때, 타협적이거나 양보하는 태도를 취하기 쉽다. 그렇지만 대상자의 이익을 지속적으로 알리고 상대방의 변화를 유도하기 위해서는 적극적이고 단호한 태도를 보여주어야 한다.

④ 연성을 강점으로 인식할 필요가 있다. 단호한 태도가 요구된다고 해서 모든 일에 경직된 태도를 유지하는 것은 아니다. 상황에 따라 최선보다는 차선에 만족하는 법도 터득해야 한다.

2. 역량강화기술

1) 역량강화의 개념

역량강화(empowerment)라는 용어는 사회적 · 조직적 환경에 관한 클라이언트의 통제력을 증가시키고자 하는 임상 실천의 과정, 개입, 기술을 의미한다. 특히 일반사회복지 발달의 근간이 된 인보관 운동은 역량강화모델의 토대가 되었다. 그러나 제1차 세계대전 이후 문제해결 중심적이고 의료적인 모델이 주를 이루는 개별사회사업이 활성화되고 인보관 운동이 쇠퇴하면서 역량강화 접근은 점점 약화되었다.

1970년대에는 일반체계이론과 생태학이론이 사회복지의 주요 이론들로써 활용되면서 생태학적 관점에 근거한 강점(strength) 지향 혹은 해결 중심 접근(solution focused approach)의 중요성이 대두되었고, 1970년대 중반에 역량강화 모델로써 새롭게 나타나게 되었다. 이러한 접근을 클라이언트를 문제 중심으로 보는 것이 아니라 강점 중심으로 봄으로써 클라이언트의 잠재역량 및 자원을 인정하고 클라이언트 내·외에 탄력성이 있음을 전제하여 클라이언트가 자신의 삶을 통제할 수 있도록 권한 혹은 힘을 부여하고자 한 것이다(태화기독교사회복지관, 2000).

이러한 역량강화 기술은 지역사회 차원에서 볼 때 지역사회 내 개인이나 조직들이 각각의 욕구를 충족시키기 위해 자신의 기술과 자원을 공동의 노력으로 이끌어 낼 수 있는 지역사회 전체 구성원들이 지지할 의사결정 구조를 구축하고 전반적인 지역사회 복지실천과정(문제의 명확화, 욕구조사, 전략 실행 및 평가)에 있어서 사회적 소외계층의 참여를 확대하는 것이 지역사회복지의 목표 달성을 위해 필수적이라는 점에서 매우 중요하다.

2) 역량강화의 특징

역량강화는 개념적인 면에서도 다양한 의미로 사용되고 있으며 다음과 같은 네 가지 특징을 가지고 있다(김종일, 2005; 이태희 외, 2010).

① 힘과 권력을 중심 주제로 표출한다. 특히 힘과 권력의 획득을 사회복지실천의 목표로 본다는 것이다.

② 가능한 한 대상자를 긍정적으로 바라보는 관점을 가져야 한다. 즉, 대상자를 문제가 있어 도움을 받는 대상자라는 편견을 버리고 대상자가 스스로 문제를 해결할 잠재력이 있다는 점을 강조한다.

③ 문제에 대해서 정치 · 사회적 맥락을 이해하려고 노력한다. 문제가 개인적인 것이든 사회적인 것이든 그 배후에 정치 · 사회적 힘과 요소가 작용하고 있다는 전제에서 문제를 본다. 특히 이러한 문제 중에서도 구조적 불평등과 억압에 대해서 주목한다.

④ 역량강화를 순환적이고 유동적인 과정으로 이해한다. 역량강화 상태에 도달했더라도 이전의 상태로 되돌아갈 가능성이 존재할 수 있다. 따라서 지속적 역량강화를 강조한다.

3) 역량강화의 실천원칙

① 사회복지사는 클라이언트 스스로가 문제해결의 주체가 될 수 있도록 돕는 것이다.

② 클라이언트의 참여와 사회복지사의 헌신의 원칙은 클라이언트 스스로가 자신을 임파워먼트할 수 있고, 능력을 배양할 수 있도록 돕는 것이다.

③ 클라이언트의 자발적 욕구표현의 원칙으로 클라이언트 스스로가 자신의 문제를 자신의 언어로 표현할 수 있도록 돕는 원칙을 뜻하는 것이다.

④ 사회복지사는 클라이언트를 둘러싼 외적인 환경에도 초점을 맞추고 노력해야 한다.

⑤ 클라이언트가 그동안의 억압으로부터 탈피할 수 있도록 클라이언트 스스로 자신의 주변현실을 재구조화할 수 있도록 돕는다.

⑥ 사회복지사는 클라이언트를 상대로 일하면서 경험한 실천지식을 활용할 수 있어야 하며, 아울러 클라이언트가 제시하는 지식도 활용할 수 있어야 한다.

4) 역량강화의 증진 기술

지역사회의 역량강화를 높이기 위한 구체적인 기술은 다음과 같다(김종일, 2007: 207; Rubin & Rubin, 2001: 89-96 재인용).

(1) 의식제고

무력감을 느끼는 개인들을 한데 모아 문제의 원인이 자신들에게 있는 것이 아니라는 점을 알게 한다. 자신들은 억압과 배제의 희생자라는 사실을 깨닫게 하고 각자의 경험을 나누도록 한다. 의식화모임을 통해 사람들은 자신만이 문제를 갖고 있는 것이 아니며, 그 문제가 자신의 잘못 때문이 아니라는 사실도 인식하게 된다. 이러한 과정을 거치면서 사람들은 자신들을 억압하는 사회구조에 대해 비판적 의식을 갖추게 된다.

(2) 자기 목소리 내기

문제의 원인과 소재를 파악한 다음에는 공개적으로 자기의 목소리를 내는 것이 중요하다. 개인적인 수준에서는 그 자체가 역량강화의 과정이 될 수 있다. 지역사회실천가는 이들이 공개적으로 자기 목소리를 내는 데 두려움을 갖거나 위축되지 않도록 도와준다.

(3) 공공의제로 만들기

쟁점이 공공의제가 될 수 있도록 그 틀을 짜는 과제이다. 지역사회실천가는 문제의 원인과 소재를 대중이 제대로 인식할 수 있게끔 쟁점을 효과적으로 정리해야 한다. 필요하다면 시위나 대중매체 캠페인을 벌일 수도 있다. 어떤 쟁점을 공공의제로 만드는 과정은 두 가지 면에서 역량강화에 도움을 준다. 첫째, 대중으로 하여금 긍정적인 눈으로 쟁점을 바라볼 수 있게 한 것 자체가 하나의 큰 성과이다. 둘째, 쟁점이 공공의

제에 포함되는 것을 가로막는 제도적 바이어스와 싸움으로써 주민들로 하여금 가능성을 맛보게 한다.

(4) 힘/권력 키우기

자원 동원을 통해 주민들의 힘을 키우는 과정이다. 사람의 수와 열정이 가장 중요한 힘의 원천이다. 그 밖에 법적 행동, 전문성, 힘의 위협 등도 힘의 원천이 될 수 있다.

(5) 역량 건설

역량에는 두 가지 요소가 있다. 첫째, 조직건설과 캠페인 전개에 필요한 지식과 기술이다. 기득권 세력과의 싸움은 조직적인 것이 되어야 한다. 둘째, 성공에 대한 신념이다. 이것은 삶에 배어 있는 고질적 무력감을 극복하는 데 필수적인 요소가 된다.

(6) 사회적 자본의 창출

사회적 자본은 지역사회구성원의 사회적 관계에 바탕을 둔 자원으로서 구성원 간의 협력과 연대감을 높이는 데 기여한다. 지역사회실천가는 사회적 자본의 창출을 도움으로써 주민 유대와 책임의 공유의식을 강화시켜야 한다.

5) 역량강화의 접근방법의 과정

밀리 등(Milley et al., 1995)은 역량강화 접근방법의 단계를 대화 단계, 발견 단계, 발전 단계로 구분하고 각 단계에서 행해져야 할 구체적 과업을 설명하였다(강철희 · 정무성, 2006).

(1) 대화 단계

이 단계는 신뢰를 바탕으로 서로의 협조체계를 구축하는 단계이다. 이를 통해 각자의 역할을 규정하는데, 이때 클라이언트는 자신의 경험을 구체적으로 기술해야 한다.

(2) 발견 단계

이 단계에서는 클라이언트로 하여금 도전이 되는 상황을 파악하고 이해하도록 해야 한다. 따라서 이 단계에서 클라이언트의 도전상황을 개인과 환경의 교류적 측면에서 파악하고 이해하며, 클라이언트와 관련 정보원에게서 상황을 이해하기 위한 관련 정보를 수집한다(강철희 · 정무성, 2006 재인용).

(3) 발전 단계

이 단계에서는 서로가 설정한 목표를 달성하기 위해 구체적 목표를 설정하고, 목표 달성을 위한 자원을 활용하며 추가 자원을 발굴해 간다. 이상의 단계들에서 이루어지는 구체적 과업을 제시하면 〈표 8-2〉와 같다.

〈표 8-2〉 역량강화 과정

과정		세부사항
대화과정 (dialogue phase)	1. 공조체계 준비	클라이언트와 사회복지사의 원조체제에 영향을 미치는 준거기준 마련
	2. 파트너십 형성	클라이언트와 사회복지사 간 파트너십 관계 창출
	3. 위험요소의 명료화	클라이언트 관점에서 도전적인 요소 탐색
	4. 강점발견	변화를 위한 강점 파악
	5. 방향설정	업무관계를 위한 사전목표의 명료화 및 즉각적 개입이 필요한 위기상황에 대한 조사

과정		세부사항
발견과정 (discovery phase)	6. 자원체계 탐색	개인, 가족, 집단, 기관, 지역사회, 사회적 · 정치적 체계 내 잠재적 자원 사정
	7. 자원가능성 분석	수집된 정보의 의미와 효과적 변화를 위한 자원체계의 잠재적 평가
	8. 해결방법구조화	결과의 확인, 가능한 해결계획의 구조화 작업
발전과정 (development phase)	9. 자원 동원	개인, 가족, 이웃관계, 지역사회, 제도적 차원의 자원 동원
	10. 기회확대	기회를 확장함으로써 새로운 자원 창출
	11. 성공확인	산출결과의 성공 여부 측정 및 과정의 효과성 평가
	12. 결과 통합화	과정 종결

출처: 황철수 외(2013). p. 123 재인용.

3. 조직화기술

1) 조직화기술의 정의

조직화기술은 클라이언트의 문제를 해결하기 위해 필요한 인력과 서비스를 모으고, 조직의 목표를 성취하기 위해 합당하게 운영해 나가는 과정이다(김범수 · 신원우, 2013: 156; 남일재 · 문영주, 2015: 182). 즉, 지역사회가 당면한 문제를 해결하기 위하여 전체 시민을 대표하는 주민을 선정하여 이들을 중심으로 조직을 구성하는 것을 의미한다(최옥채, 2012: 310). 사회복지사는 지역사회의 상황과 해결방향에 따라 목표를 정하고, 주민을 선정하여 모임을 만들고 이 조직이 스스로 지역사회의 욕구나 문제를 해결해 나가도록 돕는다.

조직화는 사회적 약자가 특별한 존재가 아니라 지역의 다른 주민들과 동격의 구성원으로 사회에 참여하고 일반 생활자로서 자립하도록 하는 데 그 목적이 있다. 또 한 지역주민에 대해서도 사회참여과정에서 사회적 약자를 특별한 존재로 취급하지 않고 동등한 인격체로 인식할 수 있도록 돕는 것에 있으며, 그들의 역량을 극대화하여 지역사회 문제의 예방 및 해결활동에 적극적으로 참여할 수 있도록 원조한다.

조직화(organizing) 기술은 지역사회의 욕구나 문제를 해결하기 위해 지역주민이 주체가 되어 인력이나 서비스를 규합하고 사회복지조직의 목표를 성취하도록 합당하게 운영해 나가는 과정을 말한다(최옥채, 2012). 조직화는 지역사회에서 가장 널리 쓰이는 지역사회실천모델 전술 중의 하나로, 지역주민들로 하여금 지역사회발전에 지속적으로 함께 일할 수 있도록 하는 것이다.

2) 조직화기술의 원칙

효과적인 조직화를 이루기 위해서는 다음과 같은 원칙들에 주의할 필요가 있다(김종일, 2007; 남진열 외, 2009; Rubin & Rubin, 2001).

(1) 사적 이익에 대한 관심을 조직화에 활용하도록 한다. 조직화를 통해 사익과 공익의 공동 영역이 존재한다는 사실을 가르치는 과정이 필요하다.

(2) 조직화는 지속적인 관심과 노력을 요구하는 역동적인 과정이다. 이 과정을 통해 지역주민들은 협력의 필요성과 효과적인 실천을 배우게 된다.

(3) 갈등과 대결에 익숙해지는 법을 배워야 한다. 조직화 과정에서는 필연적으로 갈등과 대결의 문제와 직면하게 된다. 지역사회조직의 목표를 달성하기 위해서 상대방에 대한 압력과 도전이 필요하다.

(4) 쟁점은 명확해야 한다. 지역사회조직화는 쟁점을 중심으로 이루어진다. 쟁점은 시급한 문제로 표현되고 구체적인 문제의식이 있어야 한다. 또한 명분보다는 실현 가능한 쟁점에 초점을 맞추어야 한다.

3) 조직화의 내용

조직화의 주요 내용은 사람과 자원을 끌어 모으고(동원), 모인 사람들이 조직의 목표와 방법을 논의하여(회의), 조직을 이끄는 사람들을 찾아내는 일(리더십 개발)로 채워진다(김종일, 2007).

(1) 동원

조직에 헌신적인 사람들 모으는 일은 결코 쉽지 않지만, 동원 작업은 지역사회에서 활동하고 있는 기존 조직의 구성원을 접촉하는 것으로부터 시작한다. 어떠한 형태의 조직이든 상관없이, 조직 활동은 이미 하고 있는 사람일수록 사회운동에 적극적일 가능성이 높기 때문이다. 동원을 위해 사람을 접촉할 때는 그 접촉이 개별적이고 직접적인 것이 되도록 노력해야 한다.

(2) 회의

자주적이고 생산적인 회의가 되기 위해서는 철저한 준비와 계획, 즉 목표, 의사 일정, 장소, 회의장 세팅, 역할 배분, 참석 대상자 연락 등이 필요하며, 원활한 진행과 관리를 위한 규칙과 민주성이 보장되어야 한다. 또한 합리적인 의사결정 규칙을 가지고 있어야 하며, 실제적인 참여기회가 보장되며, 회의 종료 시에는 회의 내용이 요약 정리되어 구성원들에게 잘 전달되고, 다음 일정이 정해져야 한다.

(3) 리더십 개발

리더십이란 특정 집단으로 하여금 리더와 추종자가 공유하는 목적을 추구하도록 설득하고 모범을 보이는 과정을 말한다. 그리고 조직의 성패는 리더십에 의해 결정된다고 해도 지나치지 않다. 지역사회 실천처럼 다양한 사람과 문제를 다루는 상황에서는 더욱 그러하다.

리더십 개발은 첫째, 기존 리더가 지닌 책임과 권한을 조직원들에게 나누어 주는 것으로부터 시작되며 둘째, 잠재적 리더를 상당기간 일대일로 가르치는 멘토링(mentoring) 셋째, 교환 프로그램에서 타 조직의 운영과 활동 방법을 배우거나 자신들의 조직이 지니지 못한 기술 습득하는 것 넷째, 워크숍을 통해 잠재적 리더를 파악하고 이들에게 리더십을 발휘할 수 있는 기회를 다양하게 제공하는 방법 등이 있다.

4) 조직화의 단계

조직화의 단계는 크게 준비 단계, 계획화 단계, 조직화 단계, 지역활동 및 복지운동 단계, 평가 및 과제전환 단계 등 다섯 단계로 구분할 수 있다(서울복지재단, 2005).

(1) 준비 단계

준비 단계는 인적 · 물적 자원 확보와 직원의 역할 분담 등 조직화를 위한 준비 작업을 하는 단계이다. 이 단계에서는 사회복지사의 역할이 주도적으로 전개된다. 먼저 기관 내 준비사업으로는 자원확보 방안과 직원의 역할 분담이 필요하다. 조직화 사업에서 물적 자원과 인적 자원이 필요하다. 전담팀에서는 조직화 사업의 전체적인 밑그림과 그것에 대한 성격을 명확하게 규명하여 조직 전체의 참여를 유도한다. 또한 준비 단계에서 지역범위의 규정도 중요하다. 대부분 기관들은 기관의 위치에 따라, 혹은 사업의 성격에 따라 지역사회 범위를 탄력적으로 적용하고 있다.

다음으로 필요한 작업은 지역의 범주를 한정하여 해당 지역 내의 인적 · 물적 자원의 탐색과정이 필요하다. 이 과정에서 인적 · 물적 자원의 파악은 탐색적 수준에서 진행하게 된다. 또한 앞서 설명한 대로 기관 전체의 관심과 참여를 유도하기 위해서는 조직화 사업을 전체적으로 알 수 있는 기획 작업이 필요하다. 이에는 특히 기관 내 외의 자원동원 방법과 계획화 혹은 조직화의 전략이 개괄적으로 소개되어야 한다.

(2) 계획화 단계

계획화 단계에서는 주로 지역사회 및 주민욕구 사정, 지역사회 자원 사정, 프로그램 개발과 평가계획 등의 사업이 이루어진다. 먼저 지역사회에 대한 사정은 지역의 인구학적 특성과 지역사회 내에 이미 구성된 주민조직의 분포 정도와 그들의 성격 등에 대한 사정이다. 그리고 주민욕구에 대한 사정은 지역주민의 일반적 복지욕구를 파악하기 위해서 조사하는 방식과 특정 복지욕구를 보다 구체적으로 파악하기 위해서 조사하는 방식으로 구분된다.

자원사정은 준비단계에서 탐색해온 인적 · 물적 자원에 대한 체계적으로 진행되는 사정을 말한다. 인적 자원 사정에서는 지역의 토착지도자, 사회복지기관 이용 소집단 지도자, 주변 공공조직 지도자, 잠재적 참여 인물들을 접촉함으로써 이루어진다. 물적 자원 사정은 주요 공공건물과 민간의 주요 단체 시설들과 접촉하여 시설의 위치, 규모, 공간 활용 가능성 들을 파악하고 상호 연계 프로그램들 진행할 수 있는지에 대한 가능성에 대해서도 살펴보아야 한다.

마지막으로 프로그램 개발과 평가 계획은 조직화의 과정 및 과업목표를 완수하기 위해서 지역사회 자원을 효과적이고 효율적으로 활용하여 프로그램이나 서비스를 개발하고 그 성과를 측정하기 위한 계획을 말한다.

(3) 조직화 단계

조직화 단계는 계획화 단계에서 설계한 내용을 기초로 하여 모집, 정서 강화형 소집단 구성 단계, 문제해결형 소집단 구성 단계 등이 전개된다. 모집에서는 접촉, 자원봉사자 모집, 이슈화, 홍보 등 다양한 전략을 펼칠 수 있다.

정서 강화형 소집단 구성 단계는 지역 대표자를 중심으로 한 집단을 구성하여 구성원 간의 관계형성 동기화, 의식화 사업이 포함된다. 이를 통해 성원들 간의 정서적 결속을 높이고 자신들의 의견을 개진할 수 있도록 한다.

문제해결형 소집단 구성 단계에서는 전 단계의 집단 발달과정에 이어서 전개되는 것으로서 조직구조화, 리더십 교육, 계획수정 작업이 포함된다. 조직구조화에서 중요한 작업은 조직 대표자를 비롯한 임원을 구성하는 일이다. 리더십 교육은 지역의 대표자로서 지역 주민들과 함께 지역사회의 일을 추진해 나갈 수 있는 자질과 역량을 갖추도록 교육하거나 체험활동에 참여하게 하는 것이다. 계획수정은 주민들의 지역사회의 참여를 구체화하기 위한 방안으로 기존의 계획이 지역 대표자들의 의견이 충분히 반영될 수 있도록 논의를 통해 조정하는 것을 말한다.

(4) 지역활동 및 복지운동 단계

지역활동 및 복지운동 단계는 조직화 단계에서의 개입활동을 의미한다. 먼저 지역활동은 민주적 의사결정을 거치면서 주민들의 합의에 따라서 주민 자치적으로 지역사회의 복지향상을 위한 일체의 노력을 의미한다. 따라서 지역활동은 주민 역량강화, 민주적 합의과정, 주민 자치활동 등의 내용을 구성한다. 복지운동은 사회운동의 일환으로 주로 주민복리의 불합리성을 전체 지역 주민들에게 알리고 이를 개선하기 위한 노력이며, 힘을 규합하여 전개하는 일체의 주민운동을 의미하므로 다수의 세력이 참여하여 다양한 연대활동을 추진해야 한다.

(5) 평가 및 과제전환 단계

평가 및 과제전환 단계에서는 지역사회 조직사업에 대한 평가와 사업 종결과 관련한 제반 과정을 포함한다. 평가 단계에서는 지역사회 조직사업의 성과를 공론화하기 위해서 양적·질적 방법으로 효과성과 효율성에 대해서 객관적이고 체계적으로 평가를 진행하는 것을 말한다. 과제전환 단계는 사업의 종료, 새로운 사업 전환, 조직의 역량강화 등의 내용이 포함된다. 과제전환 절차는 새로운 과제 찾기, 실현가능성 검토, 새로운 과제선정 및 기획 등이다. 마지막으로 조직의 역량강화는 독립된 조직운영의 의미를 함축하고 있다. 이러한 독립된 조직은 사회복지사 혹은 사회복지기관의 관여를 배제하는 것이 아니라 상화 신뢰관계 속에서 독자적 운영을 지원받는 방향으로 운영된다.

4. 지역사회교육기술

1) 지역사회교육기술의 개념

지역사회복지실천과정은 끊임없는 배움의 과정이며, 사회복지사는 항상 새로운 기술, 사고방식 및 새로운 상호작용을 배워야 한다. 사회복지사가 지역주민들을 대상으로 교육자 역할을 수행할 때 명심해야 할 것은 교육과정이 무력한 지역주민의 문화보다는 강력한 지배문화를 반영하는 경향이 있다는 점이다. 지역주민의 역량강화를 위해서는 주민들에게 기본적인 원칙을 가르치기보다는 주민들 스스로 자신들을 위한 교육 아젠다(agenda)를 개발할 수 있도록 원조하는 방법을 찾아야 한다(류혜정, 2005: 586).

지역사회 교육기술은 지역사회 주민들에게 정보를 제공하고 기술을 가르치는 역할이다. 이에 대한 효과적인 수행을 위해서는 지역사회에 대한 많은 정보가 있어야 하며, 그 정보를 명확히 전달하고 이해시키기 위한 의사소통 능력이 요구된다. 또한 지역주민들을 대상으로 상담기능을 수행해야 하며 주민들의 관심사와 관련된 다양한 행사를 계획 · 시행해야 한다. 그리고 다양한 교육프로그램을 통해 지역주민들의 능력 및 지역사회 문제해결에 대한 역량을 강화시켜야 하며, 지역주민들 간 대화를 촉진시키고, 나아가 지역연대감을 향상시켜야 한다.

2) 지역사회교육기술의 사회복지사의 역할

사회복지사는 교육기술과 관련하여 지역주민들이 일상적인 언어를 사용하여 자신의 의견을 명확하게 표현하는 능력, 타인의 의견을 경청하는 능력, 주민들이 스스로의 아젠다와 교육목표를 세울 수 있도록 원조하는 능력을 갖추어야 한다. 지역사회복지사의 교육자 역할을 의식향상, 정보 제공, 훈련으로 분류될 수 있다(류혜정, 2005: 488-495).

(1) 의식향상기술

의식향상기술은 지역주민들에게 삶의 방식을 변화시킬 수 있다는 확신을 주고, 변화의 방법을 현실적으로 찾을 수 있도록 돕는 과정이다. 행동집단이나 운동, 캠페인에 참여시키는 것도 의식향상에 해당된다. 사회복지사는 주민들의 의식향상과 자신의 경험을 보다 넓은 사회, 경제, 문화, 정치적 맥락 속에서 이해할 수 있도록 도와야 한다. 또한 주민들과 의사소통할 수 있어야 하며 대화적 관계에 참여해야 한다. 대인관계기술과 집단기술은 지역주민들을 행동하게 하고 결속시키는 데 유용한 능력으로 의식향상 실천에 중요하다.

(2) 정보 제공기술

사회복지사는 지역주민들에게 적절한 정보를 제공하는 것은 매우 중요하다. 인구정보와 사회지표 등의 지역정보는 주민들의 욕구충족 방법을 기획하고 지역사회개발과정에 가능한 한 많은 주민들을 참여시킬 수 있는 방법을 모색하는 데 중요하다. 사회복지사는 주민들에게 다른 지역사회에서 어떤 프로그램이 진행되고 있는지 정보를 제공함으로써 다른 지역사회의 경험으로부터 배울 수 있도록 도움을 줄 수 있다. 또한 기금조성과 관리지침, 전문지식, 훈련프로그램과 같은 외부자원에 대한 정보를 지역주민들에게 알려 주는 것 자체가 중요한 지역사회복지실천 서비스가 될 수 있다. 이외에도 지역사회와 관계된 경제적 · 정치적 현실에 관한 정보나 주민들에게 영향을 미칠 수 있는 사건에 관한 정보 제공 자체가 중요한 의미를 가질 수 있다.

(3) 훈련기술

훈련기술은 단순히 지역주민들에게 무언가를 행하는 방법을 가르치는 것이다. 훈련에는 시간분배, 단순회계, 모임절차, 합의 도출방법, 그리고 지역사회조직의 과제와 관련된 사항 등이 포함되며, 지역주민이나 특정 집단의 욕구에 초점을 맞출 수도 있다.

사회복지사는 다양한 훈련을 제공하기 위해 적절한 자원과 전문지식을 찾아내는 역할을 수행해야 한다.

5. 지역사회복지계획기술

1) 지역사회복지계획기술의 개념

지역사회복지계획기술은 사회서비스를 생산하는 지역사회복지조직이 지역사회에 필요한 재화와 서비스를 제공하는 활동과 관련되어 있다. 사회서비스를 생산하는 지역사회복지조직이 지역사회가 필요로 하는 재화와 서비스를 제공하는 활동과 관련된 지역사회 계획기술은 지역사회의 문제와 주민욕구에 대한 분석 기술, 문제해결과 욕구충족을 위한 다양한 대안의 모색, 선택된 대안으로서 프로젝트와 프로그램의 단계별 실행 기술, 프로젝트와 프로그램의 관리와 평가를 위한 기술, 프로포절의 작성기술로 구성되어 있다. 지역사회복지기관이 제공하는 사회서비스에는 아동, 노인, 장애인 등을 위한 사회복지서비스, 지역사회 주민을 위한 보건, 교육, 주택 서비스 등이 포함된다. 또한 프로젝트와 프로그램의 재정조달을 위한 준비로 프로포절 작성 기술이 필요하다.

2) 지역사회복지계획기술의 유형

(1) 자원 동원개발기술

지역사회복지실천에서 자원이란 지역사회실천의 목표와 목적을 달성하는 데 도움이 되는 모든 것을 포함한다. 자원에는 인적 자원과 물적 자원이 있다.

첫째, 인적 자원

사회복지사는 자원의 효과적인 활용을 위하여 각 인적 자원의 특성을 파악하여 접근하는 것이 중요하다. 지역토착지도자나 주변 공공조직 지도자, 또한 잠재적 인물 등의 주요 인적 자원의 특성을 파악한 후 지역사회복지실천에 참여시킨다. 이때 인적 자원의 동원 전술로는 기존 조직의 활용, 개별적 접촉, 사회 · 경제적 네트워크 활용 등의 기술이 있다(Rubin & Rubin, 2001: 152-163).

가. 기존 조직의 활용

사람을 가장 빨리 동원할 수 있는 방법 중의 하나는 기존 조직을 활용하는 것이다. 그러므로 이때 사회복지사는 면밀히 조사한 후에 참여 가능성이 높은 사람들과 접촉하여 동참할 것을 권유하도록 한다.

나. 개별적 접촉

개별적 접촉의 방법은 지역사회 주민들을 개별적으로 접촉하여 지역사회실천에 동참하도록 하는 방법으로, 이때 지지할 가능성이 높은 사람을 찾아서 그들의 힘을 토대로 변화를 가져올 수 있다는 확신을 강조하는 것이 효과적이다.

다. 네트워크 활용

네트워크란 이미 사회적으로 알고 있는 사람들 사이의 결속관계를 의미하는데, 이때 서로 상대방의 견해나 정서를 잘 이해하고 있는 네트워크 내부의 동료를 통해 접촉하는 것이 더 효과적이다. 네트워크(연계)기술은 지역사회 또는 지역주민에게 필요한 자원이나 서비스를 연결하는 것을 돕고, 서비스의 중복과 누락을 피하기 위해 서비스의 패키지화 또는 one-stop-service가 이루어질 수 있도록 한다. 서비스의 중복을 방지하고 자원을 효율적으로 관리하기 위해 정기적인 모임 및 회의 등을 가지도록 한다.

네트워크(연계)를 구축함에 있어 고려할 사항은 각 참여자들 간에 일치점을 찾는 작업이라고 할 수 있는 네트워크 구축 목적 설정에서는 일반적인 수준에서의 합의를 도출하는 것이 필요하며, 네트워크의 구성요소에서는 네트워크의 운영을 위해 필요한 다양한 사회행위자들을 참여시키는 것이 필요하다.

네트워크의 운영방식에 대한 사항에서 네트워크는 위계조직이 아니기 때문에 수평적 운영방식이 바람직하다. 네트워크의 기능과 역할이 무엇보다도 참여자들의 결속력에 기초하기 때문에 우선 결속력 제고를 통한 기능과 역할의 확대노력이 필요하며, 네트워크의 운영재원에서는 네트워크를 구축, 유지하고 관리하는 부분에 초점을 두어 그러한 운영재원의 마련을 위한 노력이 필요하다. 네트워크의 설치단위에 있어서 기본적으로는 기초자치단체의 관할 구역과 일치되는 것이 바람직하다.

둘째, 물적 자원

대부분의 민간 사회복지실천 기관들의 자원 마련은 사회복지사의 역량에 의존한다고 해도 과언이 아니다. 그러므로 현금이나 물품을 효과적으로 확보하기 위해서는 마케팅 전략이 필요하다. 그리고 지역사회실천조직의 모금활동은 단순히 모금으로 그치는 돈만 모으는 것이 아니라, 지역사회구성원들의 관심과 참여를 이끌어내는 과정이 되어야 한다. 한국 사회복지에서 물적 자원을 동원하는 방법으로는 다음과 같은 것들이 있다(남진열 외, 2009 재인용).

가. 사회복지공동모금회를 통한 사회복지시설 및 기관지원 모금활동기술
나. 대한적십자사, 전국재해대책협의회 등 전국적 규모의 법정 단체를 통한 모금활동기술
다. 한국복지재단, 월드비전, 굿네이버스 등 전국적 규모의 사회복지기관 사업 후행을 위한 모금활동기술
라. 개별 사회복지시설 또는 기관에서 결연사업이나 기타 사업 수행을 위한 모금활동기술
마. 구세군, 기독교단체 등 종교기관이나 사회단체에 의한 모금활동기술
바. 방송, 신문 등 언론기관이 위의 모금활동을 돕기 위한 모금활동기술

단, 이러한 모금활동에서는 무엇보다도 현금이나 물품의 사용에 대한 투명성이 유지되어야 하고, 조직 차원에서도 조직구성원에게 책임성 확보를 위한 책임감이 요구된다.

CHAPTER 9

지역사회복지 추진기관

학습목표

1. 지역사회복지관의 개념, 목표, 특성, 운영원칙, 사업 대상과 사업내용을 이해한다.
2. 지역사회복지협의회의 개념, 특징, 유형, 기능을 이해한다.
3. 지역사회보장협의체의 개념, 원칙, 운영목적을 이해한다.
4. 사회복지공동모금회의 개념, 발달, 필요성, 주요 사업과 발전방향 또는 발전과제를 이해한다.
5. 자원봉사센터의 개념, 기능, 역할을 이해한다.

개 요

지역사회복지 추진기관은 지역사회복지관, 지역사회복지협의회, 지역사회보장협의체, 사회복지공동모금회, 자원봉사센터 등이 있다.

지역사회복지관은 가장 대표적인 직접 서비스 기관이며, 지역사회 내에서 일정한 시설과 전문 인력을 갖추고 지역사회의 인적 · 물적 자원을 동원하여 종합적인 사회복지사업을 수행하는 사회복지시설이다. 지역사회복지관의 운영원칙은 지역성, 전문성, 책임성, 자율성, 통합성, 자원 활용, 중립성, 투명성의 원칙에 따라 수행되어야 한다. 지역사회복지관의 사업 대상은 구체적으로 제시되어 있으며, 사업내용은 사례관리, 서비스 제공, 지역조직화 등의 활동을 활발하게 하고 있다.

지역사회복지협의회는 사회기관들의 연합체로 지역사회 내 사회복지시설, 사회복지에 관심을 가지는 민간단체나 개인의 연합체 또는 협회를 말한다. 지역사회복지협의회는 3가지 유형을 가지고 있으며, 학자들에 따라서 다양한 기능을 제시하고 있다.

지역사회보장협의체는 2003년 6월 「사회복지사업법」의 개정으로 법 제7조 제2항에 의거 지역사회복지 협의체를 신설하고, 민 · 관이 참여하는 지역사회복지 계획의 수립과 집행과 평가에 이르는 역할을 하고 있다. 지역사회보장협의체는 지역성, 참여성, 협력성, 통합성, 연대성, 예방성 등의 원칙으로 이루어져 있으며 운영목적도 제시하고 있다.

사회복지공동모금회와 한국 공동모금의 발달단계를 이해하고 공동모금회의 주요 사업은 위기가정지원사업, 생명의 손길 지원사업, 복지현안 우선지원사업, 공동모금회의 배분방법 등으로 실천하고 있다.

자원봉사센터의 개념과 기능을 알고 자원봉사센터의 역할 등을 이해하여 전체적으로 지역사회복지 추진기관을 파악하도록 한다.

1. 지역사회복지관

1) 지역사회복지관의 개념

지역사회복지관(community welfare center)은 「사회복지사업법」 제45조에 근거를 둔 이용시설로서, 지역사회의 충족되지 않은 욕구와 문제를 발견해서 주민들에게 필요한 서비스를 제공하는 가장 대표적인 직접 서비스 기관이며, 지역사회 내에서 일정한 시설과 전문 인력을 갖추고 지역사회의 인적 · 물적 자원을 동원하여 종합적인 사회복지사업을 수행하는 사회복지시설이다.

2) 지역사회복지관의 목표

지역사회복지관은 사회복지서비스 욕구를 가지고 있는 모든 지역사회 주민을 대상으로 보호서비스 · 재가복지서비스 · 자립능력 배양을 위한 교육훈련 등 그들이 필요로 하는 복지서비스를 제공하고, 가족기능 강화 및 주민 상호 간 연대감 조성을 통한 각종 지역사회문제를 예방 · 치료하는 종합적인 복지서비스 전달기구로서 지역사회 주민의 복지증진을 위한 중심적 역할을 수행하여야 한다.

3) 지역사회복지관의 특성

지역사회복지관의 특성은 다음과 같다(황철수 · 류기덕 · 류성봉, 2013).

① 지역사회복지관은 그 지역사회의 발전과 개선에 관심을 가지고 있는 집단의 계속

적 노력이다.

② 사회복지 활동을 좀 더 체계적이고 계획적으로 추진해 나가고자 하는 종합적인 사회복지센터로서의 역할과 기능을 설치한 시설을 의미한다.

③ 지역사회의 충족되지 않는 욕구와 문제를 발견하여 주민들에게 필요한 서비스를 제공하는 대표적인 직접 서비스 기관이다.

④ 지역사회복지기관은 일정한 지역에 자리 잡고 있으며, 전문 인력을 통해 지역의 자원봉사자와 함께 지역 주민들의 복지수요에 부응하여 종합적인 사회복지사업을 수행하는 사회복지시설이다.

⑤ 지역사회복지관은 지역의 가족 및 가족구성원에게 관심을 가지며, 지역의 어떤 특정한 연령층이나 계층과는 상관없는 서비스전달체계의 하나이며, 지역주민들의 통합, 연대, 공동적인 관심사에 개입하며, 연구적이고 시범적인 사업을 수행한다는 공통적인 특성을 갖고 있다.

4) 지역사회복지관의 운영원칙

지역사회복지관이 행하는 사회복지사업은 인도주의와 서비스를 필요로 하는 자의 존엄 유지를 전제로 지역성, 전문성, 책임성, 자율성, 통합성, 자원 활용, 중립성, 투명성의 원칙에 따라 수행되어야 한다.

① 지역성의 원칙: 지역사회복지관은 지역사회의 특성과 지역주민의 문제나 욕구를 신속하게 파악하여 사업계획 수립 시 반영하여 지역사회의 문제를 해결하고, 이에 따른 서비스를 제공하여야 하며, 지역주민의 적극적 참여를 유도하여 주민의 능동적 역할과 책임의식을 조장하여야 한다.

② 전문성의 원칙: 지역사회복지관은 다양한 지역사회문제에 대처하기 위해 일반적 프로그램과 특정한 문제를 해결할 수 있는 전문적 프로그램이 병행될 수 있도록

지식과 기술을 보유한 전문 인력이 사업을 수행하도록 하고, 이들 인력에 대한 지속적인 재교육 등을 통해 전문성을 증진하도록 하여야 한다.

③ 책임성의 원칙: 지역사회복지관은 서비스 이용자의 욕구를 충족하고 지역사회문제를 해결함에 있어 효과성을 극대화하기 위한 최선의 노력을 기울여야 한다.

④ 자율성의 원칙: 지역사회복지관은 다양한 복지서비스를 효율적으로 제공하기 위하여 사회복지관의 능력과 전문성이 최대한 발휘될 수 있도록 자율적으로 운영하여야 한다.

⑤ 통합성의 원칙: 지역사회복지관은 사업을 수행함에 있어 지역 내 공공 및 민간 복지기관 간에 연계성과 통합성을 강화시켜 지역사회복지 체계가 효율적이고 효과적으로 운영되도록 하여야 한다.

⑥ 자원 활용의 원칙: 지역사회복지관은 주민욕구의 다양성에 따라 다양한 인력과 재원을 필요로 하므로 지역사회 내의 복지자원을 최대한 동원 및 활용하여야 한다.

⑦ 중립성의 원칙: 지역사회복지관이 정치활동, 영리활동, 특정 종교활동 등으로 이용되지 않게 중립성이 유지되어야 한다.

⑧ 투명성의 원칙: 지역사회복지관은 자원을 효율적으로 이용하고 운영과정의 투명성을 유지하여야 한다.

5) 지역사회복지관의 사업 대상과 사업내용

(1) 지역사회복지관의 사업 대상

지역사회복지관의 제반 사업은 저소득 취약계층과 지역주민에 대한 실질적인 사회복지서비스가 이루어질 수 있도록 각 사업을 유기적으로 연계하여 실시하여야 하며, 사회복지관 사업은 사회복지서비스 욕구를 가지고 있는 모든 지역주민을 대상으로 사회복지서비스를 실시하되 다음의 지역주민에게 우선 제공하도록 하고 있다(「사회복지사업법」 제34조의5 사회복지관의 설치 등).

① 「국민기초생활 보장법」에 따른 수급자 및 차상위계층
② 장애인, 노인, 한부모가정 및 다문화가정
③ 직업 및 취업알선이 필요한 자
④ 보호와 교육이 필요한 유아·아동 및 청소년
⑤ 그밖에 사회복지관의 사회복지서비스를 우선 제공할 필요가 있다고 인정되는 자

(2) 사업 내용

지역사회복지관에서는 저소득 취약계층과 지역주민에 대한 실질적인 사회복지서비스가 이루어질 수 있도록 각 사업을 유기적으로 연계하여 실시하여야 하며, 지역사회의 특성과 지역주민의 복지욕구에 대한 조사결과를 바탕으로 사업내용을 자율적으로 결정하되 각 사업내용 중에서 해당 사회복지관의 실정에 적합한 프로그램을 선정하여 수행한다(보건복지부, 2015a).

① 사례관리

사례관리는 현재의 파편화되고 분절화된 지역사회복지서비스의 제한점을 극복하고 보다 통합적인 서비스전달체계로 나아가기 위해 지역사회 내 민·관을 아우르는 서비스네트워크 구축 및 다양한 지역주민의 복지욕구를 연결시켜 맞춤형 서비스를 제공하는 것이다.

- 사례발굴: 지역 내 보호가 필요한 대상자 및 위기 개입 대상자를 발굴하여 개입계획 수립
- 사례개입: 지역 내 보호가 필요한 대상자 및 위기 개입대상자의 문제와 욕구에 대한 맞춤형 서비스가 제공될 수 있도록 사례 개입

• 서비스연계: 사례 개입에 필요한 지역 내 민간 및 공공의 가용 자원과 서비스에 대한 정보 제공 및 연계, 의뢰

② 서비스 제공

클라이언트에게 직접적인 전문서비스가 제공된다.

가. 가족기능강화

㉠ 가족관계증진사업: 가족원 간의 의사소통을 원활히 하고 각자의 역할을 수행함으로써 이상적인 가족관계를 유지함과 동시에 가족의 능력을 개발 · 강화하는 사업

㉡ 가족기능보완사업: 사회구조 변화로 부족한 가족기능, 특히 부모의 역할을 보완하기 위하여 주로 아동 · 청소년을 대상으로 실시되는 사업

㉢ 가정문제해결 · 치료사업: 문제가 발생한 가족에 대한 진단 · 치료 사회복귀 지원 사업

㉣ 부양가족지원사업: 보호대상 가족을 돌보는 가족원의 부양부담을 줄여 주고 관련 정보를 공유하는 등 부양가족 대상 지원사업

㉤ 다문화가정, 북한이탈주민 등 지역 내 이용자 특성을 반영한 사업

나. 지역사회보호

㉠ 급식서비스: 지역사회에 거주하는 요보호 노인이나 결식아동 등을 위한 식사 제공 서비스

㉡ 보건의료서비스: 노인, 장애인, 저소득층 등 재가복지사업대상자들을 위한 보건 · 의료 관련 서비스

㉢ 경제적 지원: 경제적으로 어려운 지역사회 주민들을 대상으로 생활에 필요한 현금 및 물품 등을 지원하는 사업

㉣ 일상생활 지원: 독립적인 생활능력이 떨어지는 요보호 대상자들이 시설이 아닌 지역사회에 거주하기 위해서 필요한 기초적인 일상생활 지원서비스

ⓜ 정서서비스: 지역사회에 거주하는 독거노인이나 소년 · 소녀 가장 등 부양가족이 없는 요보호 대상자들을 위한 비물질적인 지원서비스

ⓑ 일시보호서비스: 독립적인 생활이 불가능한 노인이나 장애인 또는 일시적인 보호가 필요한 실직자 · 노숙자 등을 위한 보호서비스

ⓢ 재가복지봉사서비스: 가정에서 보호를 요하는 장애인, 노인, 소년 · 소녀 가정, 한부모가족 등 가족 기능이 취약한 저소득 소외계층과 국가유공자, 지역사회 내에서 재가복지봉사서비스를 원하는 사람에게 다양한 서비스 제공

다. 교육문화

㉠ 아동 · 청소년 사회교육: 주거환경이 열악하여 가정에서 학습하기 곤란하거나 경제적 이유 등으로 학원 등 다른 기관의 활용이 어려운 아동 · 청소년에게 필요한 경우 학습내용 등에 대하여 지도하거나 각종 기능을 교육

㉡ 성인기능교실: 기능 습득을 목적으로 하는 성인사회교육사업

㉢ 노인 여가 · 문화: 노인을 대상으로 제공되는 각종 사회교육 및 취미교실운영사업

㉣ 문화복지사업: 일반주민을 위한 여가 · 오락프로그램, 문화 소외 집단을 위한 문화프로그램, 그밖에 각종 지역문화행사사업

라. 자활지원 등 기타

㉠ 직업기능훈련: 저소득층의 자립능력배양과 가계 소득에 기여할 수 있는 기능 훈련을 실시하여 창업 또는 취업을 지원하는 사업

㉡ 취업알선: 직원 훈련 이수자, 기타 취업희망자들을 대상으로 취업에 관한 정보제공 및 알선 사업

㉢ 직업능력개발: 근로의욕 및 동기가 낮은 주민의 취업욕구 증대와 재취업을 위한 심리

㉣ 사회적인 지원프로그램 실시 사업

ⓜ 그밖의 특화사업

③ 지역조직화

가. 복지네트워크 구축

지역 내 복지기관 · 시설들과 네트워크를 구축함으로써 복지서비스 공급의 효율성을 제고하고, 사회복지기관이 지역복지의 중심으로서의 역할을 강화하는 사업으로 지역사회연계, 지역욕구조사, 실습지도 등의 사업이다.

나. 주민 조직화

주민이 지역사회 문제에 스스로 참여하고 공동체의식을 갖도록 주민 조직의 육성을 지원하고, 이러한 주민협력 강화에 필요한 주민 의식을 높이기 위한 교육을 실시하는 사업으로서 주민복지증진사업, 주민조직화 사업, 주민교육 등의 사업이다.

다. 자원 개발 및 관리

지역주민의 다양한 욕구 충족 및 문제해결을 위해 필요한 인력, 재원 등을 발굴하여 연계 및 지원하는 사업으로 자원봉사자 개발 · 관리, 후원자 개발 · 관리 등의 사업이다.

2. 지역사회복지협의회

1) 지역사회복지협의회의 개념

사회복지협의회는 시대와 상황에 따라 다양하게 정의될 수 있다. 던햄(Dunham, 1970)은 사회복지협의회를 "보건과 복지에 관한 지역사회 문제해결에 필요한 계획을 수립하고 사업을 실행함에 있어서 주민의 관심과 전문가의 기술을 결합시키는 지역주민과 사회기관들의 연합체(association)"라고 정의하였다. 여기서 사회기관들의 연합체는 지역사회 내 사회복지시설, 사회복지에 관심을 가지는 민간단체나 개인이 연합체 또는 협회를 말한다.

김경우 등(2009)은 사회복지협의회란 "지역사회조직이론에 의해 조직된 단체로서 지역사회복지사업을 추진하는 기관이고, 직접적인 지원보다는 기획, 연구, 조사 등의 간접적인 서비스를 제공하는 지원기관"이라고 정의하면서 지역사회 내의 자원 동원과 활용을 위해서 지역사회 내의 여러 기관 및 시설과 개인을 조정 · 협의해 나가는 민간단체의 협의체라고 개념을 설명하였다.

2) 지역사회복지협의회의 특징

(1) 지역사회복지협의회는 지역주민과 지역 내 사회복지기관 및 여러 조직에 의해 구성된다.

(2) 지역사회복지협의회는 지역사회의 복지과제를 해결하기 위해 지역주민의 복지활동을 조직화하며, 합의된 복지사회 목표를 지향할 수 있도록 상호 간의 협의 · 조정을 통해 구체적인 사업계획 및 사회운동을 전개하는 기관이다.

(3) 지역사회복지협의회는 민간사회복지의 대표성을 지닌 기관으로서 자율성과 독립성을 갖추어야 하며, 지역사회복지의 중간 집단으로서 정체성을 확보하고 지역 내의 문제 및 욕구를 충족시키기 위해 지역 내 인적 · 물적 자원을 동원하고 서비스를 조정하는 기관이다(오충순, 2010).

(4) 지역사회복지협의회는 시민과 사회복지기관을 대표하고, 정부기관과 민간기관을 대표한다.

(5) 지역사회복지협의회는 사회복지기관이 관련되어 있는 경우 사회복지협의회는 기관이 공적으로 지명한 대표에 대해서 대변되는 연합체이다.

(6) 지역사회복지협의회는 대부분 대도시, 소도시 및 군 같은 지방 · 지역사회 내에

서 활동한다.

(7) 지역사회복지협의회의 사업은 보건 및 복지계획 등 지역사회조직의 모든 활동이다.

3) 지역사회복지협의회의 유형

(1) 전통적인 사회복지기관 협의회로 사회복지기관들이나 사회복지를 전담하는 위원회 또는 부서를 가진 그밖의 단체들로 구성된다. 전통적으로 대도시에 있는 복지협의회가 이러한 형태이다.

(2) 지역사회협의회로 개인회원과 사회복지기관을 대표하는 단체회원들로 구성되어 있다. 이러한 협의회는 포괄적인 의미의 사회복지에 관심을 갖고, 사회복지기관들을 조정하고, 보건과 복지 프로그램을 향상시키기 위한 노력과 함께 사회 행동 등에도 참여한다. 대부분의 사회복지협의회가 이 유형에 해당되며, 법적 권한이나 강제력을 갖지 않는다.

(3) 전문분야 협의회로 사회복지기관 협의회나 지역사회협의회 중 하나의 기능적인 형태로 존재하거나 소협의회 또는 독립기구로 존재한다(가정 및 아동복지 협의회, 보건관계, 정신위행, 재활, 청소년 서비스 분야의 기관 협의회). 우리나라의 사회복지시설연합회, 한국사회복지관연합회, 재활협회, 한국사회교육협회, 청소년연맹 등이 이러한 유형에 속하는 협의회이다.

4) 지역사회복지협의회의 기능

던햄(Dunham, 1970)은 사회복지협의회의 기능을 다음과 같이 제시하고 있다.

(1) 지역사회복지에 관한 기초자료를 수집하고 연구조사와 공동연구를 수행하는 등 지역사회의 복지 증진과 관련된 광범위한 사실을 발견하는 기능을 한다. 구체적으로 지역주민들의 복지욕구 해결과 문제예방을 위해 지역사회복지관의 업무와 재정상태 등에 관하여 통계자료를 수집하여 현황을 파악하고, 지역사회가 당면한 근원적인 문제해결을 위해 장기적인 조사나 연구들을 실시한다. 또한 지역사회복지관이 자체 프로그램과 관련된 연구 및 조사를 수행하도록 격려하고, 다른 연구기관들과의 공동연구를 수행한다.

(2) 사회복지기관들 간의 서비스 조정과 협력을 증진하는 기능을 수행한다. 구체적으로는 지역사회복지관들 간의 회합과 회의를 개최하거나, 기관 간 갈등과 문제를 해결하기 위해 연구위원회 등을 구성하는 활동들이 있다.

(3) 지역사회복지를 위한 중추적인 역할을 한다. 즉, 지역사회 내 중요한 문제가 발생하거나 예상될 때 대책위원회를 구성하여 문제를 해결 또는 예방하고, 지역사회 내 사회복지문제들을 주제로 중요 회의를 개최하여 지역사회의 관심을 집중시키며, 사회복지정책을 수립하여 지역사회 문제의 해결을 도모하는 기능을 수행한다.

(4) 지역사회복지기관 간 서비스 조정활동의 기능을 수행한다. 지역사회복지관들 간의 지나친 경쟁으로 인해 서비스의 중복 등의 문제가 발생할 경우 사회복지협의회는 지역사회복지관 간 서비스를 조정하고, 공통의 사회복지 업무를 수행함으로써 조정적인 역할을 해야 한다. 주요 활동으로 사회복지에 관한 필요한 정보나 위탁서비스, 자원봉사자의 관리, 사회적 서비스 교환(social service exchange) 등이 조정기능과 관련된 주요 활동들이다. 이 경우 사회복지협의회는 개별적인 클라이언트를 상대하는 것이 아니라 일반주민과 복지기관을 위해 서비스를 제공한다는 점에서 직접서비스기관과 구별된다.

(5) 사회복지협의회는 조정업무와 밀접하게 관련되어 있는 조직체로서, 사회복지기관들이 수행하는 업무의 질적 수준을 제고하는 기능을 담당한다. 이러한 기능 수행을 위한 실천적인 방법으로 공동조사, 업무기준에 관한 연구, 출판, 배포 및

공동토의나 회의, 회합들을 통한 지역사회복지기관 간 질적 수준이 향상될 수 있도록 노력하고 있다. 또한 개별적인 방법으로는 특정 기관에 대해 자문을 해 주거나 도움을 주는 것이 있다.

(6) 사회복지협의회는 지역사회복지를 위한 공동의 계획을 수립하고 실천하는 기능을 수행한다. 지역사회복지관들을 위한 프로그램, 업무기준, 효과성과 기관 간의 공동 프로그램 개발 및 조정을 위한 계획이 협의회의 핵심적인 업무이다. 또한 아동학대, 왕따 등 특수한 사회문제 등에 대한 장기적인 계획을 수립하며 그에 대한 프로그램을 개발하여 실천한다.

(7) 사회복지에 관한 정보 제공, 교육 및 홍보의 기능을 수행한다. 사회복지협의회는 지역사회 내 사회복지기관들을 명부를 발간하여 배포하고, 정보 및 위탁 서비스, 각종 간행물을 제작하며, 지역사회 내의 중요한 이슈들에 대한 공청회 등을 개최하여 지역주민들에게 문제의 심각성을 인식시키고, 그에 대한 대안을 모색하는 기능을 수행한다.

(8) 사회복지 분야의 자원동원 및 재정안정 또는 개선을 위한 활동을 수행한다. 구체적으로 사회복지기관들이 효율적으로 예산을 편성할 수 있도록 자문활동을 하거나 사회복지기관들이 국내 · 외의 기관으로부터 보조금이나 차관 등을 획득할 수 있도록 주선하는 활동을 한다.

(9) 사회복지협의회는 사회행동의 기능을 수행한다. 구체적인 활동으로 공공의 이슈에 대한 입장을 밝히거나, 사회복지의 특수계층의 복지에 관한 입법대안을 제시하는 것 등이 있다. 특수계층의 복지를 위해 일하고 있는 기관 및 단체와 공동의 활동을 전개할 수 있다. 그러나 이러한 사회행동은 특수계층의 이해가 관계된 것이기 때문에 협의회 회원들 간의 어느 정도의 합의가 이루어져야만 실행이 가능하다.

박태영과 김덕진(2001)은 사회복지협의회의 기능을 세 가지로 소개하고 있다.

(1) 지역사회복지활동 기능으로 지역사회 전체가 가지고 있는 복지욕구를 찾아내고 해결방안을 강구하고 계획을 세워 실천함으로써 지역사회의 복지를 증진시키는 것이다.

(2) 사회복지기관 · 시설 · 단체와 관련 단체(자)의 연락 · 조정 · 협의의 기능이다. 이 기능은 사회복지시설이나 기관, 단체들의 상호 연계와 협력을 통해 민간의 복지 역량을 강화하고, 중복되는 사업을 조정하여 한정된 민간자원의 효율적인 활용을 증대하며, 각종 위원회의 활성화를 통해 관련 기관과 단체와의 협력체계를 구축하여 지역사회의 복지 증진을 추구하는 것이다.

(3) 앞의 두 가지 기능을 보완 · 유지하는 기능으로 지역사회복지활동 기능과 연락 · 조정 · 협의 기능을 잘 수행할 수 있도록 보완해 주는 것이다. 또한 조사 · 연구 · 정책 개발 및 제안, 교육 · 활동, 정보 제공 및 출판 · 홍보, 자원조성 · 분배, 국제교류 등의 활동이 있다.

3. 지역사회보장협의체

1) 지역사회보장협의체의 개념

2003년 6월(「사회복지사업법」)의 개정으로 법 제7조 제2항에 의거 지역사회복지 협의체를 신설하고, 민 · 관이 참여하는 지역사회복지 계획의 수립과 집행 그리고 평가에 이르는 역할로 정의되었다. 이에 따라 지방자치단체는 4년마다 중장기 지역사회복지 계획과 매년 연차별 계획을 수립하여 지역사회복지의 방향을 설정하였다. 이후 '송파 세 모녀 사건'과 같은 복지사각지대를 예방하고자 2014년 12월 30일에 「사회보장급여의 이용 · 제공 및 수급권자 발굴에 관한 법률」을 제정하면서 2015년 7월 1일자로 지역사회보장 협의체로 명칭이 변경되었다. 시 · 군 · 구에 운영되고 있는 지역사회보장협의체는 「사회보장급여의 이용 · 제공 및 수급권자 발굴에 관한 법률」 제41조(지역사회보장협의체)에 따라 시장 · 군수 · 구청장은 지역의 사회보장을 증진하고, 사회보장과 관련된 서비스를 제공하는 관계기관 · 법인 · 단체 · 시설과 연계 · 협력을 강화하기 위하여 시 · 군 · 구에 지역사회보장협의체를 둔다. 또한 지역사회보장협의체의 업무를 효율적으로 수행하기 위하여 지역사회보장협의체에 실무 협의체를 둔다. 보장기관의 장은 지역사회보장협의체의 효과적 운영을 위하여 필요한 인력 및 운영비 등 재정을 지원할 수 있다. 위와 같이 규정된 사항 외에 지역사회보장협의체 및 실무협의체의 조직 · 운영에 필요한 사항은 보건복지부령(시행규칙)으로 정하는 바에 따라 해당 시 · 군 · 구의 조례로 정한다〈개정 2017. 3. 21〉로 규정하였다.

2) 지역사회보장협의체의 원칙

지역사회보장협의체가 구성된 기본적인 원칙은 지역성, 참여성, 협력성, 통합성, 연대성, 예방성이다(보건복지부, 2007).

(1) 지역성의 원칙

지역사회보장협의체는 관할지역 내의 사회복지 현안에 집중하고, 그 활동도 지역적인 범위 내에 한정되어 있으므로 지역사회의 특성, 지역사회의 인구사회학적 현황, 지역사회 복지욕구, 지역사회 내의 복지자원 등을 고려하여 협의체의 활동을 수행해 나가야 한다. 이는 지역의 복지욕구, 복지자원을 고려하여 현장밀착형 서비스를 제공하기 위함이다.

(2) 참여성의 원칙

지역사회보장 협의체는 네트워크 조직을 표방하고 있기 때문에 법적 장치나 규제를 통한 강제성보다는 민·관의 자발적이고 적극적인 참여를 보장하는 것이다. 특히 지역주민들의 자발적인 참여가 이루어질 수 있도록 하고, 직접적으로는 주민대표가 협의체 활동에 참여하고, 간접적으로는 주민들의 의견이 지역사회복지 계획수립의 과정에 수용되도록 하는 것이다.

(3) 협력성의 원칙

지역사회보장 협의체의 설립목적은 네트워크를 통한 민·관협력의 가치를 구현하는 것으로서 지역사회가 당면한 현안문제에 대한 지역사회복지 시스템을 구축하는 것이다. 이는 지역복지의 기획과 실행과정에서 협의적 의사결정, 협력적 조직, 사회적 자본의 공유를 통한 협력이 중요하다.

(4) 통합성의 원칙

지역사회 내 복지자원 발굴 및 유기적인 연계와 협력을 통하여 수요자의 다양하고 복잡한 욕구에 부응하는 서비스를 통합적으로 제공한다.

(5) 연대성의 원칙

지역사회 자원의 한계를 고려할 때, 자체적으로 해결이 곤란한 복지문제는 지역주민간 연대를 형성하여 해결하거나 인근 지역과 협조를 통하여 복지자원을 공유함으로써 해결 가능성을 증대한다.

(6) 예방성의 원칙

지역주민의 복합적인 복지문제를 조기에 발견하여 문제가 심각해지기 전에 예방할 수 있도록 노력한다.

3) 지역사회보장협의체의 운영목적

지역사회보장협의체는 지역사회 단위로 지역사회복지 관련 민·관의 주도체로서, 학계 및 전문가 등으로 협의기구를 구성하는데, 운영목적은 다음과 같다.

① 지역사회 내 복지문제를 해결하기 위한 민주적 의사소통 구조 확립으로 지역사회 복지계획 수립 등 지역사회복지 증진을 위한 과정에 민간의 참여기반을 마련함으로써 참여복지 구현, 특히 서비스 제공 실무자들의 문제해결 의지가 지역사회에서 활발하게 논의될 수 있는 상향식 의사소통 구조를 확립한다.

② 수요자 중심의 통합적 복지서비스 제공 기반 마련으로, 지역사회의 보건·복지서비스 제공자 간의 연계망(network)을 구성하여 수요자의 복합적 욕구에 공동으로 대응하고 주민들이 필요로 하는 서비스를 Any-stop, One-stop으로 제공한다.

③ 지역사회 내 잠재적 복지자원 발굴 및 자원 간 연계협력으로 지역사회 복지자원의 효율적 활용체계를 조성해 나가는 것이다. 지역사회의 다양한 잠재적 복지자원을 발굴하고 필요한 복지자원의 확충을 위해 노력하며, 서비스 제공기관 간 연계·협력을 통해 지역사회 복지정보 및 서비스 수요자에 대한 정보 등을 공유함으로써 자원제공의 중복과 누락을 방지한다.

4. 사회복지공동모금회

1) 공동모금회의 개념

공동모금은 사회가 발전하는 과정에서 필요에 의해 시작되었으며, 현재는 오늘날과 같은 공동모금회의 형태로 자리 잡게 되었다. 공동모금의 최초로 기록된 모금 캠페인은 1873년 영국의 리버풀에서 이루어졌지만, 모금형태의 기금 캠페인으로 자리 잡게 된 것은 미국이었다. 우리나라 「사회복지공동모금회법」은 사회복지공동모금을 사회복지사업, 기타 사회복지 활동의 지원에 필요한 재원을 조성하기 위해 이 법에 의하여 기부금품을 모집하는 것을 말한다(법 제2조).

2) 한국 공동모금의 발달

(1) 1960년대까지의 발전과정

1961년 6월에 전국 재해대책위원회가 설립되어, 재해에 대처하기 위해 공동모금을 실시하였다. 1968년 10월에 사단법인 전국 재해대책협의회로 명칭이 변경되었으며, 극장모금, 가두모금, 공무원, 학교, 직장모금, 신문모금 같은 모금방법을 주로 사용하였다.

(2) 1970년대 이후 발전과정

1970년 1월에 「사회복지사업법」 제24조 '사회복지공동모금회'가 규정되었으며, 1971년 11월에 사회복지법인으로 설립허가를 받았다. 1972년 11월 1일부터 12월 31일까지 제1회 공동모금회를 설치하여 공동모금을 시도했으나 회장이 정차가로서 공동모금회를 맡고, 지도자들의 지도력 부족 및 조직미흡, 경제적 이유 등으로 활동을 전혀 하지 못하였다. 1973년 3월 100만 인 모금 걷기 운동(100만 인 걷기모금으로 명칭이 바뀜)을 양친회 한국지부와 라이온스 309A 지구가 동아일보 후원으로 성남 탁아소 및 사회복지관 운영비를 조달하기 위해 처음으로 기관과 단체들로 구성된 최초의 모금운동이다.

(3) 1980년대 이후 발전과정

1980년 12월 31일에 「사회복지기금법」이 재정되어 관주도형 모금사업이 나타났고, 겨우 법으로 명맥을 유지해 온 「공동모금법」이 삭제되었다. 1981년부터 불우이웃운동이 전개되었으며, 1992년까지 약 360억 원의 기금이 조성되었다.

(4) 1990년대 이후 발전과정

1992년 12월 정부 주도의 불우이웃돕기운동을 민간으로 이양한다는 방침 아래 한국사회복지협의회와 전국경제인연합회 등 5개 경제 단체를 비롯하여 적십자사, 신문, 방송협의회 등 20개 주요 경제 · 사회단체들이 한시적 모금연합체인 '이웃돕기운동 추진협회'를 결성하여 연말 이웃돕기운동을 언론사의 도움을 받아 전개하였다. 1997년 3월 「사회복지공동모금법」이 지방자치와 민주화의 시대정신에 따라 새로이 제정되었다. 1998년 시 · 도별 16개 지방공도모금회가 조직되었다. 그러나 이 「사회복지공동모금법」은 시행되기 전 2년 만에 1999년 3월 「사회복지공동모금회법」으로 개정되었다. 이후 지역공동모금회(16개 시 · 도)가 중앙공동모금회의 지회로 전환되어 모금 활동이 현재까지 이어지고 있다.

3) 공동모금회의 필요성

(1) 공동모금은 기존의 산발적인 자선모금활동에서 벗어나 민간의 참여와 역할을 확

대함으로써 법이 보장하는 제도적인 틀 안에서 민간 자원을 동원할 수 있는 방안으로 인정받고 있다.

(2) 공동모금제도를 통하여 지역사회의 문제를 주민 스스로 해결할 수 있는 발판을 제공하게 되며, 이를 통해 지역사회에 '나눔 문화'를 확산하여 지역사회의 공동체 의식을 증진시켜 함께 나누는 삶으로 전환할 수 있다.

(3) 사회복지사업에 대한 일반 국민의 인식을 개선한다는 점이다.

(4) 사회복지 발전을 위한 정부와 민간의 동반자 관계를 형성한다는 점이다.

4) 공동모금회의 주요 사업

(1) 위기가정지원사업

복지사각지대에 놓인 이웃을 보다 신속하고 정확하게 지원하기 위해 전국 415개 복지관에 위기가정지원센터를 설치하고, 이곳을 통해 급박한 도움을 필요로 하는 가정들에 간단한 확인을 거쳐 신속한 지원을 받도록 하는 사업이다.

(2) 생명의 손길 지원사업

중증질환이나 재난적 상황에 의한 질병으로 막대한 진료비로 인해 생계곤란의 위협에 놓여 있지만 소득 · 재산 · 부양자 등 지원기준에 부합하지 못해 정부 지원을 받지 못하는 분들을 지원하는 사업이다.

(3) 복지현안 우선지원사업

사회복지 현장의 긴급한 문제 및 복지이슈에 신속하게 대응하기 위해 지원절차를 간소화하고 보다 빠르게 복지 사업을 지원하는 사업이다.

(4) 공동모금회의 배분방법

모금방법은 일반 기부, 착한 일터, 착한 가게, 아너 소사이어티, 계획 기부, 기업 기부, 연말 캠페인이며, 배분사업의 종류는 〈표 9-1〉과 같다.

〈표 9-1〉 배분사업의 종류

구분	사업 내용	배분 규모	신청 시기	배분신청서 제출처
신청 사업	사회복지 증진을 위하여 자유주제 공모 형태로 복지사업을 신청 받아 배분하는 사업	2,000만 원 이하 (프로그램사업 및 기능보강사업)	2015년 7월	지회
기획사업	모금회가 그 주제를 정하여 배분하는 사업 또는 배분 대상자로부터 제안 받은 내용 중에서 선정하여 배분하는 시범적이고 전문적인 사업	별도지정	별도 공고	중앙회/ 지회
긴급지원 사업	재난구호 및 긴급구호, 저소득층응급지원 등 긴급히 지원해야 할 필요가 있는 경우에 배분하는 사업	별도지정	별도 공고	중앙회/ 지회
지정기탁 사업	사회복지 증진을 위하여 기부자가 기부금품의 배분지역 · 배분대상자 또는 사용용도를 지정한 경우 그 지정 취지에 따라 배분하는 사업	별도지정	수시	중앙회/ 지회

5) 공동모금회의 발전방향 또는 발전 과제

(1) 바람직한 나눔 문화 조성

세계의 각 나라마다 기부에 대한 문화가 다르고 비영리 부문의 성격과 구성이 다르지만, 나눔 문화의 확산은 21세기 인류 사회의 공통적인 요구가 되고 있다.

(2) 협력모금 및 협력배분 기능의 강화

공동모금회는 정부 및 자선모금기관 등을 포괄하는 다양한 구성체들과의 의사소통 채널을 새롭게 구축하면서 연합모금 기능을 새롭게 제도화시킬 필요가 있다. 이 과정에서 각기 다른 이해관계를 가지고 있는 연합체 구성원들의 이해관계를 조율하고 통합하며 공동의 목표를 향해 이들 모두를 이끌 수 있는 역량을 강화시켜야 한다.

(3) 성과지향적 배분 사업으로의 전환

성과지향으로 전환되기 위해서는 우선적으로 배분의 대상이 되는 서비스 제공기관과 이를 관리하는 모금회 양자가 모두 성과 관리 및 측정을 위해 전문적 역량을 갖추어야 하고, 또한 성과가 창출되는 데 장기간이 소요된다는 것에 대해 사회적 합의가 이루어져야 한다.

5. 자원봉사센터

1) 자원봉사센터의 개념

자원봉사(voluntarism)의 어원은 인간의 자발적 의지(will)와 요구(desire)를 나타내는 라틴어인 자유의지(voluntas)에서 유래되었다. 사전적 의미에서 자원봉사는 자발적 활동에 근거하고 있고, 국가권력이나 외부압력에 의해 지배되지 않는 자유로운 활동이라 할 수 있다(이태희 외, 2010; 표갑수, 2005). 자원봉사센터는 자원봉사활동의 수요와 공급의 상호 조정 역할을 수행하고 자원봉사자가 효율적으로 활동할 수 있도록 지원하기 위해 운영·설치된 기관이다. 즉, 자원봉사센터는 자원봉사활동 개발·장려·연계·협력 등의 사업을 수행하기 위하여 법령과 조례 등에 의하여 설치된 기관 · 법인 · 단체 등을 의미한다(「자원봉사활동기본법」 제3조).

2) 자원봉사센터의 기능

자원봉사센터의 기능은 학자들의 관점에 따라서 다양하게 제시되고 있으나, 자원봉사센터의 기능 또는 자원봉사관리자의 기능은 ① 수급조절(모집과 배치), ② 기록 및 등록, ③ 자원봉사활동의 지원, ④ 양성 및 연수, ⑤ 홍보 및 자료개발, ⑥ 네트워크화, ⑦ 조사 및 연구(프로그램 개발) 등 일곱 가지로 언급할 수 있다. 각각의 기능에 대해서 살펴보면 다음과 같다(강철희 외, 2006; 김범수 외, 2009).

(1) 수급조절(모집과 배치)

수급조절은 자원봉사관리자의 주 업무로 자원봉사활동을 희망하는 자원봉사자에게 활동을 소개하고, 자원봉사자가 도와주었으면 하는 사람(시설, 단체 등)에게 자원봉사를 소개하는 것이다. 수급조정을 위한 자원봉사관리자의 역할은 다양할 수 있으며 각각의 대상 및 영역에 따른 적절한 대응이 요구된다.

(2) 기록 및 등록

기록 · 등록은 원활한 수급조정을 위하여 면담 및 조사방법으로 자원봉사자나 자원봉사활동 요청 시설 및 기관에 관한 내용, 대상자에 대한 희망 내용, 사회자원 등을 파악하여 문제해결을 위한 방법을 찾기 위한 자료로 활용된다. 이러한 기록 · 등록된 자료는 자원봉사활성화를 위한 중요한 자료가 될 수 있으므로, 자원봉사관리자의 업무 인수 · 인계에서 필수적이다.

(3) 자원봉사활동의 지원

자원봉사활동의 지원은 자원봉사자나 자원봉사활동 요청 시설 및 기관이 효과적으로 활동할 수 있도록, 자원봉사활동 과정에서 발생하는 고민 상담, 쌍방의 문제점, 기자재나 자료의 대여, 정보 제공, 그리고 더 나아가 자원봉사자가 보험의 가입 추진 등 다양한 지원을 하는 자원봉사관리자의 업무이다.

(4) 양성 및 연수

양성 및 연수는 자원봉사활동을 원활히 수행하기 위해 자원봉사자의 의식과 인간성을 높이고 기술을 연마할 수 있도록 하는 기능이다. 양성 · 연수 기능이 적절히 제공되기 위해서는 자원봉사센터가 직접 직무연수를 실시할 뿐만 아니라 다른 기관 단체에서 실시하는 우수한 프로그램을 활용할 수도 있다.

(5) 홍보 및 자료개발

홍보 및 자료개발은 자원봉사자의 활동을 확인 · 정리하여 자원봉사활동의 방향성을 제시하는 자료로 활용하고, 자료를 근거로 보다 많은 사람에게 자원봉사활동을 이해시키기 위한 기능이다. 홍보 및 신뢰성을 강화하여 많은 사람들이 동참할 수 있도록 독려해야 한다.

(6) 네트워크화

네트워크화는 수급조정을 하는 가운데에서 파악한 욕구를 토대로 자원봉사자, 자원봉사활동 요청 시설 및 기관, 자원봉사센터, 지역사회의 다양한 기관 및 단체 등과 자원봉사활동을 네트워크화해 나가는 기능이다. 또한 다양화 교류를 통하여 자원봉사활동이 효과적이고 활성화되도록 협동체제를 만들어가는 기능도 포함된다고 할 수 있다.

(7) 조사 및 연구(프로그램 개발)

조사 및 연구는 지역사회에서 자원봉사활동을 더욱 원활하고 효과적으로 추진하기 위하여, 노출되지 않은 욕구나 자원봉사활동을 하려는 자원봉사자를 발굴하고, 활동내용을 발전시키기 위한 프로그램 개발 등의 기능이다. 이러한 기능은 자원봉사센터만의 일이 아니므로 지역사회 내 사회복지협의회의 전문가, 지역사회의 자원봉사자, 그리고 관계기관과 협력 및 분담으로 추진할 필요가 있다.

3) 자원봉사센터의 역할

자원봉사센터의 역할(사업)은 앞서 언급한 기능에서 알 수 있듯이 자원봉사자의 모집 및 연계, 자원봉사에 관련된 각종 연구 및 조사, 정보 제공, 교육 및 훈련, 기술지원, 자원봉사 프로그램 개발 및 실시 등이 있을 수 있다.

〈표 9-2〉 자원봉사센터의 기능 및 역할

기능	역할	업무
수급조절	수급	• 모집, 상담, 연결, 관리배치
	안내(상담)	• 자원봉사활동(프로그램)에 대한 상담
기록 및 등록	기록 및 등록	• 활동의 기록 작성(활동카드, 상담카드 작성) • 등록카드 작성(등록카드, 욕구카드 작성)
자원봉사 활동의 지원	기자재 · 장소 대여	• 회의장 · 기자재 제공 • 자원봉사활동에 대한 각종 지원금 소개 · 절차의 안내 • 자원봉사활동을 위한 기금조성
	인정 및 보상	• 자원봉사자 보험가입 • 자원봉사활동 인정서 · 수첩 발급, 자원봉사자 표창
	상담 · 조언	• 자원봉사활동에 관한 상담 · 정보 제공 • 자원봉사활동에 관한 자료의 안내 · 제공 · 대출
	육성 · 조직	• 자원봉사자 소집단활동의 지원, 전산 프로그램 설치

기능	역할	업무
양성 및 연수	교육 · 훈련	• 자원봉사자 오리엔테이션 및 재교육 • 자원봉사자 학교, 워크숍
	연수	• 자원봉사 담당자 교육 및 훈련
홍보 및 자료개발	홍보	• 홍보지 · 포스터 발행, 자원봉사신문 발행, 사례집 발간
	개발	• 자원봉사캠페인 실시, 자원봉사체험학교
네트워크화	연계망구축	• 자원봉사단체 간의 협의체 구성
	교류	• 자원봉사자, 자원봉사활동집단, 관계기관 · 단체 담당자 간 교류 • 지역연대사업(지역 내 공동의 자원봉사자 대회 참가)
조사 및 연구	조사 · 연구	• 욕구, 지역 조사 등
	프로그램 개발	• 조사 · 연구를 통한 프로그램 개발

출처: 박태영 외(2008).

CHAPTER 10

지역사회복지의 특수실천분야-사회적경제

학습목표

1. 사회적경제를 처음 접하는 학생들이 사회적경제가 무엇인지 이해한다.
2. 지역사회복지와 사회적경제가 어떤 관계에 있는지를 이해한다.
3. 졸업 이후 사회적경제를 매개로 한 지역사회복지의 현장에서 활용할 수 있는 기초적인 역량을 배양한다.

개 요

사회적경제는 협동조합이나 결사체와 같은 풀뿌리조직들이 지역사회 현장에서 특히 취약계층에게 일자리를 제공하고 임파워먼트를 도모하는 역할을 통해 지역사회를 변화시켜가는 내용을 지니고 있다. 산업혁명과 함께 모습을 나타낸 사회적경제는 노동자 또는 시민 등의 당사자가 주체가 되어 조직을 하고 성장해왔다. 특히 20세기 후반부터는 신자유주의에 맞선 풀뿌리조직들의 다양한 대안적인 경제 활동이 국가의 주목을 받으면서 제도화되기도 했다. 이에 국가 정책과 시민사회의 실천에서 거절할 수 없는 선택이 되고 있다.

한국의 사회적경제는 일제강점기 시절에서 그 기점을 찾지만 담론과 정책으로 자리매김을 한 것은 1990년대 후반의 외환위기에서부터이다. 그 근원지는 1970년대 이래 빈민밀집지역에서 지역사회조직화의 전형을 보여줬던 활동을 뿌리로 하고 있는 자활사업이다. 자활사업의 문제의식이 외환위기와 함께 사회정책과 시민사회의 조직적 실천으로 확산되었고 이후 한국은 사회적기업을 비롯해 다양한 사회적경제 정책과 제도가 존재하게 되었다.

한국의 대표적인 사회적경제 영역인 사회적기업, 자활기업, 마을기업, 사회적협동조합 등은 법적 근거와 중앙의 주무부처, 그리고 정부의 지원 제도와 사업 수행 형태들이 다르다. 그 내용을 잘 이해한다면 지역사회복지의 실천과 잘 결합시킬 수 있을 것이다.

1. 사회적경제란 무엇인가?

오늘날 한국에서 사회적경제는 '창업'의 한 방식으로 이해되는 경향이 강한 것처럼 보인다. 그러나 이는 한국의 특수한 현상일 수 있다. 사회적경제의 역사와 일반적인 조직 경향을 보면 그것은 지역사회의 각 행위 주체들이 협력을 통해 사회적 약자를 포용하고 호혜적인 지역사회를 만드는 것이었다. 이 과정에서 경제 행위가 방법으로 채택되었을 뿐이었다. 그러므로 창업을 중심으로 사회적경제를 생각하는 것은 본말이 전도된 것이다. 사회적경제는 오히려 많은 부분에서는 지역사회복지의 한 영역으로서의 성격을 더 많이 가지고 있다.

1) 사회적경제의 구성과 지역사회복지

사회적경제를 이해하기 위해서는 우선 사회적경제가 어떻게 구성되고 있는지를 알아야 한다. 사회적경제는 특정한 조직 형식과 운영 원칙을 가지고 있다. 세계적으로 가장 일반적으로 받아들여지는 것은 사회적경제의 글로벌 연구집단인 EMES 네트워크의 정의이다. 여기에서 사회적경제는 협동조합(co-operatives), 공제조합(mutual societies), 결사체(associations), 재단(foundations)으로 구성되며, '① 이윤보다는 구성원이나 지역사회의 이익을 위한 활동이 우선적 목표, ② 독립적 운영, ③ 민주적 의사결정 과정, ④ 자본보다는 인간과 노동을 먼저 고려한 소득 배분'을 그 운영 원칙으로 한다(Defourny, 2004). 그러나 사회적경제를 바라보는 시선은 좀 더 다양하다. 최근 사회적경제의 조직화에서 세계적으로 가장 주목받는 사례인 캐나다 퀘백의 연구자들인 니낙스와 토이(Ninacs & Toye, 2002)는 협동조합, 공제조합, 결사체 등의 조직을 넘어 협동조합의 특성을 가지고 있는 일반 기업들과 상대적으로 자율적인 공공부문의 기관을 포함해야 한다는 주장을 펼친다([그림 10-1] 참고).

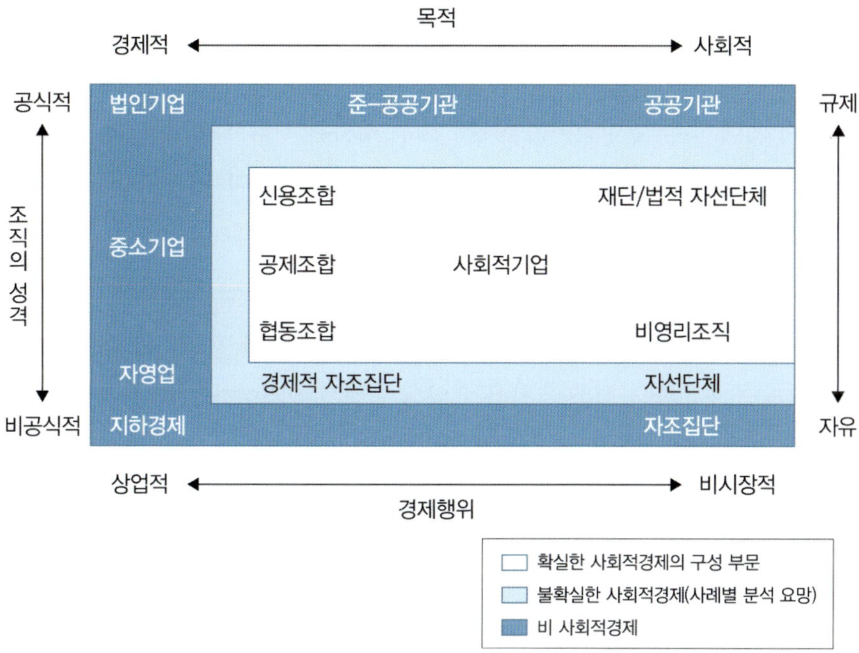

[그림 10-1] 니낙스와 토이(Ninacs & Toye)가 제시한 사회적경제 구성

출처: Ninacs & Toye(2002: 7) 인용.

그런가 하면 퀘백사회투자기금(Réseau d'Investissement Social du Québec)에서는 사회적경제를 지역사회에 기반한 협동적 기업가정신 위에 세워진 모든 활동과 조직으로 규정하며, 조직의 작동 원리와 규칙으로 다섯 가지를 제시한다. 이 중 네 가지는 EMES 네트워크의 정의와 유사한데, 여기에다 사회적경제가 개인과 지역사회의 참여, 임파워먼트와 책임성의 원리에 기반을 두고 활동한다는 것을 덧붙인다. 한편, 비니(Vienney, 1994)는 역사적으로 사회적경제의 주요 구성원들이 취약계층임을 지적한다. 그래서 재정과 인적자본이 취약한 이들이 일반적인 비즈니스 모델과는 다른 접근을 채택한 결과가 사회적경제임을 강조한다(Ninacs & Toye, 2002 재인용).

사회적경제에 대한 이러한 접근들은 사회적경제에서 중요한 목적이 취약계층에게 경제 활동을 통해 사회 참여의 기회를 제공하는 것이며, 그것이 조직되는 장은 주로 지역사회임을 보여준다. 그리고 여기서 작동하는 경제 활동은 그 자체가 목적이 아니라 조직이나 집단이 설정한 사회적 목적을 달성하기 위한 도구임을 보여준다. 주목할 것은 1960년대 이래 미국의 반빈곤운동에서 자주 제시된 지역사회 역량강화(community empowerment)와 문제의식이 맞닿아 있다는 것이다. 특히 지역사회 역량강화가 담고 있는 진보적인 조직화의 한 방법인 경제사회개발기관(economic and social development organizations)과 친화적이라 할 수 있다. 루빈과 루빈(Rubin & Rubin, 2008)에 의하면 진보적 조직화는 강자에게서 약자를 지키는 것, 인간의 고통을 제거하기 위해 자원을 나누는 것, 그리고 평등한 사회를 촉진하기 위해 노력하는 것이다. 그것을 위한 활동을 하는 기관들로 경제사회개발기관(economic and social development organizations), 사회행동기관(social action organizations), 그리고 네트워크 기관(network organizations)이 있다. 이 중 경제사회발전기관은 자본주의 경제 시스템에서 실패한 취약계층이 참여할 수 있는 경제 활동과 이들의 역량을 강화하기 위한 각종 지원을 통해서 보다 인간적인 자본주의를 모색하는 접근이다. 주거복지서비스를 공급하고 커뮤니티를 개발하는 활동을 하는 미국의 CDCs(Community Development Corporations)는 이러한 대표적인 사례로 평가받는다.

2) 사회적경제의 원리

[그림 10-1]에서 확인한 것처럼 사회적경제는 상업적 행위와 비상업적이지만 화폐적인 행위, 그리고 비화폐적인 행위가 결합하는 경제 모델의 행태를 취한다. 사회적경제가 취한 이러한 경제 모델은 작동 과정에서 서로 다른 거버넌스와 원리가 섞이도록 한다. 그래서 사회적경제를 설명하는 핵심적인 특성이 혼종성(hybridity)이다. 혼종성은 현실에서 사회적경제의 작동을 늘 어떤 경계 위에서 이뤄지도록 한다. 그렇기에 지역사회복지실천의 훌륭한 모델이 될 수도 있지만 자칫하면 그저 평범한 일반 기업처럼 운영될 수도 있다. 때로는 빈곤 관리의 민영화라는 신자유주의적 사회정책의 하위 전

달체계가 될 수도 있다. 따라서 실천현장이 이러한 오류에 빠지지 않으려면 역사적으로 형성된 사회적경제의 원리를 잘 이해하고 이에 근거한 실천을 항상 염두에 둬야 한다. 사회적경제는 사회적 목적, 사회적 소유, 사회적 자본이라는 세 가지의 원리로 구성된다. 그것을 살펴보자.

첫째, 사회적경제는 제도적 차원에서 대안적인 자원 분배를 요구할 수 있어야 한다. 이것이 사회적 목적이다. 이는 사회적경제의 상당 부분이 제도를 기반으로 하고 있는 특성에서 제기된다. 보편적인 복지 제공이 이뤄지지 않는다면 사회적경제에 접근할 수 있는 기회가 봉쇄되며, 애초 사회적경제가 가지고 있던 목적이 무의미해질 수 있다. 또한 복지 제공의 민영화가 확산되는 과정에서 가능할 수 있는 복지재정의 축소나 경직된 재정 운영이 사회적경제의 존립 근거를 제약하므로 이에 대한 대처가 필요하다는 것이다.

둘째, 사회적경제는 조직적 차원에서 '사회적 소유권'에 기초한 참여주의 모델을 가져야 한다. 이는 사회적경제가 복합이해당사자로 구성되어야 한다는 문제의식과 결합된 지점이다. 따라서 사회적 소유의 실현은 사회적경제가 터를 두고 있는 시민사회가 사회서비스의 공동생산자로서의 권한을 지닐 수 있는 데 도움이 될 수 있다.

셋째, 사회적경제는 가치적 차원에서 호혜주의에 기초한 사회적 자본의 동원이라는 특성을 갖는다. 이는 지역사회의 필요를 기반으로 형성된 사회적경제가 사회적 자본을 형성하고 형성된 사회적 자본은 이해당사자들 간의 호혜적인 관계를 유지할 수 있도록 해 사회적 목적으로부터 사회적경제가 이탈하는 것을 막도록 한다는 것이다(장원봉, 2006).

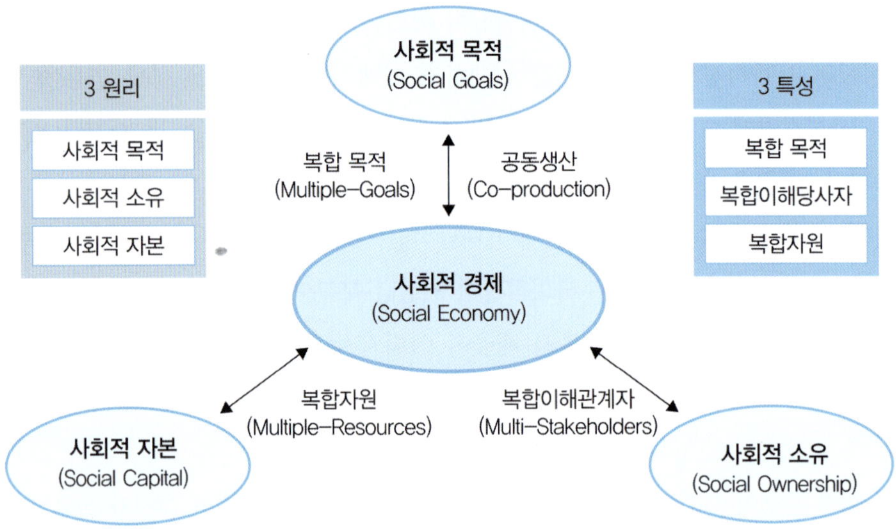

[그림 10-2] 사회적경제의 원리와 특성

출처: 장원봉(2011: 12) 인용.

3) 사회적경제가 대두된 배경

역사를 거슬러 올라가면 사회적경제는 18세기 후반에서 19세기 초에 이르는 시기에 나타난 협동조합 조직화의 실험에서 기인한다(Chaves & Monzon, 2012). 그러나 우리가 지금 목도하고 있는 사회적경제는 1970년대 이후에 등장한 새로운 형태의 사회적경제이다. 이를 신사회적경제(the new social economy)라고도 한다. 신사회적경제는 특히 1990년대부터 본격적으로 세계적인 현상이 되었고 각국의 사회정책에 포함되기 시작한다. 이러한 시기적 특성은 사회적경제가 20세기 후반의 중요한 사회변동의 반영임을 함의한다. 바로 신자유주의와 신사회적위험이 그것이다.

신자유주의는 1970년대 들어 발생된 사회경제적 변화에 대해 국가 복지의 축소, 노동유연성의 강화, 세금 축소, 시장자유화 등을 주요한 축으로 전개된 정치사회적 프로젝트이다. 신사회적위험은 1970년대 이후 나타난 고령화, 가족 구조의 변화, 그리고 산업 구조의 변화가 가져온 고용불안정, 일과 가정의 양립, 보육 및 노인 부양 등의 문제를 지칭한다. 이러한 사회변동은 몇 가지 중요한 변화를 가져오는데, 그중 특히 사회적 배제(social exclusion)와 양극화의 심화, 노동연계복지의 등장, 그리고 복지혼합(welfare mix)은 사회적경제의 대두에 핵심적인 요인으로 작동한다. 사회적 배제와 양극화의 심화는 빈곤층을 비롯한 사회적 취약계층에 대한 대책을 요구했다. 노동연계복지는 이러한 대책의 일환이었다. 복지혼합은 시민사회가 국가의 사회정책에 개입할 틈새를 만들었다. 이 요인들은 분절적이지 않고 통합적으로 작용한다.

사회적 배제는 사회적 포용(social inclusion)을 방법론으로 제시했고, 사회적 포용은 사회적 배제를 경험하는 이들이 사회 참여를 할 수 있는 방안을 모색할 것을 과제로 제시했다. 여기서 결합한 것이 노동이었다. 그즈음 신자유주의와 함께 취약계층에 대한 국가의 보호가 약화되면서 시민사회의 자발적 결사에 입각한 보호의 조직화가 확대되기 시작한다. 이는 특히 국가가 사회서비스를 직접 공급하는 대신 시민사회의 제반 조직들이나 기업에게 맡기는 공급의 다원화, 즉 복지혼합과 결합한다. 시민사회의 제반 조직들이 취약계층들에게 노동을 매개로 사회 참여의 기회를 제공하고 사회적 보호를 도모할 수 있는 방안을 모색한다. 이렇게 등장한 것이 유럽에서 사회적기업의 등장을 알린 노동통합사회적기업들(Work Integration Social Enterprises, WISEs)이다.

WISEs는 유럽에서 주로 1970년대 후반~1980년대 초에 주로 시민사회 활동가(사회사업가, 지역사회 활동가, 노조)들에 의해 설립되면서 본격적으로 모습을 드러냈다. 주로 장애인을 중심으로 장기실직자, 약물중독자, 전과자, 이민자, 노숙인, 기타 빈곤층이 참여 대상이었다(Bode et al., 2006; Cooney et al., 2016; Nyssens, 2014). 취약계층에 대한 정부의 정책적 개입이 취약해지자 활동가들이 선도적으로 나서 조직했다는 점에서 자생적인 지역사회복지의 조직화라고 할 수 있을 것이다. 주로 지역사회가 소유한 보호작업장을 비롯해서 협동조합운동, 상호 자조 활동의 모델, 결사체의 조직화와 연결되면서 조직되었으며, 1990년대에 들어서면서 유럽 각국에서 노동연계복지와 결합하면서 국가의 주요 사회정책 영역이 된다. 일반적으로는 '취약계층에 대해 훈련과 사회적 지원, 그리고 유급 노동의 기회 제공을 통한 노동시장 (재)통합', '지역사회에 편익 제공'이라는 특성을 가지고 있다(김정원, 2018). 이러한 활동들이 사회적경제의 새로운 형태로 주목을 받게 되었고, 동시에 지역사회에서 이뤄지는 시민 조직들의 새로운 사회적 실천방법론으로 자리매김하게 된다.

4) 사회적경제의 역사적 발전과 지역적 특성

사회적경제가 하나의 개념으로 등장한 것은 산업혁명기였다. 산업혁명은 이행기에 있던 자본주의를 꽃피운 핵심 동력이었다. 그리고 바로 그즈음 산업혁명과 자본주의가 낳은 문제에 대한 대응 개념으로 사회적경제가 등장한다. 그 시작은 학문의 영역이었다. 산업혁명과 함께 자본주의적 이윤 추구가 전 사회의 물질적 생활을 지배하게 되었지만 이는 빈곤과 사회적 유대의 해체라는 심각한 사회 문제를 발생시켰다. 이에 일각에서는 생산성과 이윤이 아닌 분배와 민중의 행복에 관심을 가지려는 학문적 시도가 발생한다. 그것이 기존의 정치경제학과 대비되는 지점으로서 사회적경제학의 등장이다. 이렇게 등장한 사회적경제라는 개념은 실천현장의 움직임에서 좀 더 구체적인 의미를 획득한다.

당시 자본주의가 뿌리를 내리면서 생산의 담지자인 노동자들은 백인 노예로 불릴 정도로 비참한 상황에 놓여 있었다(장석원, 1985). 또한 노동자들은 자신에게 닥친 사회적 위험을 스스로 해결해야 했다. 이런 상황에서 다양한 비판적인 사조들이 등장하고 이에 영향을 받은 이론가들과 실천가들은 다양한 대안적인 문제 제기와 노동결사체의 실험을 시도한다. 협동조합과 공제조합이 등장하고 뉴하모니(New Harmony)와 같은 이상촌[1])이나 파밀리스테르(Familistere)[2])처럼 생산과 주거, 그리고 여가가 결합된 노동자들의 복합적 커뮤니티도 나타난다. 이런 흐름은 사회적경제의 초기 사례로 여겨질 뿐

1) 뉴하모니(New Harmony)는 유토피아 사회주의자 중 한 사람이었던 로버트 오언(Robert Owen)이 미국의 인디애나 지역에서 시도한 협동적인 공동체이다.

2) 파밀리스테르(Familistere)는 유토피아 사회주의자인 샤를 푸리에(Charles Fourier)의 영향을 받은 고댕(Jean-Baptiste Godin)이 조직했다. 1840년에 시작해서 1968년까지 운영되었다.

아니라 19세기의 시점에서 조직된 지역사회복지실천모델로도 평가를 받는다. 즉, 19세기에 발생한 사회적경제 조직화의 상당수는 지역사회복지실천의 초기 사례이기도 한 셈이다.

이후, 사회적경제는 공제조합, 농업협동조합, 신용협동조합, 소비자협동조합, 노동자협동조합에 이르기까지 범위가 확산되고 국제적인 네트워크가 구축되는 등 영향력을 확대해나갔다. 그러나 20세기 들어서면서 영향력이 현격히 위축된다. 20세기 들어 확장된 사회보험이나 보험회사들은 공제조합의 영향력을 축소시켰으며, 협동조합들은 각 영역에 존재하는 기업들과의 경쟁에서 뒤떨어지기 시작했다. 사회적경제 역시 시장에 기반하지 않을 수 없었기 때문에 시장 논리에 포섭되기도 했다(김정원, 2012). 그랬던 사회적경제가 다시 주목을 받은 것은 앞에서 설명한 것처럼 1970년대 이후이다. 20세기 후반의 사회변동기에 신자유주의와 신사회적위험이 가져온 문제에 지역사회에서 대응을 모색하던 협동조합, 공제조합, 결사체들은 자신들의 활동이 공통적인 특성을 가지고 있음을 발견하게 되었고, 비전을 파악하고 서로의 유사 관계를 재확인하면서 자신들의 활동을 사회적경제로 규정한다(Defourny & Develtere, 1999). 특히 프랑스에서는 이런 움직임의 일환으로 사회적경제 조직들에 의해서 1980년에 사회적경제헌장이 제정되기도 한다. 이러한 흐름에서 기업적인 방식을 주되게 채택함에도 일반 기업과는 다른 새로운 집합적 기업가정신으로서 사회적기업가 정신이 강조되고 이탈리아의 사회적협동조합법을 필두로 각국에서 관련 법적 결합이 발생하고 관련 부서가 등장한다. 심지어 최근 유럽연합은 사회적경제를 미래를 위한 비즈니스 모델로 선언하기까지 한다. 이러한 역사적 변화를 겪은 과정에 주목해서 일부에서는 19세기의 사회적경제를 구사회적경제(the old social economy)로, 20세기 후반 이후의 사회적경제를 신사회적경제로 구분하기도 한다.

한편, 사회적경제의 이와 같은 보편적인 역사적 발전과는 별도로 지역별 또는 나라별로 사회적경제는 상이한 면모를 지니고 있기도 하다. 미국의 경우 사회적경제가 유럽에 비해 시장화의 경향이 상대적으로 강한 편이다. 또한 개발도상국들의 경우 국가의 통제가 비교적 강하게 이뤄지거나 또는 그 반대로 국가의 역할 자체를 찾아보기 힘든 경우도 존재한다. 국가의 역할을 찾아보기 힘든 경우는 비공식 부문을 중심으로 조직되거나 국제적인 활동을 하는 사회적기업들의 영향이 발견되는 경우를 종종 찾아볼 수 있다. 유럽에서도 동유럽과 서유럽은 다른 면모를 보여준다. 상대적으로 자율적으로 발전해온 서유럽에 비해 동유럽은 공산당 통치 기간에 사회적경제의 경험과 잠재력이 모두 괴멸되다시피 해서 사회적경제의 기반 자체가 취약한 편이다. 그런가 하면 남미에서는 지역사회에서 풀뿌리조직들을 중심으로 노동결사체의 조직과 사회서비스의 공급을 도모하는 모습이 확산되고 있는데, 이를 연대경제(solidarity economy)라고도 한다. 이러한 차이 외에 좀 더 정치하게 들어가서 살펴본다면 사회적경제의 규모나 복지 지출의 범위, 또는 공공정책의 제도화 수준 등에 따라 나라별로 다양한 접근도 가능하다. 그러나 이러한 차이에도 불구하고 국가의 정책과 시민사회의 실천에서 사회적경제는 거절할 수 없는 선택으로 평가받고 있다.

2. 한국의 사회적경제 역사

한국에서 사회적경제라는 용어가 처음 등장한 것은 1990년대 후반의 외환위기 시절이다. 그러나 사회적경제라는 조직적인 실천은 그 이전에도 있었다. 단지, 외환위기 시절이라는 어떤 특수한 상황이 사회적경제라는 용어를 필요로 해서 그것을 불러냈을 뿐이다. 이는 사회적경제라는 용어가 등장한 배경을 중요하게 살펴볼 필요가 있음을 제기한다. 따라서 전반적인 역사적 흐름과 함께 사회적경제라는 용어가 등장한 배경에 초점을 두고 한국 사회적경제의 역사를 짚어보자.

1) 해방 이전 한국의 사회적경제

사회적경제는 근대 이후에 등장한 인간들의 집합적 행위가 낳은 결과물이다. 그러나 그것이 기반하는 원초적인 원리는 인류의 오랜 경제 활동 조직 방식인 호혜(reciprocity)이다. 호혜를 기반으로 하는 인간 행위, 즉 상호부조의 토착문화는 어디에서나 존재한다. 한국의 경우는 계(契)가 대표적이다. 유럽에서 중세 시대 상공업자들의 길드(guild)가 사회적경제의 뿌리로 종종 여겨지는 것과 마찬가지로 계는 근대적인 사회적경제의 조직화를 이야기할 때 우리 고유의 역사적 전통으로 항상 호명되는 존재이다(김정원, 2019). 전통사회의 상호부조를 대표하는 계는 20세기 들어 협동조합을 중심으로 한 근대적인 사회적경제의 조직화에 큰 영향을 미쳤다. 무엇보다 상호부조의 토착문화가 전승되고 있었기에 비록 근대적 조직 양식을 갖추고 있다 하더라도 역시 호혜를 기반으로 하는 조직이었던 협동조합을 쉽게 수용할 수 있도록 했던 것이다.

한국에서 사회적경제로 칭할 수 있는 조직의 시작은 일제가 주도적으로 조직한 금융조합에서부터라고 할 수 있다. 그러나 금융조합은 자발적 결사체라기보다는 일제의 통치기구로서의 성격이 강했다. 오히려 안창호나 이승훈과 같은 개신교 선각자들이 주도했던 이상촌 운동이나 1920년을 전후해서 시도된 민간 협동조합 운동에서 그 시작을 찾는 것이 적절하다. 이상촌 운동은 내부에서 협동조합을 비롯한 공동체적 운영이 시도되었으며, 민간 협동조합 운동은 당시 식민지 조선에서 다양한 세력들이 시도한 대규모의 사회운동이었다. 특히 협동조합은 일제강점기 농민들의 피폐한 삶에 대해 생산증대와 소비절약, 그리고 이를 가능케 하는 농민 조직화와 농촌구제 기구 설치 등의 해법을 가지고 농촌에 접근했던 부르주아 민족주의자들이 공통으로 주목한 조직 형태였다(조형열, 2015). 협동조합의 조직화 시도는 많은 지지를 받았고 실제 대규모로 조직되었으나 1930년대 들어서면서 차츰 동력이 약화되기 시작했고, 결국 1937년의 전시동원체제와 함께 종료되기에 이른다.

2) 해방 이후 한국의 사회적경제

해방이 되자 다른 영역이 그랬던 것처럼 사회적경제를 조직하려는 시도도 불길처럼 타올랐다. 노동단체인 조선노동조합전국평의회를 중심으로 적산기업에 대한 자주관리가 시도되는가 하면 전국 각지에서 농협을 조직하기 위한 움직임이 활발하게 일었다. 그러나 자주관리운동은 미군정의 개입으로 이른 소멸을 맞이했고 농협을 조직하려는 움직임은 쉽게 탄력을 받지 못했다. 결국 1960년대에 이르러서야 국가의 개입 속에서 농협, 수협, 산림조합 등이 조직되는가 하면 농촌을 중심으로 마을금고(현 새마을금고)가 만들어지기 시작한다. 그러나 국가의 개입이 강력했던 탓에 이 시기 조직된 협동조합들은 심각한 문제를 노정한다. 바로 당사자들의 자발적인 결사에 기반을 두기보다는 관제조직으로의 성격이 강했다는 것이다.

특히 농협, 수협, 산림조합 등은 일제강점기부터 존재하던 관제조합의 시스템과 인력을 그대로 물려받았으며, 설립과 운영이 모두 관제적인 성격을 갖고 있다. 1987년 6월 항쟁 이후 시민민주주의가 확장되기 전까지는 대통령이 중앙회장을 임명하는 등 오랫동안 조합원들이 자신들의 조직이기보다는 정부 조직 정도로 여길 수밖에 없는 실정이었다(김정원, 2014). 그렇다 보니 이 관제조합들은 조합원보다는 국가의 목표를 우선했다. 국가 역시 이 조합들을 발전을 위한 목표에 동원하는 것을 당연한 것으로 여겼다.

이 관제조합들과 비슷한 시기에 등장했으나 다른 결을 지녔던 것이 신협이다. 1960년에 첫 모습을 드러낸 신협은 국가의 개입이 아닌 민간의 자발적 결사로 조직되어 확산되었다. 무엇보다 협동조합의 조직화를 통해 빈곤퇴치와 지역사회개발을 모색하려는 의도로 조직되었던 캐나다의 안티고니쉬 운동(Antigonish Movement)을 사상적 배경으로 했다. 그렇기에 당시의 만연한 빈곤 문제에 대한 해법으로 '자조'를 제시하는 특성을 가졌고 지역사회개발과 빈곤퇴치를 결합하고자 하는 현장에서 주로 조직되었다. 비록 1970년대 중반 이후 제도화되면서 제2금융권의 하나로 현재는 인식되고는 있지만 원주가 협동조합운동의 메카로 자리매김하는 데 크게 기여했던 밝음신협이나 홍성의 풀무신협, 빈민운동을 기반으로 조직된 복음자리신협(현 '시흥생협'), 성남주민신협, 논골신협 등은 이러한 취지들이 여전히 살아서 전승되고 있는 대표적인 사례이기도 하다.

한편, 1970년대 들어서면서부터는 좀 더 확장된 시도가 줄을 잇는다. 직장에서 소비조합이나 신협이 조직되는가 하면, 수도권의 빈민밀집지역에서는 프레이리(Paulo Freire)의 민중교육론과 알린스키(Saul Alinsky)의 민중조직론을 받아들여 주민이 주체가 되어 협동적인 방식으로 문제를 해결하고 공동체적인 지역사회를 만들어가려는 지역사회조직화가 시도된다. 또한 1960년대 후반부터 모습을 드러내기 시작한 의료협동조합이 1970년대에는 좀 더 확장되어갔으며, 1970년대 후반에는 일부 지역에서 양서협동조합이 조직되기도 한다. 1980년대 중반에 들어서면 소비자생활협동조합이 모습을 드러낸다. 특히 1987년 민주화운동 이후 시민민주주의가 확산되면서 사회적경제의 조직화는 또 하나의 시민운동으로서 의미가 부여될 정도로 커다란 확산을 보여준다. 전국 각지에서 소비자생활협동조합이 등장하기 시작했고, 1990년대 들어 수도권을 중심으로 노동자협동조합과 공동육아협동조합이 모습을 드러낸다.

그리고 1996년에는 한국에서 사회적경제 담론의 진원지가 되는 자활사업이 마침내 등장한다. 자활사업에서 주목할 것은 그것이 정부의 정책으로 조직되었음에도 관변적 조직화가 아닌 이른바 민관파트너십의 형태를 띠면서 조직되었다는 것이다. 자활사업은 당시 노동자협동조합의 조직화를 주도하던 세력과 노동연계복지를 추진하던 정부가 교류를 통해 탄생했다. 그런데 자활사업이 등장하고 얼마 되지 않아 발발한 외환위기로 인해 자활사업 현장의 지향이었던 제3섹터형 일자리가 빈곤 및 실업 극복을 위한 방법론으로 조명되면서 자활사업의 문제의식은 사회적경제라는 보다 큰 물줄기로 나아가게 된다. 당시 제3섹터형 일자리는 유럽의 신사회적경제를 그 내용으로 하는 용어였었다. 외환위기 이후 제3섹터형 일자리 대신 본격적으로 사회적경제라는 용어가 사용되기 시작하게 된다.

그리고 외환위기 이후부터는 사회적경제와 관련한 다양한 시도들이 줄을 잇는다. 전반적으로는 사회적일자리와 사회적기업으로 나아가는 정부의 정책 경로에 시민사회의 각 행위 주체들이 참여하는 양상으로 진행되지만 마이크로크레디트와 지역통화가 자생적으로 시도되기도 했다. 그런가 하면 노인일자리사업과 고령자친화기업으로 이어지는 인구 특성에 기반한 정부의 정책이 시도되었으며, 마을기업과 농촌공동체회사로 대표되는 정부 부처의 이해가 좀 더 반영된 사회적경제 조직들이 모습을 드러내기도 했다. 그리고 2012년에 제정된 「협동조합기본법」은 다양한 협동조합의 등장을 촉진시켰고, 최근에는 사회적금융의 필요성이 강력하게 대두되고 있기도 하다. 한편, 이와 같은 정부의 정책과 제도에 기반한 사회적경제 조직들이 등장 및 확산되면서 이른바 정부 및 지자체의 지원을 받아 조직되는 중간지원조직들이 사회적경제를 조직하는 핵심적인 역할을 맡는 현상도 빼놓을 수 없는 모습이다.

3) 한국의 사회적경제와 지역사회복지실천의 조직화 경험

한국의 사회적경제 조직화 역사를 보면 지역사회복지의 관점에서 바라볼만한 접근이 종종 눈에 띈다. 그중에 가장 전형적인 사례를 들자면 1970년대 이래 수도권에서 조직된 빈민밀집지역의 주민운동 경험이다. 1990년대까지 진행된 이 경험은 빈민들의 자조에 기반한 수많은 조직적 결과물을 낳았을 뿐 아니라 현장의 실천을 넘어 지역자활센터와 지역아동센터라는 제도화된 사례를 낳기도 했다.

1960년대 이후 국가 주도하에 본격적으로 전개된 경제성장 정책은 특히 서울을 수위도시화의 전형적인 지역으로 만들었는데, 이로 인해 발생한 문제 중 하나가 도시빈민들의 양산이었다. 도시빈민 문제는 1970년을 전후한 시기에 심각한 사회문제였는데, 이 문제를 목도한 이들을 중심으로 주민조직가들이 조직되기 시작한다. 주민조직가들은 알린스키의 민중조직론에 입각한 훈련을 받고 빈민밀집지역에 투입되었는데, 이들은 철거 정책에 맞서 주민들을 조직해 저항에 나서는가 하면 외부의 자원들을 조직해 빈민밀집지역에 필요한 기초생활서비스를 연계하기도 했다. 공부방, 야학, 주민 진료 등은 대표적인 서비스였다. 이런 서비스의 공급자는 주로 대학생 자원봉사자들이었는

데, 이들 중 일부는 나중에 주민조직가로 합류하기도 한다(김정원, 2015). 루빈과 루빈(Rubin & Rubin, 2008)은 빈곤층이 처한 문제를 극복하기 위한 경로로 3개의 단계를 제시한다. '의식고양(consciousness raising) → 스스로 능력 구축하기(capacity building through bootstrapping) → 집합적인 역량강화(collective empowerment)'가 그것이다. 당시 빈민밀집지역에서 전개된 주민조직가들의 활동을 보면 이러한 전형이 나타난다.

〈표 10-1〉 빈민밀집지역 주민운동의 활동 내용

유형	내용
주민생활실태조사 및 욕구파악	주민들의 의식화 및 조직화를 위해서는 당면 문제 파악이 급선무. 이를 위해 주민 지도를 그리고, 이를 보다 자세히 하기 위해 행상을 하거나 함께 막노동판에 나가거나 같이 술을 마시기도 함
철거 등 이슈 투쟁에 대한 지원	빈민지역의 가장 빈번한 이슈인 강제 철거에 관여해 정부 당국에 진정서를 내거나 교회 등에 호소문을 뿌리는 것, 또는 직접 시위를 조직하기도 함
기초생활서비스 확보를 위한 사업	인간다운 삶을 위한 최소한의 조건조차 제공되지 않는 상태에서 의료협동조합이나 진료소, 주민병원 설립 시도, 공동주택조합 추진, 탁아소나 신협 설립
근거지에서의 각종 프로그램 운영	교회 및 지역 센터를 중심으로 각종 소모임 운영, 공부방이나 경로잔치, 부녀자소비조합, 미혼여성노동자를 위한 교양강습, 청소년 야학, 독서회, 토론회 등

출처: 신명호 외(1999: 61-63) 참조 구성.

특히 도시빈민들이 참여하는 사회적경제의 사례들은 1970년대 후반부터 1980년대를 거치면서 두드러지게 나타나기 시작했다. 양평동 지역 철거민들이 집단 이주를 통해 조직한 시흥 복음자리는 최초의 자조주택이라고 할 수 있으며, 신림동 일대의 이른바 난곡 지역에서는 의료협동조합이 만들어진다. 또한 철거민들이 만든 신협도 등장한다. 광주대단지 사건이 발생했던 성남과 시흥의 복음자리가 대표적이다. 그리고 1990년대로 들어서면 철거투쟁 과정에서 철거민들을 조직해 가이주단지를 획득하고 가이주단지에서 주민들의 경제 조직을 만들고 마을공동체를 조직하는 흐름도 나타난다.

〈표 10-2〉 빈민밀집지역 주민조직의 주요 사례

지역	시흥 복음자리	관악구 난곡지역	강북구 하월곡동	성동구 금호 · 행당 · 하왕
지역 특성	서울 거주 철거민들이 집단 이주를 통해 자조주택 건설한 지역. 제정구와 정일우가 철거민들을 데리고 들어오면서 형성된 지역	1960년대 후반부터 형성된 대규모 빈민 밀집지역. 초기 이주민들은 대부분 이농민. 현재는 재개발됨	1960년대 후반에 청계천 철거민과 이농민들이 정착하면서 형성된 빈곤층 밀집 지역. 현재는 재개발됨	대규모 빈민밀집지역. 현재는 재개발됨
조직화 시작	제정구와 정일우가 1976년에 양평동 철거민들을 조직해 집단이주하고 공동주택을 지으면서 시작	창신동과 숭인동 지역에서 활동하던 김혜경이 이 지역에서 전개된 가톨릭 신학생 교육의 담당자로 역할을 하면서 시작. 1970년대 말부터 활동가들 합류	1976년 허병섭이 동월교회를 개척하면서 시작했으며, 이후 많은 활동가들 합류와 배출이 이뤄짐	청계천과 복음자리에서 활동하던 박재천이 새로운 활동을 개척하기 위해 당시에 활동가가 없던 이 지역으로 1987년에 이주하고 그 이후 활동가들 합류하면서 시작
주요 활동	• 자조주택 건설: 1977년 양평동 철거민들의 복음자리를 시작으로 1979년에 서울의 당산동, 신림동, 시흥동, 봉천동의 철거민들을 조직해 복음자리 인근에 한독주택, 1985년에는 목동철거민들을 조직해 인근에 목화주택을 건설 • 신용협동조합: 1978년부터 신협 조직화했고, 1982	• 지역여성조직화: 국수모임 등으로 지역 여성들을 조직하면서 지역 문제해결 → 상수도 문제해결, 교통시설 확충, 가로등 설치, 공동구매사업 등 • 야학: 1970년대 말에 야학팀이 지역에 합류. 이들 중 일부가 낙골교회라는 민중교회 조직 • 공부방, 어린이집 • 난곡 의료협동회:	• 지역여성조직화: 탁아소 어머니회, 공부방 자모회, 어머니학교 • 지역청년 조직화: 야학, 마을청년회 • 탁아소, 공부방 • 주민잔치, 장날, 어린이 문화교실 • 의대학생들과 연계한 진료사업 • 생산 공동체 조직화 –주부공동부업 – 일꾼두레(건설업종)	• 활동가들의 조직화: 이모임 → 금호행당지역활동가협의회 → 금호행당하왕기획단 • 탁아소, 신문사 지국, 공부방, 직거래 쌀집, 어머니학교 등 조직 • 마을잔치 • 세입자대책위원회 조직: 주거권운동 조직하고 철거 과정에서 가이주단지 획득: 송학마을 • 주민공동체 분과

지역	시흥 복음자리	관악구 난곡지역	강북구 하월곡동	성동구 금호 · 행당 · 하왕
	년에 인가받음: 복음자리신협 • 장학회: 월 500원 이상 회비로 누구나 가입 가능했고 한 해 약 50여 명 학생들에게 장학금 지급 • 공동 노동: 가죽쪼가리 붙이기, 렉스토끼 기르기, 수출용 인형 만들기, 한우치기(축산조합), 건축용 판넬 대여, 복음자리 잼 생산 • 야학, 청년회 조직 • 마을잔치	1974년 의대생들의 주말 진료 시작이 계기. 1976년에 난곡희망의료협동조합 창립. 이후 신협을 만들기로 했으나 의료협동조합 형태로는 어렵자 1982년에 난곡의료협동회로 개칭. 현재는 해산 • 난곡지역협의회: 난곡희망협동회, 낙골교회, 남부고등공민학교의 세 단체가 함께 조직	– 월곡여성생산공동체(화장수 제조): 가장 오래 지속된 생산공동체 • 주민자치조직: 우리마을발전추진회, 주민단체협의회 • 지자체 선거 개입: 주민자치조직 대표가 의회에 진입	조직: 4개 분과 • 신용협동조합: 1997년 인가: 논골신협 • 의류생산협동조합: 1995~2000년 • 구판장을 통한 생협 가능성 모색: 실패 후 2007년에 성동우리생협으로 부활

출처: 김정원(2015: 186-187) 인용.

한편, 1990년을 전후해서 빈민밀집지역 주민운동은 새로운 시도를 한다. 빈민밀집지역 주민운동은 이미 1970년대 초부터 지역의 빈민들이 참여하는 공동 노동이나 취업알선 등의 각종 자활 조직들을 만들어온 경험이 있었으나 이 시기에 들어서 체계적이고 좀 더 뚜렷한 지향을 갖는 조직 방식을 갖게 되는데, 공동부업장을 비롯해서 주로 건설일용노동이나 봉제 등의 업종에서 경제 조직을 만들기 시작한 것이다. 이를 생산공동체, 또는 생산협동조합이라고 하는데, 통상적으로는 생산공동체운동이라고 표현되면서 1990년대 빈민밀집지역 주민운동의 뚜렷한 흐름으로 자리잡는다. 그리고 이 운동은 1996년에 이르러 자활지원센터 시범사업을 낳게 되고 외환위기 시절에는 실업문제의 대안으로 사회적일자리를 제기하는 실천 근거가 된다. 당시 사회적일자리라는 개념을 선도적으로 제기했던 이들은 바로 빈민밀집지역 주민운동의 현장에 몸담았던 이들이었다. 이들은 그즈음 자신들의 실천 경험이 유럽에 확산되던 사회적경제 조직화와 유사함을 인식하게 되었는데, 이를 당시 사회적 상황의 대안으로 설정하고 사회적일자리라는 개념을 통해 사회적경제 담론을 제기한다. 이후 이들이 주도적으로 제기한 담론은 정부의 정책으로 수렴되면서 사회적일자리창출사업을 시작으로 오늘날의 사회적경제 정책까지 이어지게 된다. 한국에서 사회적경제 담론은 빈곤 문제에 대한 대응 속에서 진행되었던 주민 조직화의 실천 경험을 바탕으로 하여 등장할 수 있었던 것이다(김정원, 2015).

3. 한국의 사회적경제 영역들

한국의 사회적경제에서 영역을 설정하는 것은 쉬운 일이 아니다. 일단 사회적경제가 속성상 경계가 모호한 것이 큰 원인이다. 또한 역사적으로 관제조합으로 조직되고 작동한 것으로 평가받는 협동조합을 포함할 것인가도 문제이다. 그런 가운데 신명호(2016)는 생산－소비－분배－교환으로 영역을 나눠서 접근하기도 한다. 그러나 이 경우 사회적경제로 포함되는 조직들 중에는 정작 사회적경제로서의 정체성이 희박한 경우가 존재한다. 한편, 최근에는 자활기업, 사회적기업, 마을기업, 협동조합, 농촌공동체회사 등의 특정한 기업 형태의 조직을 사회적경제기업으로 규정하는 것이 일반적으로 통용되고 있기도 하다. 이는 특히 정부의 정책과 제도를 중심으로 전파되면서 더욱 힘을 받고 있다. 이런 상황들을 고려해 여기에서는 가장 일반적으로 수용되는 대표적인 사회적경제 영역들을 중심으로 살펴보기로 한다.

1) 사회적기업

사회적기업은 취약계층에게 사회서비스 또는 일자리를 제공하거나 지역사회에 공헌함으로써 지역주민의 삶의 질을 높이는 등의 사회적 목적을 추구하면서 재화 및 서비스의 생산 · 판매 등 영업활동을 하는 것을 목적으로 하면서 일정한 요건을 갖춰 정부로부터 인증을 받아야 한다(「사회적기업육성법」 제2조 제1호).[3] 여기서 사회서비스란 교육, 보건, 사회복지, 환경 및 문화 분야의 서비스, 그밖에 이에 준하는 서비스로서 대통령령으로 정하는 분야의 서비스를 말한다. 개인사업자나 정부/지자체/공공기관 출자 · 출연 조직은 사회적기업으로 인증을 받을 수 없다.

사회적기업은 자활사업과 2003년에 시범사업으로 시작된 사회적일자리창출사업의 경험을 바탕으로 2006년에 「사회적기업육성법」이 제정되면서 제도적 근거를 마련했다. 사회적기업은 정부 주무부처인 고용노동부가 인증하는 인증 사회적기업과 기타 중앙부처 및 광역지자체가 지정하는 예비사회적기업으로 구분된다. 예비사회적기업은 처음부터 있었던 것은 아니며 제도를 보완하는 과정에서 등장했다. 예비사회적기업의 등장과 함께 사회적기업은 '예비사회적기업 지정 → 사회적기업 인증'의 과정을 거치는 것으로 정착되었다. 그러니 예비사회적기업은 정식 사회적기업으로 등록하기전에 인큐베이팅 단계의 조직형태인 셈이다. 예비사회적기업은 최대 3년까지 지정기간을 설정하고 있다(김정원, 2014).

한국의 사회적기업은 「사회적기업육성법」이라는 법적 근거를 가지고 있지만 사실 이는 모순적이기도 하다. 사회적기업은 일반적 개념이기 때문이다. 실제로 이 책에서 사회적기업 이외에 다루는 자활기업과 마을기업을 비롯해서 다양한 형태의 사회적기업이 있을 수 있음에도 「사회적기업육성법」의 시행은 이러한 다양한 조직의 실체를 부인하는 결과를 가져왔고 고용노동부가 주무 부처로 있는 특정 조직으로 그 범주가 축소되었다. 일반적 개념으로서의 사회적기업은 앞에서 소개한 신사회적경제를 아우른다.

3) 취약계층의 범위는 「사회적기업육성법 시행령」 제2조에 명시되어 있다.

이러한 모순적인 상황에서도 사회적기업은 정부의 적극적 의지 속에서 빠른 속도로 크게 확장되었다.

사회적기업에 대한 지원체계는 주무부처로서 고용노동부와 중앙 단위 지원조직으로서 한국사회적기업진흥원이 있다. 한국사회적기업진흥원은 사회적기업의 발굴 및 육성, 경쟁력 강화, 생태계 조성, 판로 지원 등을 주 업무로 한다. 또한 각 광역지자체 단위[4]에서 사회적기업과 협동조합을 함께 지원하는 통합지원기관을 민간위탁 방식으로 두고 있다. 이밖에 몇몇 광역지자체에서는 소셜벤처·사회적기업을 위한 성장 클러스터인 사회적기업성장지원센터 '소셜캠퍼스 온(溫)'이 운영되고 있다. 소셜캠퍼스 온은 한국사회적기업진흥원이 주관하는 사회적기업가 육성사업 창업팀이나 청년 소셜벤처, 사회적 협동조합 등 사회적기업들만 입주할 수 있으며, 비즈니스 공간과 고용사무기구, 회의실 등이 제공되고 상시적인 멘토링 서비스가 이뤄진다.

사회적기업에 대한 전문적인 지원으로는 일자리 창출을 목적으로 예비사회적기업 시절 포함 최대 5년까지 차등 지원하는 인건비 지원사업을 비롯해서, 전문 인력 지원사업, 사업개발비 지원, 사회보험료 지원, 세제 지원(법인세 및 소득세, 취득세, 등록면허세, 재산세의 감면과 부가가치세 면제) 등이 제공된다. 또한 서민금융진흥원 소액자금 대출, 중소기업 정책자금, 사회적기업 전용 특별보증, 사회적기업 나눔보증 등에서 사회적기업을 대상으로 하는 대출 프로그램이 운영되고 있다. 정부의 적극적 지원 정책에 따라 많은 지자체들도 지원 조례를 제정하는 등 적극적으로 사회적기업 육성에 동조하고 있다.

2021년 12월 현재 인증 사회적기업의 숫자는 3,215개이다, 총 고용은 61,877명이며, 이중 취약계층은 36.605명이다(한국사회적기업진흥원, 2022).

4) 대전과 세종은 통합 운영되고 있다.

2) 자활기업

자활기업은 앞에서 설명한 생산공동체운동에 뿌리를 두고 있다. 1999년에 「국민기초생활보장법」이 제정되면서 그 안에 자활사업을 포함하게 되는데, 이는 생산공동체운동을 정부가 수용해서 노동연계복지의 핵심 프로그램으로 설정한 것이라고 할 수 있다. 그래서 빈곤층이 자활사업을 통해 창업한 조직을 자활공동체로 규정하는 내용이 「국민기초생활보장법」에 포함되는데, 2012년에 이뤄진 법 개정으로 명칭이 '자활기업'으로 바뀌게 된다. 그런데 자활기업은 한국의 사회적기업 역사에서 초기 사례이기도 하다. 무엇보다도 한국에서 사회적기업의 필요성을 최초로 주장한 이들이 자활사업의 현장 활동가들과 관련 연구자들이었을 뿐 아니라 「사회적기업육성법」 제정 이전에 자활기업들이 사회적기업의 국내 사례로 소개되곤 했기 때문이다. 또한 초기 자활기업들은 스스로를 사회적기업으로 규정하기도 했었다. 나아가 2000년대 초에는 일부 노동자협동조합들과 함께 대안기업연합회를 구성해서 사회적기업으로의 조직적 실천에 나서기도 했었다. 사실, 자활기업은 구성원들의 대부분이 일반 노동시장에 진입하기 힘든 빈민이라는 점과 지역사회의 다양한 자원이 조직 과정에서 결합된 결과물이라는 점, 그리고 많은 경우 지역사회에 유용한 서비스를 제공하는 업종에 분포되었다는 점에서 전형적인 WISEs의 내용을 가지고 있다고 할 수 있다.

자활기업에 대한 지원체계는 주무부처로서 보건복지부와 중앙 단위 지원조직으로서 한국자활복지개발원이 있다. 한국자활복지개발원은 사업 개발과 평가를 중심으로 해서 공공자원 연계 및 기업 자원 연계를 조직하며, 정보네트워크 구축, 조사 및 홍보를 담당한다. 또한 한국자활연수원을 운영하면서 교육과 훈련을 지원하고 있다. 각 광역 단위에서는 광역자활센터가 자활기업을 지원하고 있으며, 기초지자체에서는 지역자활센터가 이를 담당하고 있다.

자활기업은 사회적기업과 달리 인증이 아닌 인정으로 자격을 취득하며, 크게 자립형 자활기업과 사회형 자활기업으로 유형이 구분된다. 자활기업이 되기 위해서는 지역자활센터에서 운영하는 자활근로사업을 거친 후 일정한 요건을 갖춰 기초지자체에 인정신청을 해야 한다. 기본적으로는 지역자활센터가 운영하는 자활근로사업단의 참여자들 중 동의하는 이들을 중심으로 자활기업 창업을 준비하며, 2인 이상의 수급자 또는 차상위로 구성된 조합 또는 「부가가치세법」상 사업자여야 한다. 또한 모든 참여자에 대해 노동관계법령상의 최저임금 이상의 임금 지급이 지속적으로 가능한 자활사업단은 특별한 사유가 없는 한 자활기업으로 전환해야 한다(보건복지부, 2023).

자활기업들은 대부분 지역자활센터가 배출하지만 광역자활기업이나 전국자활기업으로 인정받는 경우도 있다. 광역자활기업은 광역지자체가 인정의 주체인데, 2개 이상의 기초자치단체의 자활기업이 연합하여 구성하는 경우와 2개 이상의 기초자치단체의 수급자 등이 참여하여 신규 자활기업을 구성하는 경우가 해당된다. 전국자활기업은 2개 이상의 광역자치단체를 포함하는 자활사업 추진을 목적으로 하며 보건복지부에서 인정한다. 자활기업으로 인정받는데 법인격은 반드시 필요한 것은 아니지만 많은 경우 법인격을 갖추곤 하며, 최근에는 협동조합이나 사회적협동조합으로 설립되는 경우도 증가하고 있다. 또한 사회적기업으로 인증을 받는 경우도 종종 발생한다. 자활기업에 대한 정부의 지원도 공식화되어 있다. 「국민기초생활보장법」은 국가 또는 지자체를 보장기관으로 명시하고 이들에게 '자활을 위한 사업자금 융자', '국유지 · 공유지 우선 임대', '국가나 지방자치단체가 실시하는 사업의 우선 위탁', '국가나 지방자치단체의 조달구매 시 자활기업 생산품의 우선 구매', '그 밖에 수급자의 자활촉진을 위한 각종 사업' 등을 지원하도록 하고 있다(「국민기초생활보장법」 제18조 ③). 또한 자활기업은 창업시 자활근로사업단의 매출적립금을 참여 구성원의 비율에 따라 차등적으로 사용할 수 있으며, 창업 후에는 한시적으로 수급자 또는 구성원들에게 인건비가 지급된다. 자활기업의 주요 업종은 돌봄서비스와 청소, 주거복지, 자원재활용 등에 분포되어 있으며, 외식업체나 세탁업도 적지 않은 수준이다. 한국자활복지개발원에 의하면 2022년 현재 1,012개의 자활기업이 운영되고 있다(https://kdissw.or.kr, 2023년 5월 18일 접속).

3) 마을기업

마을기업에 대한 공식적 정의는 모호하다. 중앙의 주무부처인 행정안전부에 의하면 "마을주민이 주도적으로 지역의 각종 자원을 활용하여 수익사업을 통해 지역공동체를 활성화하고 지역 주민에게 소득 및 일자리를 제공하여 지역발전에 기여하는 마을 단위의 기업"이다(행정안전부, 2019). 그러나 마을기업의 법적 근거인 「도시재생 활성화 및 지원에 관한 특별법」에 의하면, "지역주민 또는 단체가 해당 지역의 인력, 향토, 문화, 자연자원 등 각종 자원을 활용하여 생활환경을 개선하고 지역공동체를 활성화하며 소득 및 일자리를 창출하기 위하여 운영하는 기업"이다(「도시재생 활성화 및 지원에 관한 특별법」 제2조 9). 다만 두 정의가 매우 유사하므로 동일한 개념으로 볼 수도 있을 것이다. 중요한 것은 사회적기업이나 자활기업과는 달리 마을기업을 지원하는 법적 근거가 아직 없다는 것이다. 「도시재생 활성화 및 지원에 관한 특별법」에 마을기업이 규정된 것은 육성 및 지원하려는 의도보다는 도시재생사업자로서 인정하려는 의도가 작용한 것이다.

마을기업은 두 개의 정책이 결합한 결과물이다. 하나는 이명박 정부 시절의 지식경제부가 중앙의 주무부처로 진행했던 '커뮤니티 비즈니스' 시범사업이고, 또 하나는 역시 이명박 정부 시절의 행정안전부가 수행했던 '희망근로사업'과 그것의 뒤를 이은 '자립형 지역공동체사업' 등이다. 이 두 사업이 결합해 2011년부터 마을기업이라는 명칭으로 최종 확정되어 현재까지 정책이 운영되고 있다. 그러나 사회적기업이나 자활기업과 달리 육성 및 지원을 위한 법적 근거가 없다 보니 행정안전부가 중앙의 주무부처로 있을 뿐 일원화된 지원 조직은 존재하지 않는다. 다만, 각 지역에 존재하는 사회적경제와 관련한 중간지원조직들이 마을기업을 지원하는 역할을 담당하고 있기는 하다.

마을기업이 되기 위해서는 공동체성, 공공성, 지역성, 기업성을 갖춰야 한다. 법인, 영농조합, 협동조합, 「상법」상 회사 등 조직형태가 법인이어야 하며, 지역주민 5인 이상이 출자해 참여해야 한다. 최대 출자자 1인의 지분은 30% 이하여야 하며, 특정 1인과 그 특수관계인 지분의 합이 50%를 넘지 않아야 한다. 마을기업으로 지정받은 경우 최대 3년간, 1억 원의 사업비를 지원받을 수 있으며, 마을기업 지정 전에는 예비마을기업으로 1천만 원까지의 사업비를 지원받을 수 있다(인구감소지역은 2천만 원). 마을기업은 공모에 의해서 지정을 하는데, 예비마을기업은 광역지자체에서 심사를 하고 마을기업은 행정안전부에서 심사를 해서 결정한다. 한편, 사업비 지원이 종료된 후 자생력을 갖고 성장해나가는 마을기업을 별도로 '자립형 마을기업'이라고 한다. 2021년 12월 현재 1,697개가 운영 중이다(https://www.mois.go.kr/frt/sub/a06/b06/village/screen.do, 2023년 5월 18일 접속).

4) 사회적협동조합

사회적협동조합은 2012년에 「협동조합기본법」이 시행되면서 한국에서 본격적인 발걸음을 내딛었다. 사실, 사회적협동조합이 제기된 것은 훨씬 전인 외환위기 시절이었으나 사회적기업을 중심으로 담론이 창출되고 「협동조합기본법」 제정에 대한 목소리도 크지 않아 적극적으로 추진되지는 못했었다. 「협동조합기본법」은 협동조합을 일반협동조합과 사회적협동조합으로 구분하고 있다. 이중 일반협동조합은 영리 조직으로서 규정되고 있다. 이는 협동조합이 지닌 결사체로서의 성격을 무시한 접근이라는 비판이 일었지만 어쨌든 한국에서는 일반협동조합은 영리로, 사회적협동조합은 비영리로 제도화되어 있다. 물론 일반협동조합이든 사회적협동조합이든 사회적경제의 한 영역이다. 실은 협동조합이라는 조직 자체가 사회적경제의 오랜 역사를 대표하는 조직이기도 하다. 그뿐만 아니라 협동조합은 지역사회와의 결합을 규범화하고 있다. 국제협동조합연맹(ICA)이 제시하는 협동조합의 7대 원칙 중 일곱 번째가 '지역사회에 대한 기여'이다.

사회적협동조합은 이탈리아에서 처음 등장했는데 취약계층에게 사회서비스를 제공하는 활동을 하던 풀뿌리조직들을 지원하기 위해 1991년에 특별법 형태로 사회적협동조합법이 만들어지면서 제도화되었다. 이 법은 유럽에서 사회적기업 관련 법제화가 확산되는 시발점이 되기도 했다. 이탈리아의 사회적협동조합은 크게 사회, 보건, 교육 서비스를 담당하는 사회적협동조합과 취약계층을 노동시장에 통합시키는 목적의 사회적협동조합으로 구분하고 있다. 전자를 'A유형'이라 하고 후자를 'B유형'이라고 한다. 사회적협동조합은 조직의 거버넌스도 기존의 협동조합들과는 다른데, 조합원뿐만 아니라 다양한 이해관계자들이 참여한다. 이해관계자에는 회원과 노동자, 관리자 등 직접적인 구성원을 비롯해 서비스 이용자, 재정을 지원하는 공공기관, 자원봉사자들이 포함된다.

한국의 사회적협동조합은 〈표 10-3〉과 같은 내용을 가지고 있다. 일반협동조합은 요건을 갖춰 신고를 하면 되지만 사회적협동조합은 중앙 부처로부터 인가를 받아야 한다. 따라서 중앙 부처에 의해 감독이 가능하다. 이밖에 배당이 금지되어 있고 잉여금은 30% 이상 적립하는 등 일반협동조합에 비해 엄격한 규정들이 존재한다. 「협동조합기본법」에 근거해서 기획재정부가 중앙의 주무 부처이며, 한국사회적기업진흥원이 중앙 단위의 지원 조직으로, 그리고 각 광역지자체 차원에서는 민간위탁 방식으로 운영되는 사회적기업 · 협동조합통합지원기관이 존재한다. 사회적협동조합은 조직에 부여하는 법인격이기 때문에 설립되었다고 해서 특별한 지원금이 존재하는 것은 아니다. 다만 비영리법인에게 부여하는 세제상의 지원과 공공기관 우선 구매, 그리고 지정기부금 신청이 가능한 정도이다. 2023년 5월 현재 사회적협동조합은 모두 4,256개가 설립되어 있다(한국사회적기업진흥원 홈페이지, 2023년 5월 18일 접속).

〈표 10-3〉 사회적협동조합의 정의와 주요 사업

	내용
정의	협동조합 중 지역주민들의 권익, 복리증진과 관련된 사업을 수행하거나 취약계층에게 사회서비스 또는 일자리를 제공하는 등 영리를 목적으로 하지 않는 협동조합으로 비영리법인으로 명시, 기타 협동조합 설립목적과 기본 원칙을 그대로 적용
주요 사업	• 유형 구분없이 전체 사업량의 40% 이상을 주사업으로 시행하며 다음과 같은 유형 구분 ① 지역사업형: 지역사회 재생, 지역경제 활성화, 지역주민들의 권익 · 복리증진, 기타 지역사회가 당면한 문제해결에 기여하는 사업 ② 취약계층 사회서비스 제공형: 취약계층에게 복지 · 의료 · 환경 등의 분야에서 사회서비스를 제공하는 사업 ③ 취약계층 고용형: 취약계층에게 일자리를 제공하는 사업 ④ 위탁사업형: 국가 및 지자체로부터 위탁받은 사업 ⑤ 기타공익증진형: 위 외에 기타 공익증진에 이바지하는 사업(전체 사업량의 40%)으로 함 ⑥ 혼합형: 위 4 유형 중 2개 이상에 해당하는 경우 • 조합원 대상으로 납입출자금 2/3 한도 내에서 소액대출이 가능하며, 상호부조회비 적립금 내에서 상호부조 가능 • 보건 및 의료사업을 할 경우 총 공급고의 50% 범위에서 비조합원에게 보건 및 의료서비스 공급 가능

출처: 한국사회적기업진흥원 홈페이지(http://www.socialenterprsie.or.kr) 참조 구성.

CHAPTER 11

지방자치와 지역사회복지

학습목표

1. 지방자치의 개념과 가치를 이해한다.
2. 지방자치와 주민참여의 필요성과 주민참여방법을 이해한다.
3. 지역사회전달체계의 개념과 필요성에 대해 이해한다.
4. 지역사회복지와 마을 만들기의 주체와 주민조직의 의미를 이해하고 사례를 실천현장에 적용한다.

개 요

지방자치와 지역사회복지 개념은 일정한 지역의 주민들을 위한 복지증진과 모든 사람들의 책임과 역할분담이 강조되고 지방자치시대의 다양하고 고급화된 욕구는 수용할 수 있는 효과적인 정치를 구축하고 있다.

지방자치와 주민참여의 필요성은 정치적 측면, 행정적 측면으로 나타낼 수 있고, 주민참여에서는 긍정적 효과와 부정적 효과로 나누어 볼 수 있다.

지역사회전달체계는 지역 수준에서 사회복지적 급부나 서비스를 산출하는 공공 · 민간기관 상호 간의 관계와 서비스 공급주체에 의해 수혜계층인 복지대상자에게 효과적으로 전달하는 데 필요한 공공 · 민간의 사회복지조직의 연결망을 지칭하는 것으로 나타낼 수 있다.

지역사회복지와 마을 만들기는 주민이 주인의식을 갖고 마을 공동체를 만들기 위한 모든 활동의 결과이며, 지역화폐와 마을 만들기 사례 등을 통해 지역사회복지실천현장을 살펴볼 수 있다.

이 장에서는 지방자치와 지역사회복지 그리고 변화하는 지역사회복지실천현장을 검토할 수 있다. 전반부에 학습한 내용을 지역사회복지실천현장의 실제 사례에 적용하여 관련 문제의 해결역량을 함양함으로써 지역사회복지실천가로서의 전문성을 증진한다.

1. 지방자치와 지역사회복지

1) 지방자치의 개념

지방자치는 국가나 중앙정부의 권력을 지방 단위로 분산시켜 지방정부가 지역사회의 문제를 해결하고 자치권을 행사하는 것을 의미한다. 이는 중앙집권주의와 대비되는 개념으로, 중앙정부가 모든 결정과 권력을 통제하는 것이 아니라, 일부 권한과 책임을 지방 단위로 이양하여 지방정부가 지역사회의 특정한 조건과 우려사항을 고려하여 정책을 수립하고 운영할 수 있도록 하는 제도이다.

지방자치의 목표는 지방사회의 다양성과 특성을 존중하며, 지역주민들의 요구와 우려에 부합하는 정책을 개발하고 시행함으로써 지방사회의 발전을 촉진하는 것이다. 이를 위해 지방자치체계는 지방정부를 구성하는 지방의 의회, 행정기관, 지방정부의 정책결정을 감시하는 감사기구 등으로 구성된다.

지방자치는 다양한 형태로 구현될 수 있으며, 각 국가나 지역에 따라 차이가 있을 수 있다. 일반적으로는 행정적 자치, 재정적 자치, 법적 자치, 정책적 자치 등을 포함한다. 이러한 지방자치제도는 지역사회의 요구와 우려에 더 적합한 정책을 개발할 수 있는 기회를 제공하며, 중앙집권주의의 단점을 보완하여 더욱 효과적인 행정을 가능하게 한다.

지방자치는 지역사회의 발전과 국가의 통합 사이에서 균형을 이루는 중요한 원칙 중 하나이다. 국가의 일반적인 정책과 규제를 준수하면서도 지방의 특성과 요구를 존중하고 지역사회의 참여와 협력을 장려하는 것이 지방자치의 핵심 가치이다.

요컨대 지방자치는 지역주민의 지역사회복지 추구의 과정과 정치라고 말할 수 있으며 이것은 지역사회의 공통점을 기초로 하는 인간화의 이념이라고도 할 수 있다(전광현 외, 2010).

2) 지방자치의 가치

지방자치제의 현실적 가치로는 민주와 자율의 바탕 위에서 모든 사람들의 책임과 역할 분담이 강조되는 지방자치 행정을 통해서 지방자치시대의 다양하고 고급화된 욕구를 수용할 수 있는 가장 효과적인 정치로 구축하고 있다.

첫째, 지방자치는 지역 민주주의를 방어하는 동시에 지역의 민주화를 통하여 나라 전체의 민주정치의 초석을 구축한다. 즉, 지방자치는 지방분권을 바탕으로 하므로 권력분립의 원리와 함께 국민의 자유를 보장하기 위한 권력 분산의 요구를 충족시킨다. 또한, 지역사회의 공공문제를 지역주민의 참여와 토론을 통하여 자주적으로 결정하므로 자주적 결정과 행위의 책임성이라는 민주주의적 사회생활의 실천 원리를 주민 생활에 스며들게 한다. 둘째, 지방자치는 국민의 자치 능력과 민주주의적 형식을 배우고 육성하는 민주정치 현장으로서 역할을 한다. 즉, 주민 자신이 민주적 의식을 쌓고 조직적인 정치적 훈련과 경험을 터득하므로 주민의 대표자와 국민적 지도자를 양성한다. 셋째, 국가권력의 전제화와 비대화를 통제한다. 현대와 같이 국가권력이 강화되고 그 기능이 확대되며 관료적 행정이 증가하고 있는 상태에서 지방자치제는 이러한 요소에 대한 대응책이 된다. 넷째, 문화적 · 전통적 향토색을 달리하는 지역주민의 감정을 충족시키며, 정치적 욕구를 만족시켜 선의의 경쟁을 통해 지역사회 발전에 이바지한다. 도시와 농촌을 불문하고 지역의 존재 상태는 다양하므로 지역적인 차이와 다양성에 근거한 독특한 지역 행정을 펼칠 수 있다. 즉, 다양 · 독특한 지방행정은 획일적 개발이 가져오는 병폐를 극복할 수 있다. 다섯째, 지방자치는 중앙정부의 정권교체, 기타 정국의 급격한 변동에 따른 행정상의 혼란이 지방에 파급되는 것을 방지하는 역할을 한다.

한편 행정적인 측면에서의 가치는 첫째, 지방 사회의 생태적 또는 규모상의 차이에서 생기는 행정 수요의 특수성에 부합되고 순응하는 행정을 할 수 있다. 둘째, 지방적 행정에 관한 사항은 지방자치제에 일임하여 의견과 책임하에 처리하게 하고 중앙정부는 국가 전체의 이해관계가 있는 국가적 관심사에 전념할 수 있다. 셋째, 지방자치는 공공 행정에 대한 실험적인 입장에서 행정 개혁과 업무 개혁을 촉진한다. 넷째, 일정한 지역 단위에서 행정의 통합적인 조정이 가능하다.

마침내 지방자치는 국가 통치 기구의 하나로 볼 수 있는데 국민의 복지, 즉 주민 생활의 안정을 위해서는 중앙정부−지방정부의 역할 분담과 협력 관계에 근거하여 실시되어야 하며 보다 효과적인 지역복지를 전개하기 위하는데, 즉 관료 행정의 모순을 충당하여 지역 현실과 주민의 생활 안정에 맞는 지역복지를 실시하는 데 그 가치가 있다고 할 수 있다.

3) 지방자치와 지역사회복지의 연관성

(1) 복지국가와 지방자치 행정의 구조

국가 및 지방자치의 행정기능의 최대 가능한 공급에 의한 주민이 건강하고 문화적인 생활을 영위할 수 있는 상황이 만들어진다는 것은 말할 것도 없을 것이다. 사회보장, 의무교육, 생활환경, 주택건설, 의료, 보건 등 공적인 서비스를 공정하게 받을 수 있도록 하게 하는 것이 복지국가라는 것의 의미에서 실제로 이러한 공적인 것의 대부분은 지방자치 행정을 통하여 실시되고 있는 것이다. 즉, 국민 최저생활의 요청에 근거한 공적인 서비스가 구체적으로는 지방자치의 업무 사업의 형태로 제공된다. 국가로부터의 업무 위탁이나 보조 사업 간에 혹은 기관위임 업무 간에 지방자치가 전개하는 행정기능이라고 할 경우 본질적으로는 아무런 변화는 없는 것이다. 이것은 업무 경영을 구체화한 행정기능의 대상자가 되는 주민의 상황은 서비스의 공급형태의 차이는 문제가 되지 않는다는 의미이다. 일반적으로는 앞에서도 언급하였듯이 복지국가의 요청은 대부분 사실상 지방자치제의 행정을 통하여 실시되고 있다. 그러나 다양, 복잡, 전문화된 욕구에 따라 서비스를 책정 혹은 공급하는 구조나 운영방식이 적절하지 못한 경우가 있다. 즉, 행정의 여러 가지 시책을 형성하는 시스템이 잘 정비되어 있지 않기 때문이다. 현대의 다양한 행정기능의 구체적 정책을 작성하고 또한 공급하는 원리나 구조는 대단히 복잡하며, 지방자치제 당국의 전담 조직으로만 이것을 담당할 수 없으며 해당 자치제를 둘러싸고 있는 각종 단체, 업계, 법인, 지역주민 더욱이 국가의 관련 법규나 중앙부처의 지시, 규제 등에 의하여 영향을 받아 가면서 정책을 만들며, 또한 공급하는 과정을 거친다. 지역주민의 문제 욕구에 따른 사후 처리보다 예방 차원에서 행정기능의 시책을 작성, 공급하는 표면적인 원리나 구조를 면밀하게 해야 할 필요가 있다.

(2) 지역사회복지와 지방자치제의 관계

지방자치제도의 실시와 더불어 지역사회복지가 일반화되어 있다. 따라서 지역사회복지가 새로운 복지적 개념으로 혹은 지방행정에서 중요한 업무로서 부각되고 있으며, 또 복지국가가 아니라 지역사회복지가 중시되고 있다. 이는 '지역'이라는 것이 생활 수준에서 사회 체계를 구축함과 동시에 자치의 원점이 되기 때문이다. 지역사회복지란 생활원리를 기초로 하여 "원조대상자가 살아온 지역사회복지에서 그의 모든 사회관계를 유지, 발전시키는 것을 중점으로 한다."에서 지역사회복지에서 사회관계를 단절하여 시설에 입소하는 것보다는 구축하여 온 사회관계를 유지하고 발전시키려는 방법이나 제도를 추구하는 것이다. 이러한 지역사회복지는 지역사회가 주민 생활의 장이라는 면을 강조하여 생활을 형성하는 과정에서 주민에게 복지에 대한 관심을 갖게 하는 것이다. 따라서 지역사회복지는 '자치'와 '자율'과의 동질성과 공통성을 갖고 있다고 볼 수 있다. 주민이 지역사회복지 이념의 이해와 실천을 통하여 사회복지를 자신의 과제로 생각하고 스스로 사회를 구성하며 새로운 사회복지 과제에 참여하는 것, 즉 지역사회복지의 내실화가 지방자치의 구성 요건의 하나인 주민의 '자치'와 연계되는 것이라고 할 수 있다. 한편 지역사회복지를 유지하는 주민의 힘이 지방자치를 형성하는 주체력이 되고, 또 하나는 국가와 상대적 관계인 자치조직체로서의 기초자치단체의 자치적 능력이 지역사회복지 진행의 추진역량이 되는 것이다. 지역사회복지를 단순하게 재가복지라고 여기지 말고 지방자치의 모습과 연계하여 분권적 사회구조 개발의 한 부분으로 생각하는 것이 새로운 사회복지로서의 지역사회복지가 갖는 의미이다.

2. 지방자치와 주민참여

1) 주민참여의 필요성

(1) 정치적 측면

주민참여는 진정한 민주주의를 실현하고 대의민주제를 보완하기 위하여 필요하다. 현대사회는 산업화 과정을 통하여 사회의 규모가 커지고 복잡해지고 전문화하여 주민의 의사가 정책에 제대로 반영되지 못하는 대의민주주의 위기를 맞고 있으며, 주민은 불완전한 주권을 가진 국민으로 전락하였다. 따라서 이러한 대의민주제 위기에 대응하여 지방자치의 실시는 과거 중앙정부가 독점하였던 권력을 주민과 가까운 위치에 지방정부에 대하여 주민은 보다 편리하게 접근하여 영향력을 행사할 수 있다. 즉 주민참여는 국민의, 국민에 의한, 국민을 위한 민주주의의 구현을 위한 지방 차원의 정치적 기반을 강화시킨다. 또한 과거 선거에서 보여주듯이 지방선거는 중앙선거에 비하여 낮은 참여율을 보여주며 선출된 의원의 경우에도 과연 주민의 대표로서 기능을 올바르게 수행했는지에 대한 의문이 제기된다. 지방정부의 입장에서 보면 주민참여는 정책 결정에 대한 책임을 지방의원과 함께 정책의 원활한 수행을 가능하게 한다. 주민들은 정치적 참여를 통해 그들의 일상생활에 직접적 영향을 미치는 사안들에 관한 결정에 관여할 수 있는 기회를 제공할 수 있다.

(2) 행정적 측면

지방정부 공무원들이 정책을 기획하고 수행하는 데 있어 유용한 정보를 부여한다. 정부의 정책들이나 계획들은 해당 지역 주민들의 삶에 직접적인 영향을 미치기 때문에 전통적인 제도나 절차에 의하여 문제가 확인되고 해결될 수 없다(Zimmerman, 1986 재인용). 주민들은 지역의 자세한 상황과 필요, 욕구들에 대한 정보를 제공함으로써 정책기획, 의사결정, 집행에 있어 여러 형태로 협력할 수 있다. 즉 정책을 수행할 때 생기는 갈등을 해소할 수 있으며, 주체적 활동들을 통하여 행정서비스의 질을 고려하고 비용을 낮출 수 있다. 그리고 주민들에 의하여 정책 분석을 하는 데 필요한 총체적인 정보를 제공받을 수 있다.

아울러 지역주민이나 지방공무원들이 가지고 있는 현장지식은 정책의 효과적 형성과 평가에 매우 필요할 뿐만 아니라 당면한 문제들을 독창적으로 단정하고 해결방안을 모색하는 주민 능력으로부터 파급효과도 기대할 수 있다. 나아가 잠재적 혜택을 지닌 다양한 정책들이 개별 지역사회 속에서 비판이나 평가받을 수 있도록 만들어준다.

2) 주민참여 기회 확대

지역사회의 각종 활동에 참여하는 주체는 바로 주민이다. 따라서 주민조직화 활성에 있어 중요한 것은 활동의 주체가 될 수 있는 주민지도 집단을 형성하는 것이다(함철호, 2019).

지방행정의 공적인 업무수행 방식에 따라 정책수립이나 집행과정에 주민의 참여기회가 크게 확대되었다. 정책적으로는 일정 수의 주민은 주민투표, 조례를 제정하거나 개정 및 감사를 요구할 수 있으며, 감사결과를 수용하지 않을 경우에는 주민소송을 제기할 수 있도록 지방자치법이 개정되었다. 또한 자치단체장은 주민이 원하는 행정서비스를, 주민에게 편리한 방법으로 제공하기 위하여 행정서비스나 정책을 수립할 때에 주민을 참여시켜 의견을 긍정적으로 수용하고 있다. 예컨대 각종 위원회를 구성, 운영하고 각 읍 · 면 · 동의 주민자치센터 등의 제도들이 주민의 행정 참여기회를 보장하고 있는 것이다.

3) 주민참여의 긍정적 · 부정적 효과

지방자치는 결국 지역의 문제를 지역에서 주체적으로 해결하는 것을 의미한다. 따라서 주민참여를 조건으로 하는 것이다. 지역주민을 대표하는 지방의회가 있으나 아직 그 역할이나 전문성에 있어 부족함을 감안할 때, 또한 주민 개인의 참여가 어려운 법적 · 제도적 여건 등을 감안할 때 주민의 적극적인 참여를 전제로 한 시민단체의 지역에서의 활동은 지방자치와 지역의 발전, 나아가 우리 정치가 민주주의 발전을 위한 유익한 바탕으로 그 역할을 수행할 것이다. 주민의 복지증진에 미치는 영향을 긍정적인 효과와 부정적인 효과로 구분해 볼 수 있다.

(1) 긍정적 효과

- 주민참여는 주민의 의견 반영으로 대다수 사람의 의견에 따라 정책이 결정된다. 이것은 특정계층의 유익을 위해 국가나 지역 전체의 자원과 예산을 활용하지 않고 형평성 있고 공평한 발전과 국민의 삶의 질 향상을 기대할 수 있다.
- 주민이 참여하면 정책결정자의 신중하고 책임감 있는 선택을 유도하게 된다. 정책결정자는 지역주민이 진행 과정을 주목하고 있다는 것을 인식, 기대에 부응하는 행동 이후 선거 결과에 영향을 미치게 된다는 것을 느낀다. 투표를 통해 대표를 선출하고 활동 이후 선거에 반영하는 과정을 지속적으로 유지하고 주민복지의 질적 개선을 이룰 수 있다.
- 이해당사자 서로 간의 의견이 첨예하게 대립되어 정권이 불안정할 때 지역주민의

의사표현으로 정책결정자 간의 의견 조율을 유도할 수 있다는 것이다.

- 국민이나 주민이 관여하여 정책이 결정되는 국민의 적극적인 참여를 주도할 수 있다.

어떤 정책이든 행정만으로 전개되는 것이 아니라 결국은 국민이나 주민의 활동으로 변화를 기대할 수 있고, 주민이 정책에 참여하게 되면 진행 과정에서 좀 더 적극적인 개입과 협력이 필요하다.

(2) 부정적 효과

- 주민들 간의 의견 차이로 불균형이 생기고 현실을 올바르게 반영하지 못할 경우, 갈등이 일어날 수 있고, 전체 지역의 이해문제로 갈등을 유발할 수 있다.
- 주민참여로 정책에 대한 재고 요청은 정책을 수립하고 집행과정에서 시간 소비로 막대한 비용을 수반할 수 있다.

이러한 주민참여로 발생할 수 있는 부정적인 영향들은 체계적인 개선과 행정 전문가나 지역주민의 적극적인 개입을 통해 갈등을 해결하는 방법과 구성원들의 결속을 주도하거니와 주민참여 방법을 고려할 필요가 있다.

4) 주민참여 방법

(1) 일반적 참여방법

① 전시회

전시물 내용이 단순하고 이해하기 수월하여야 하며 주민과의 교류가 쉬운 장소에서 이루어져야 한다. 홍보목적과 주민의 의견 이해를 무난하게 운영하는 방법이다.

② 공청회

모든 주민을 대상으로 한 공개적인 토론을 통해 널리 수렴하는 과정으로 특별한 기준에 의해 해당되는 대상 주민을 제한하여 선정하는 방법이다. 공청회는 각계각층을 대표하는 주민을 대상으로 전문적이고 특정한 문제보다는 지역사회의 보편적이고 단순한 문제에 핵심을 두고 의견을 교환하는 것이 바람직하다.

③ 설문조사

전문적인 분석도구를 활용하여 조사되어야 할 정보의 내용과 영역을 명료화하여 주민들이 의식하고 있는 문제점, 중요성, 선호도, 태도 등을 파악하여 계획이나 정책에 반영한다.

④ 대중매체 홍보

대중매체를 통해 각종 정책주체의 계획이나 정책대안의 내용을 홍보하는 방법으로 인터넷을 이용한 시민 의견 수렴방법은 다양하다. 대중매체는 지역주민의 중요한 정보원 기술이며 정부의 계획이나 정책대안 내용을 홍보해 주며 주민 욕구와 의견을 수렴하여 정책에 연계한다.

(2) 전문적인 방법

① 델파이 방법

익명성을 보호하는 상태에서 전문가집단을 대상으로 한 설문조사 기법으로 전문가집단의 지식과 역량을 결합하여 반영하기 위해 설문조사를 실시, 통제된 피드백 형식을 활용한다. 문제확인, 목표와 우선순위 결정, 대안의 확인평가가 유용하다.

② 명목집단 방법

모든 구성원이 동일하게 관여할 수 있고 우선순위 투표과정을 통해 집단의사결정에 동등한 영향을 끼칠 수 있는 기회가 있는 구성원 각자의 능동적인 노력으로 완성되는 기법이다. 충분한 의견 전달의 기회가 부족할 때, 개별적 해결방안을 제시하는 방법으로 아이디어 서면작성, 아이디어 제출 및 전체 아이디어 기록, 구성원 논의 및 투표 후 결정된 절차대로 진행한다. 이 방법의 특징은 참석자들로 하여금 서로 대화에 의한 의사소통을 모색한다.

③ 샤레트 방법

각 분야의 전문가들이 인식하고 있는 문제들을 건의하여 상호이해와 협력을 통해 합의된 제안을 작성하는 기법이다.

④ 브레인스토밍

여러 사람이 한 가지 문제를 가지고 무작위로 아이디어를 제안하며 비판하지 않고 다양하면서 많은 아이디어를 도출시켜서 구성원들의 독창적인 사고를 추론하는 방법으로 반드시 지켜야 할 원칙은 자유분방, 비판금지, 수량추구, 결합개선이다. 즉, 현실적이지 않을지라도 자유분방한 아이디어와 타인의 생각에 대한 평가나 비판을 하지 않고 의견이 많을수록 훌륭한 의견이 나올 가능성이 높고, 제시한 의견을 바꾸거나 아이디어를 통합하여 발전시키는 방법이다(간순옥 외, 2018).

5) 주민참여 단계

주민참여는 계획이나 정책결정 과정에 미치는 영향이나 효과 수준에 따라서 실질적인 효과가 있는 참여로부터 형식적인 효과가 있는 참여까지 다양하다.

아른슈타인(S. Arnstein)은 주민참여를 '주민참여 사다리모형'을 통해서 개념을 분석하고 있다. 주민참여는 여러 가지 형태로 분석할 수 있는데 주민이 갖는 의사결정 권한의 규모에 따라 참여 구성이 다양하다는 점을 강조하고 있다. 중요한 점은 주민참여 자체가 아니라 의사결정 과정에서 주민들에게 어느 정도의 발언권이나 결정권한을 부여하는 것이다.

아른슈타인은 주민들이 의사결정에 전혀 역할을 못하는 상태를 정부에 의한 조작(manipulation), 치유(therapy)로 정의하며 비참여 단계로 간주한다. 이 단계를 지나면 정부가 무엇을 하고 있는지 주민들에게 전달하고, 주민들의 의견을 듣기는 하지만 결정권은 여전히 정부가 갖고 있는 회유(placation) 등 명목상의 참여 단계가 있다. 이어서 정부가 주민을 대화의 상대로 인정하고 결정권을 위임하거나 주민들이 의사결정은 물론 집행까지 하는 진정한 참여 단계이다. 주민참여는 그 정도에 따라 다양한 영향과 효과를 기대할 수 있다(김용환 외, 2014).

〈표 11-1〉 아른슈타인의 주민참여 사다리모형

단계		내용	
1	조작 (manipulation)	행정과 주민이 서로 관계를 확인하는 데 의미가 있고 공무원이 일방적으로 교육 · 설득시키고 주민은 단순 참여 수준	비참여 (non-participation)
2	치료 (therapy)	주민의 욕구불만을 일정 사업에 분출시켜 치료하는 단계, 행정의 일방적 지도수준	
3	정보 제공 (informing)	행정이 주민에게 일방적으로 정보 제공, 환류는 잘 일어나지 않는 수준	형식적 참여 (degree of tokenism)
4	상담 (consultation)	공청회 · 집회방법으로 행정에 참여를 유도하지만 형식적 단계에 그침	
5	회유 (placation)	각종 위원회를 통해 주민 참여범위가 확대되지만 최종판정은 행정기관이 하는 점에서 제한적임	
6	협동관계 (partnership)	행정기관이 최종결정을 가지고 있지만 주민들이 필요한 경우 그들의 주장을 협상으로 유도할 수 있음	주민권력 (degree of citizen power)
7	권한위임 (delegated over)	주민들이 특정계획에 관해서 우월한 결정권을 행사, 집행단계에서도 강력한 권한을 행사함	
8	주민통제 (citizen control)	주민 스스로 입안하고, 결정, 집행, 평가단계까지 통제하는 단계	

출처: S. R. Arnstein(1969) 재인용.

3. 지방자치와 지역사회복지 전달체계

1) 지역사회복지 전달체계의 개념

현대사회가 요구하는 사회복지의 궁극적 목적은 경제적 · 사회적 · 문화적 욕구를 지닌 개인이나 가정, 집단이나 지역주민에게 그들의 사회적 욕구에 대응하는 서비스를 제공함으로써 좀 더 흡족하고 자율적인 삶을 영위할 수 있도록 지지하는 데 있다. 그래서 주민의 복지수요를 수용하기 위해서는 합리적 사회복지정책의 수립도 중요하지만 사회복지대상자, 즉 복지수혜자에게 어떠한 내용의 서비스를 어떤 방식으로 제공하는지, 효과적 복지서비스전달체계의 확립도 중요하다. 그러므로 대상자 선정이나 수혜자격 요건의 설정, 수혜내용의 성격에 관한 정책의 실질적 집행은 곧 복지서비스전달체계를 통해서 이루어지고 있기 때문이다(김병 외, 2016; Friedlander & Apte, 1980).

지역사회복지 전달체계는 지역 수준에서 사회복지적 급부나 서비스를 산출하는 공공이나 민간기관 상호 간의 관계와 서비스 공급주체에 의해 수혜계층인 복지대상자에게 효과적으로 전달되는 데 필요한 공공 · 민간의 사회복지조직 연결망을 지칭한다.

사회복지정책에 있어서 전달체계는 사회복지정책에서 제공하는 급여 또는 서비스를 제공하는 조직적 도구로 나타낸다. 이에 중요성은 사회복지정책에 규정되어 있는 사회복지급여와 서비스를 적절하고 효율적으로 대상자에게 전달하여 그들의 욕구를 효과적으로 충족시킴에 있어 결정적 역할을 하기 때문이다. 또한 전달체계는 정책을 실현하는 조직에 관한 논의이며, 여기에는 조직의 구조와 기능에 대한 사항이 주된 관심영역이므로 결국 조직이 정책목표를 올바르게 수행하기 위해서는 필요한 구조와 기능, 그리고 인력선발과 배치 등 적절하게 선택하는 문제로 귀결된다(현외성, 2001).

이에 지역사회복지 전달체계 기능이 지역 차원에서 지역복지정책을 수립하는 데 어떤 사람을 복지수혜자로 선정하여 어떠한 유형의 서비스를 어떤 재원으로 어떠한 조직체계를 통해 전달하는 것으로, 조직 및 복지정책의 중요성과 더불어 지역주민 전체의 복지수요 및 욕구를 효율적으로 제공하고 만족시키기 위해서 이를 보장할 수 있는 지역사회복지 전달체계의 구축이 시급하게 요구되는 것이다.

2) 지역사회복지 전달체계의 필요성

지역사회복지가 확대됨에 따라 기존의 지역사회복지 전달체계를 보완해야 한다는 필요성이 향상되고 있다. 우선 지역주민의 복지수요 증가에 의해 복지대상자, 복지전담공무원, 복지예산 등이 증대되고 있다. 이러한 수요자 중심의 사회복지서비스를 제공할 수 있는 지역사회 중심의 복지전달체계 강화가 필요하고, 지방자치제의 지역사회보장행정조직 또한 개편되어야 할 것이다. 기본적인 생계보장뿐만 아니라 간병이나 가사지원, 재활, 재가보호, 취업 등 서비스 제공을 위한 공공부문이나 민간부문의 복지전달체계 간의 유기적 협력체계가 요구되고 있다. 급격한 경제발전에 따라 사회적 문화적 환경 변화에 따른 모든 지역주민들 삶의 질이 향상되고 동등한 기회보장과 주체적 복지참여를 증진하기 위한 전달체계의 구체적 목표를 살펴보면 다음과 같다.

① 저출산 및 고령화로 인한 복지환경의 큰 변화와 국민의 복지수요 증대, 서민경제의 어려움으로 인해 생계형 사건, 사고의 증가에 따라 위기가정을 조기 발견하고 원조하므로 모든 국민이 가치 있는 삶을 영위할 수 있는 복지체계의 구축이 요구
② 위기가정 조기발견과 국민의 복지체감을 위한 향상으로 인한 복지전달체계 개선이 과업으로 등장
③ 개인이나 가족, 지역사회, 기업 또한 정부 모두가 복지 주체로서 상호동반적 관계로 참여가 이루어지는 복지체계 형성
④ 지역주민들의 개별화에 따른 욕구들을 존중하고 지역과 계층 간에 동등한 삶의 질 향상으로 인한 복지실현 촉구
⑤ 지방분권화로 인한 복지사업의 지방이양이 증대됨에 따라 지자체의 복지역량강

화의 과제가 부여되므로 시 · 군 · 구/읍 · 면 · 동의 복지기능이 조정되고 적절한 인력을 충원, 시 · 군 · 구의 복지계획 역량과 읍 · 면 · 동의 현장성을 강화, 지방자치단체에 대한 복지부문 평가 내실화를 핵심으로 전달체계 개편의 기본 방향과 정책방안을 제안하기 위해서 목표들을 실현하고 효과적 · 효율적인 복지전달체계의 해결방안 필요

3) 지역사회복지 전달체계 확립과제

(1) 공공복지 전달체계 확립과제

지역사회복지 전달체계 확립을 위해 공공복지와 민간복지 현안을 살펴보고자 한다.

① 지역마다 현실적인 주민복지센터가 확립되어야 하며 기존 민간 지역사회복지관 간에 기술 중복을 회피하고 공공복지서비스의 최종 거점으로 기여하도록 한다. 국민기초생활보장제도에 따라 이루어지지 못하고 있는 사례관리 및 상담서비스 등을 실행할 수 있는 공간 준비와 내담자의 지리적 · 심리적 차원 등 제 측면의 접근성을 확보하는 수준에서 기능이 모색되어야 한다. 특히 농촌지역 및 시 · 군 통합지역의 경우 지역주민의 접근성이 먼저 전제되어야 한다.

② 지방공무원 조례 등의 변경을 거쳐 사회복지전담공무원을 보완할 뿐만 아니라 복지상담원 등의 일반직 전환 등이 확립되어야 한다. 전문적인 직무분석을 거쳐 사회복지전담공무원의 적정 인력 체계에 의한 인식 아래 매번 증원이 이루어져야 할 것이며, 사회복지전담공무원의 지위 강화와 실질적인 복지 직위 구축의 차원에서 정책적 판단이 성립되어야 하며 사회복지전담공무원을 상위부서에 상향 배정해야 한다.

③ 사회복지행정 생산성을 위한 사회보장정보시스템을 확대 수립해야 한다.

(2) 공공·민간 지역사회복지 연계체계 형성과제

① 서비스 제공기관의 보완과 편차의 조정, 서비스의 분화 및 특화를 위한 서비스개발이 실현되어야 한다. 그러므로 지역의 서비스 제공기관과 공급되고 있는 서비스에 대한 체계적인 연구와 필요한 서비스 제공기관의 확충과 중복되는 서비스 조율과 누적된 서비스 개발 등이 형성되어야 한다.

② 서비스를 제공하는 실무자들의 기능적인 지원과 학제 간의 전문가 행동을 권장하는 노력이 필요하다. 이와 더불어 기존의 기관장을 대상으로 하는 보수교육에서도 연계체계의 중요성 및 운영에 대한 교육내용이 포함되도록 해야 한다.

③ 연계체계가 원활하게 운영되기 위해서는 각종 정보의 전산화가 필요하다. 전국적으로 활용이 가능한 각종 조사 및 기록양식의 표준화, 또한 이러한 자료의 전산화가 성취되어야 한다.

④ 각 지역 단위로 편재하는 다양한 의도의 협의체들 조정과 통합이 이루어져야 한다. 동일 지역에 여러 개의 협의체가 공존하는 것은 협의체 간의 미묘한 대립을 초래하여 지역 전체적으로 서비스 연계에 장애로 영향을 줄 수 있으며 여러 개 협의체에 대등한 기관들이 반복적으로 가입함으로써 비용의 낭비를 초래할 수 있기 때문이다.

(3) 지역사회복지 전달체계 개편

그동안 정부는 복지사각지대 최소화, 생애주기별 맞춤형 복지실현 및 국민의 복지체감도 제고를 위해 사회복지공무원을 확충하고 찾아가는 서비스 및 민관 협력을 강화하는 등 복지전달체계 개편·발전시키기 위해 지속적으로 주력해 왔다. 특히 2014년 동 복지기능강화 시범사업을 통해 방문상담 및 민간서비스 연계, 사례관리 등 국민의 복지체감도를 높이는 데 성과가 있음을 인정하고 전국 모든 읍·면·동에서 단순히 복지사업 신청 및 접수만을 받은 것이 아니라 유관기관·보건소·지역주민 등과 함께 협력하여 찾아가는 보건복지서비스를 제공 중이다.

전국 모든 읍·면·동 찾아가는 보건복지서비스의 활성화를 통해 노인·장애인 등 이동 제약 계층에 대한 방문상담·신청을 포함, 취약가정에 대한 관리를 체계화하고 대상별로 추진되는 각종 방문형 서비스에 대한 연계를 협력 강화한다. 주변의 어려운 이웃들에게 복지공무원이 복지 통장과 읍·면·동 지역사회보장협의체 위원 등 지역사회 주민들과 함께 찾아가 필요한 공적 급여지원과 전문적 통합사례관리 서비스 등을 제공하고 소득·재산 기준 초과 등으로 인해 공적급여 및 서비스를 받지 못하지만 현실적으로 생활이 곤란에 처해 있는 주민들에게는 지역사회 내 다양한 민간 자원을 찾아 서비스를 연계한다. 또한 읍·면·동의 사회복지공무원, 방문간호전담 공무원을 점진적으로 확충하여 전국 모든 읍·면·동 찾아가는 복지전담팀을 형성할 계획이다. 이를 통해 찾아가는 복지상담, 위기가정, 통합사례관리, 방문건강관리, 공공·민간복지자원 연계 등 국민이 체감할 수 있는 지역사회의 중추적 복지체계를 구축한다(보건복지부, 2019).

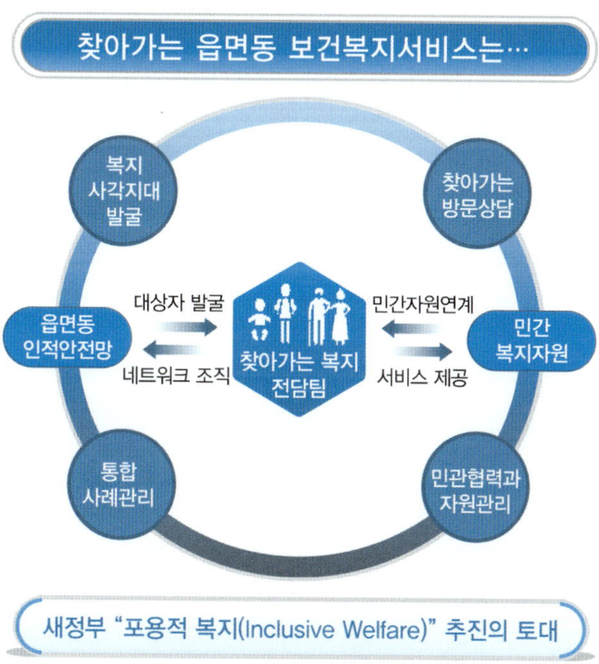

[그림 11-1] 복지전달체계 개편

출처: 보건복지부

4) 커뮤니티 전달체계

커뮤니티 케어란 돌봄이 필요한 주민이 살던 곳에서 욕구에 맞는 서비스를 누리고 지역사회와 어울려 살 수 있도록 돌봄 서비스를 통합적으로 지원하는 지역주도형 사회서비스 정책이다.

2020년부터 베이비붐(1955~1963년) 1세대인 1955년생 인구가 노인인구로 편입되어 2025년 초고령화 사회에 진입하는 등 노인인구가 급속도록 늘어나고 있다. 이에 따라 사회서비스에 대한 관심도 높아지고 있는데 정부와 지자체 등에서도 다양한 사회서비스 정책을 내놓고 있다. 특히 정부는 사회서비스 제공 주체로 사회적경제기업을 활용할 수 있는 다양한 방안을 검토 중이다. 공공과 민간의 중간 형태를 띠는 사회적경제기업을 통해 높은 품질의 수요자 중심 서비스를 제공할 수 있다는 이유다.

[커뮤니티 케어 4대 핵심요소]

1) 주거지원 인프라 확충
- 노인 맞춤형 케어 안심주택
- 노인독립생활 및 낙상 예방을 위한 주택개조(집수리)
- 커뮤니티케어 특화 도시 재생 뉴딜사업 신설

2) 방문건강 · 방문의료
- 노인 거주지 방문하여 건강관리하는 '주민건강센터' 확충
- 노인 집에서 진료 · 간호 등 방문의료 제공
- 지역사회 기반의 노인 만성질환 전담 예방관리
- 경로당, 노인교실 등에서 운동, 건강예방 등 프로그램 활성화
- 병원 '지역연계실'을 통해 퇴원환자 지역 복귀 지원

3) 재가돌봄 및 장기요양

- 커뮤니티 케어에 걸맞는 차세대 노인장기요양보험 구축
- 종합재가센터 설치, 서비스통합 제공 및 품질향상
- 재가 의료급여 신설, 의료급여 퇴원환자 재가 생활지원

4) 서비스 연계 위한 지역자율형 전달체계 구축

- 공급자 중심의 분절적인 서비스 칸막이 해소
- 지역사회 민간 · 공공 협력하여 사람중심 서비스 연계
- 민 · 관 서비스 제공 인력 및 사례관리 인력 확충(이로운 넷, 2020)

[지역사회 통합 돌봄(커뮤니티 케어) 선도사업 추진계획] 발표('19.1.10)

지자체가 선도사업을 기획하고 실행하는 과정에서 지역 주민의 욕구를 실제 확인하여 필요하고 다양한 서비스를 자주적으로 개발 · 제공하게 된다.

복합적인 욕구를 가진 대상자의 문제를 해결하기 위하여 지자체가 주거, 보건의료, 요양, 돌봄 등 서비스를 제공하는 민간단체와 협력하는 다양한 민 · 관 협력 전달체계의 모델을 마련하고 선도사업 추진 과정에서 우수 사례를 발굴하여 향후 지역사회 통합 돌봄 서비스의 보편적 제공 단계에서 전국의 다른 지자체로 확산시켜 나갈 계획이다. 또한 지역사회 통합 돌봄의 확산과 보편적 제공에 필요한 재원의 조달과 지자체에 대한 재정적 인센티브 제공방안을 연구해 나갈 계획이다. 지자체의 선도사업을 시행하여 불필요한 '사회적 입원'을 줄임으로써 절감되는 사회보험 재원 규모에 대한 실증자료를 확보하고 지역주민에 대한 통합 돌봄 서비스 제공을 확대하는 지자체에 재정적 인센티브를 제공하는 방안도 함께 모색할 계획이다(보건복지부, 2019).

4. 지역사회복지와 마을 만들기

1) 마을 만들기 주체

마을 만들기 혹은 커뮤니티 빌딩이란 주민, 결사체 그리고 조직의 역량을 강화하려는 관심으로서 이러한 결과는 이웃의 긍정적 변화를 지속적으로 이끌어내기 위한 것이다(Mattessich & Monsey, 1997: 60 재인용). 그리고 마을 만들기 또는 커뮤니티 빌딩을 한층 강력하고 돌봄 지향의 지역사회를 실현하기 위해 판단할 수 있는 의식을 육성하고, 지역사회 자산 개발과 공동체의 정체성을 강화하는 등 지역사회 내면의 성숙과 변화를 추구하는 전반적 접근법이라고 정의하였다(Minkler & Wallerstein, 2012 재인용). 마을 만들기 또는 공동사회 구조를 합의적 관점으로 도출하여 사회활동을 대립적인 시각으로 접근하였다. 주민조직화를 "생활의 장인 지역사회 내에서 지역사회의 자원을 동원하고, 문제해결과 생활의 질을 향상시키기 위한 활동"(최종혁 · 이연, 2001 재인용)이라고 정의한 것은 마을 만들기 또는 공동사회 구조 관점에서 조직화의 정도로 간주한다.

2) 마을 만들기와 주민 조직의 의미

마을 만들기는 주민이 주인의식을 갖고 마을 공동체를 만들기 위한 모든 활동의 결과이다. 마을 만들기는 우선, 생활의 터전을 일구는 것으로 주민이 직접 생활환경을 만들고, 마을에서의 삶에 있어 불편한 문제들을 개선하고 주민 편의 증대 및 삶의 질 향상에 필요한 공간, 시설, 장소 등을 조성해 가는 일이다. 두 번째, 공동체 구축으로, 마을 만들기는 주민 조직을 통해 마을 공동체 형성이다. 마을 공동 문제를 같이 고민하고 개선, 해결하는 동안에 단절되었던 이웃과의 커뮤니티를 회복하고 그들의 의사소통 경로 및 활동체계를 구축하여 주민 공동체를 형성해 가는 것이다. 즉, 마을사람 만들기는 책임감 있고 참여할 수 있는 주민을 육성하는 일이다(함철호, 2019). 마을주민이 이웃과 함께 공동 문제를 해결하는 과정을 경험하면서 진정한 주민으로 거듭나는 것이다. 마을 만들기 과정에서 핵심은 주민참여이다. 그러므로 마을 만들기 성공 요인은 주민참여라는 의견이 마을 만들기에 대한 조사에서 공통적 현안이다.

'마을 만들기 성공의 조건'의 이슈 진단에서 '주민의 자발적 참여 및 조직화'가 지속가능한 마을 만들기를 위해서 필요하며 마을 만들기를 이끌어 나갈 핵심 주체로서 주민 지도자 양성이 필요하다(남원석 · 이성룡, 2012). 더구나 마을이라는 지리적 접근성을 기반으로 지역주민, 비영리기관, 지방정부 등을 포함하는 다양한 이해관계자 사이에 상호작용, 즉 협력적 공공경영에 의한 마을 만들기가 필히 요구되며 마을 만들기의 협력 주체로서 주민조직의 중요성을 강조하였다(김상민, 2016).

3) 마을 만들기 사례

(1) 사례 1: '희망세상'의 지역사회복지실천

① 반송동의 생성과 지역의 문제

반송동은 1968년부터 1975년까지 부산시의 수정동 산동네, 조선방직 부지, 경부선 철도변에 살고 있던 철거민들이 집단으로 옮겨 오면서 생겨난 마을이다. 1989년부터는 열악한 환경을 개선하기 위해 시행된 주거환경개선사업으로 다세대주택이 건립되었고, 1995년 이후에는 택지개발지구로 선정되어 인구가 급증하였으며, 일반주택지, 저소득층 주민 집단거주지(다세대주택), 아파트택지개발지역으로 중산층과 기초생활수급자들이 함께 거주하고 있다.

따라서 부산에서도 반송하면 '못사는 동네', '교통도 안 좋고, 수준이 한참 떨어지는 동네', '사람들이 떠나가는 동네'라는 인식이 널리 퍼져 있었다. 2010년 12월 말 기초생활수급자 4,122명, 차상위계층 869명, 등록장애인 2,592명 등으로서 기초생활수급자가 전체인구의 10%를 넘는 대표적인 저소득층 거주지역이다.

집들이 좁은 부지 위에 오래전에 지어진 데다 다닥다닥 붙어 주차 공간이 없기 때문에 주민들은 밤낮없이 주차 전쟁을 치르며 갈등과 불화가 끊이지 않고 있다. 여기에다 주민 쉼터와 공원, 체육시설을 비롯해 도서관, 편의시설 등이 부족해 생활환경이 아주 열악하다.

지역 주민의 요구사항으로는 교통 불편 개선(개통된 도시철도와 연결되는 마을 버스운행, 시내버스 노선 확충), 문화의 불모지 해소, 영구임대아파트 입주민 중 일부 주민의 반사회적 행동으로 인한 어려움 해소 등이 있다. 이러한 반송동 지역사회에 '반사사'라는 주민조직이 생겨나면서 엄청난 변화가 생겨났다.

② 주민조직 '희망세상'의 연혁과 활동

1980년에 후반 경 일반아파트가 건립되어 젊은 사람들이 유입되기 시작하고, 동시에 지역 활동에 관심을 가진 개인들의 움직임이 활발해지면서 젊은 사람들을 중심으로 자신들이 관심을 갖는 주제로 마을 활동을 시작하게 되었다. 1997년에 시작된 지역 활동은 주민이 주체로 나서 살기 좋은 지역공동체를 만들겠다는 취지로 1998년 6월 '반송을 사랑하는 사람들'이 정식 창립되어 본격적인 활동에 들어가면서 일상적 지역활동이 활발히 이루어지게 되었다. 그 첫 번째 활동이 당시 마을에서 사명감을 갖고 열심히 사회복지사가 만든 '더부러 소식'을 마을 소식지로 함께 펴낸 것이다.

초창기 반사사의 활동은 젊은 어머니들을 주축을 소모임 활동을 하였는데 문화 · 교육 · 봉사 · 실업극복 영역 등으로 다양하게 전개하여 갔다. 특히 반사사 활동 초기에 교육활동에 많은 노력을 기울였다. 지역의 특성, 주민의 요구와 준비 정도에 따라서 다양한 내용의 교양 강좌를 마련하였다. 가능한 한 전체 주민을 대상으로 교양 강좌를 홍보하고 참여자를 모집하였다. 이는 창립한 지 얼마 안 되는 반사사를 홍보하는 것이기도 하고, 새로운 주민을 만나는 계기가 되었다. 또한 그 계기를 통해 많은 주민이 회원으로 가입하였다. 주부대학, 주부환경 강좌, 구인구직 상담실, 일하는 사람들을 위한 열린 교실, 알찬 방학 보내기 교실, 어린이 택견, 풍물교실, 어린이 통일학교, 학부모

교실, 좋은 아버지 학교, 민주시민 교실, 회원 교양 강좌 등을 운영하였다.

2005년경 반송이라는 지역적 한계를 벗어나 보다 판이 큰 지역 활동을 위해 반사사는 '희망세상'으로 단체명을 변경하게 된다. 현재 희망세상의 회원 수는 700명 정도로, 젊은 부모를 주축으로 하여 역동적으로 시작해 왔던 활동도 약 15년차에 이르게 되었다. 희망세상을 거점으로 반송의 많은 사람이 2003년을 이후로 서로 단결하고 화합하고 지역을 위해 힘을 모으는 풍토를 만들었고, 이런 것들을 통해 공동체의식이 강화되었다. 희망세상을 통해 반송2동의 주민은 서로 지향점은 달라도 마을을 위해서는 힘을 모으는 문화가 더욱 성숙되었다. 특히 희망세상은 구체적 사업을 중심으로 한다기보다 지역사회 역량을 강화한다는 관점을 중심으로 사업을 전개하고 있다. 지역주민이 스스로 공동체에 대한 믿음을 토대로 활동하게 하고, 주민 간부를 육성하여 이들이 스스로 지역을 이끌어 가게 한다는 철학에 기반해서 지역사업을 꾸려 가고 있다.

희망세상은 독거노인, 부모-자녀 관계, 지역 소득의 문제, 저소득층 건강의 문제, 저소득층 교육의 문제, 저소득층 급식의 문제 등 매우 다양한 지역사회복지 문제를 해결하는 데 중요한 축이 되어 있다. 지역의 주민단체를 지역사회복지 문제해결의 주요 원천으로 활용할 수 있다는 사례를 보여 주었다(고창권, 2005; 홍현미라 외, 2012 재인용).

(2) 사례 2: 해방촌 빈집

우리 삶의 현장에는 이웃과 더불어 살고자 하는 많은 분들이 계십니다.

우리 안에 있는 공동체에 대한 기대감이 존재하고 있습니다. 나 혼자서는 못하겠고, 같이 할 수 있는 사람이 있으면 해보고 싶은데, 어떻게 시작하면 될까 하면서 시작하지 못하는 분들이 계시다는 것을 보게 되었습니다.

서울시에서 마을공동체 사업이 시작된 것은 이제 1년이 되었습니다. 그러한 이전에 공동체를 이루고 행정에서 접근하지 못하고 있는 다양한 방식으로 직접 문제를 해결하는 분들이 계셨습니다. 그 사례는 점차 많이 발굴되고 있고 또한 새로이 만들어지고도 있습니다. 이러한 사례들을 보면 공통적인 시사점이 있습니다. 욕구를 가진 개인에서 출발하였고, 자발적이고 즐거운 모임이 시작이었습니다. 특히 그곳에 사는 여성이 핵심 역할을 담당하고 있었습니다. 다양한 자원이 연계되었을 때 지속력을 갖고 호혜적이고 이타적인 활동들이 연계되면 가능성이 높았다는 것이고, 무엇보다도 당사자들의 땀과 노력이 담겨 있어야만 지속성을 확보하더라는 것입니다(제주국제협의회 · 한국지방자치학회 · 제주대학교 평화연구소 · 제주특별자치도, 2013).

4) 지역화폐

지역교환거래망(Local Exchange and Trading System)은 지역 내에서 일정 규모의 사람들이 모여 서로 필요로 하는 물품이나 서비스를 교환함으로써 돈이 없더라도 어느 정도 필요한 소비생활을 할 수 있도록 하는 시스템이다. 지역화폐 시장이 빠른 속도로 커지고 있고, 전국에서 사용되는 법정화폐와 달리 특정지역 또는 집단 내에서만 통용되는 돈을 말한다. 외국에서는 발행 역사가 200여 년이 되었지만 우리나라에서는 1997년 외환위기 이후 본격적으로 도입되었다. 지역화폐는 지역 경제 활성화 등의 목적으로 대부분 지방자치단체가 발행하고 있는데 종이화폐가 가장 많고 카드, 모바일 형태도 늘어나고 있다. 최근에는 블록체인을 기반으로 한 지역화폐도 등장하고 있다. 지역화폐는 해당 지역 내에서 거래되기 때문에 자금이 외부로 나가는 것을 막고 지역소비를 활성화할 수 있다. 특히 골목상권, 영세상가 등 소규모 점포에서 사용되었을 때 소상공인 및 자영업자의 소득을 늘릴 수 있고, 상인들은 카드 수수료를 따로 부담할 필요가 없다. 또한 관광객에게 상품권 형식의 지역화폐를 판매한다면 외부로부터 자금이 유입되어 지역 경제에 도움을 줄 수 있는 것이다. 실제로 '고향사랑 상품권의 경제적 효과 분석 및 제도화 방안' 연구결과에 따르면 상품권 도입으로 강원 양구군 소상공인 1인당 소득이 2.13% 상승한 것으로 나타났다. 지역화폐의 사용범위와 형태도 점차 확대되고 있고, 물품구매와 서비스 이용뿐만 아니라 복지정책의 실현수단으로 추진되고 있는데 실제로 고령군에서는 군청 공무원들에게 월급의 6%를 고령사랑상품권으로 지급한다. 또한 종이형태가 아닌 모바일상품권, 카드, 전자화폐 등 지역시민이 언제 어디서나 지역화폐를 사용할 수 있는 방안을 모색하고 있다.

지역화폐의 한계점으로는 지역화폐는 일정 수준의 할인율을 적용해 판매되는데 이때 나머지 비용을 지자체가 부담해야 한다. 실제로 대구의 경우 연간 2천억 원의 지역화폐를 발행하는데 대략 200억 원을 대구시가 부담해야 한다. 종이화폐 발행, 모바일 프로그램 유지, 가맹점 모집에 필요한 비용을 함께 고려한다면 재정적인 부담을 무시할 수 없다. 한편 지역화폐 사용자는 거래 범위 제한으로 소비활동에 불편을 겪을 수밖에 없다. 그리고 가맹점이 제한되어 있기 때문에 무조건적인 소비 확대를 장담할 수 없는데, 이를 해결하기 위해 단기간에 가맹점을 대량으로 모집하는 것 또한 쉽지 않을 것으로 보인다. 이외에도 지역화폐 발행 규모가 커질 때 통화량 증가로 인플레이션 위험, 지역 간 거래 감소에 따른 경제 약화를 간과할 수 없다. 지역화폐 사용으로 지역 내 거래 및 생산이 증가한다면 일자리 창출을 실현해 가고 지역경제가 활성화 될 것이다. 하지만 현재 지역화폐의 한계를 극복하지 못한다면 실효성을 장담할 수 없지만, 지역경제에 활기를 불어넣은 진정한 지역화폐가 될 수 있기를 기대한다(기획재정부, 2019).

[아동수당 지역화폐 지급]

아동수당은 현금지급을 기본으로 하나 시 · 군 · 구청장이 대통령령으로 정하는 바에 따라 각 자치단체의 조례로 정하는 경우, 고향사랑상품권 등 지역화폐로 지급 가능하다(「아동수당법」 제10조 제3항; 보건복지부, 2019).

CHAPTER 12

지역사회복지운동의 이해

학습목표

1. 지역사회복지에서 지역사회복지운동의 위상과 개념적 의의를 이해한다.
2. 지역사회복지 이론적 관점을 기반으로 지역사회복지운동의 과정과 절차를 이해한다.
3. 지역사회복지운동의 과정이자 결과로서의 공동체 만들기의 성과와 한계를 이해한다.

개 요

지역사회복지운동은 지역사회와 복지와 운동이라는 세 가지 차원의 복합 개념이다. 이 세 개념을 결합하면 '공동체 마을 만들기'가 도출되며, 이 공동체 마을 만들기는 지역사회복지운동의 알파이자 오메가임을 밝힌다. 결국, 지역사회복지에서 가장 일반적인 지역사회복지모델인 로스만의 세 모델은 지역사회복지운동이라는 한 몸에서 분화된 개별 하위 영역으로 다루어진다. 무엇보다도, 지역사회복지운동의 이론과 원칙을 가지고 지역사회문제를 발견하고 사정하며 개입하는 과정과 절차 다룬다. 특히, 지역사회복지운동의 전략과 전술로서 주민조직화의 의의, 목적, 기본원칙, 기본방법을 다룬다. 끝으로 주민조직화의 결과이자 성과인 마을 공동체가 장밋빛만은 아니며, 그 현실적 한계와 이를 해결할 방안을 과제와 전망으로 다룬다.

1. 지역사회복지운동의 개념과 의의

지역사회복지운동이란 지역사회와 복지와 운동이라는 세 가지 차원의 개념이 복합적으로 중첩된 것이다. 먼저, '지역사회'라는 개념은 community의 번역어로서 대단히 혼란스러운 개념이다. 심지어 지역사회라는 의미에는 90여 개의 상용사례가 있다고 한다(류혜정 역, 2007).

지역사회와 지역사회복지 등의 개념은 앞선 장들에서 이미 다루어졌지만, 본 지역사회복지운동론의 전개를 위해 다시 한 번 개념화하여 분석하면 다음과 같다. 먼저, 자구적 사전적 의미로 보면, 지역사회는 'comm-'에 '-unity'가 결합된 단어이다.[1)] 즉 의사소통(communication)을 의미하는 접두어 'comm-'이다. 다음으로 어미인 '-unity'는 다양한 요소가 하나로 결합된 통합체를 의미한다. 여기에는 통합, 단결, 통일체로서의 의미를 함께 담고 있다. 또한 '단위체'를 뜻하는 'unit'의 의미도 내포되어 있다. 'unite'라는 동사가 되면 통합하다, 단결하다, 통일하다의 의미를 가진다. 두 단어를 포괄하여 종합 정리하면, '의사소통 공동체'라는 의미를 가진다. 또는 지리적 의미가 강조된 '지역공동체'를 뜻하는 '꼼뮌(commune)'이라는 어휘가 도출된다. 이처럼 모든 지역사회복지 교과서에서 공통적으로 제시하는 지역사회의 두 개념으로서 기능적(function) 의미를 뜻하는 의사소통 공동체라는 개념과 지리적(geographical or local) 의미를 뜻하는 지역 공동체라는 개념이 동시에 의미맥락 차원에서 분해된다.

여기에 덧붙여지는 복지를 뜻하는 'welfare'를 '안녕상태' 혹은 '행복상태'라고 자구풀이한다면, community welfare는 결국 '공동체적 행복상태'로 정리된다. 그런데 community와 welfare는 동의어 혹은 동어반복의 대칭적 개념이 된다. 공동체와 복지는 같은 사물의 다른 면을 뜻하는 것이 된다. 즉, 공동체를 이루면 행복해진다는 의미이다. 여기에 지리적 개념을 추가한다면 단순한 행정적 개념의 근린지역(neighborhood)을

1) 원래의 순수 사전적 뜻은 '나눔의 공동체'를 의미하는 'com(접두어; 함께)+muni(어근; 나누다)+ty(명사형 어미)'로 구성된 것으로 본다. 다만, 본 고에서 다룬 내용과 그 뜻풀이 결과의 실질적 의미는 동일하다.

뜻하는 읍·면·동 혹은 시·군·구를 마을 공동체로 만들면 소속 구성원 모두가 행복해진다는 의미의 '행복마을 공동체'로 귀결된다.

한편, 사태나 현상의 정체된 양상의 특정 시점에서 활성화 혹은 새로운 상태로의 흐름과 변화를 뜻하는 운동(movement)의 개념이 결합되면 지리적 관점에서 "공동체 마을 만들기"라는 소위 요즘 유행하는 지역사회복지실천 개념이 논리적으로 도출된다. 마을이 안녕하고 행복해지기 위해서는 주민들이 주체적이고 조직적으로 나서 공동체 마을을 만들어야 한다는 실천적 개념이 완성된다. 즉, 공공과 지역사회에서 공히 뜨거운 〈마을 만들기〉가 바로 지역사회복지운동의 알파이자 오메가로 자리매김하게 된다.

여기에서 마을 만들기를 누가 할 것인가라는 행위 주체가 강조되면 자연스레 마을지도자 발굴(지역사회 개발)을 통한 '주민조직화'라는 개념이 도출된다. 이러한 주민조직화를 통해 주민주체 방식의 마을 만들기의 계획된 최종 목표(지역사회 계획)는 주민공동체 구축이 된다. 이 목표 계획을 실현하기 위해 노력하는 과정에서 발생하는 내·외부와의 마찰, 갈등, 혹은 긍정적 관계형성에서 다양한 방식의 전술적 활동(지역사회 행동)이 실행되고 전개된다. 이렇게 해서 지리적 지역사회복지운동에서 주민조직화, 마을 만들기, 주민공동체의 세 하위 개념적 관계가 완성된다. 지역사회에서 지리적 의미가 강조된 세 개념의 관계에 대해 다시 한 번 부연 설명하자면, 주민공동체 형성과 구축은 지역사회복지운동의 비전(vision)이 되며, 주민-주체형 공동체 마을 만들기는 지역사회복지운동의 미션(mission)이 되고, 주민조직화 추구와 세부적 활동 전개는 지역사회복지운동의 실천 전략과 전술(practical strategies & tactics)이 된다.

다만, 지역사회에 대해 지리적 의미보다는 기능적 의미를 보다 강하게 부각한다면, 다양한 이슈지향형 사회복지운동이 추가로 성립한다. 즉, 주로 관련 사회적 관심 이슈의 긍정적 변화를 제기하는 지역사회복지운동을 뜻하게 된다. 이러한 이슈-지향형 시민사회운동의 예로는 참여연대 사회복지특별위원회나 환경운동단체와 같은 시민사회단체(community organization)[2]에 의해 추진되는 국민최저선확보운동, 환경운동, 여성

2) 바로 이 지점에서 community organization에 대해 기존 교과서에서 '지역사회조직'으로 번역하는 것보다는 '지역사회복지단체' 혹은 '시민사회 기구 혹은 단체' 등으로 번역하는 것이 보다 현실 적합적 의미를 가진다(예, WHO:

운동, 실업운동 등을 들 수 있다.

물론, 지리적 측면과 결합된 기능적 의미의 다양한 운동도 성립한다. 예를 들면, 지역사회복지관에서 무분별한 악화(외부자본)가 양화(원주민 소상공업자)를 구축하는 원주민 몰아내기인 마을 젠트리피케이션(gentrification) 확산 문제 등과 관련하여 심각한 문제의식을 가지고 있다고 가정하자. 그래서 복지관 지역사회조직 1팀에서 조례 제정을 위한 정책대안을 준비하고, 2팀에서 주민들을 모으고 마을지도자를 발굴하고 마침내 '(가칭)주거복지대책 ○○주민위원회'를 구성하려는 활동을 하거나 공유와 공존을 위한 '사회적경제 특구 만들기' 운동을 전개한다면, 이는 전형적인 지리적 · 기능적 복합운동의 성격을 가질 것이다. 또한 중앙환경운동단체의 지역 지부로서 지역 환경운동단체에 의해 추진되는 마을의 고유한 특성을 살린 다양한 생태보존운동 등도 환경이슈를 매개로 한 지리적 · 기능적 복합 유형의 지역사회복지운동이 될 것이다.

그래서 유동철 등(2016)은 지역사회복지운동의 역할로 세 가지를 제시한다. 첫째, 사회복지정책에 영향을 미치는 중요한 요인으로 작용한다. 둘째, 지역사회조직을 활성화한다. 셋째, 주민의 권리의식을 제고한다. 즉, 제시된 첫째와 셋째의 역할은 기능적 지역사회복지운동의 역할 의미를 부각한 것이고, 둘째의 역할인 지역사회조직 활성화는 근린지역 마을공동체 만들기와 주민 의식화와 같은 지리적 지역사회복지운동의 역할을 강조한 개념으로 이해된다(pp. 350-351).

지역사회복지 학자들의 지역사회복지운동에 관한 다소 학술적 정의를 좀 더 살펴보면 다음과 같다. 오정수와 류진석(2009)은 지역사회복지운동이 사회구성원의 삶의 질을 높이기 위한 목적의식적이고 조직적인 집합적 활동이며, 사회복지 수요자뿐만 아니라 사회복지 실무자나 전문가, 넓게는 지역사회 주민이 주체적인 참여와 행동을 통하여 사회복지의 목표 달성을 위해 의도적으로 추진해가는 지역사회복지실천이라고 정의하였다. 유동철 등(2016)은 지역사회복지운동이란 지역사회문제를 해결하기 위해 지역사회의 변화 또는 지역사회 역량강화(community empowerment)를 통해 주민의 욕구충

세계보건기구). 그래야만 'community organizing'을 '지역사회조직' 혹은 '지역사회조직화'라는 동적 개념으로 포착하게 됨으로써 양자의 명료한 구분이 가능해진다.

족과 사회연대의식의 고취, 지역공동체의 형성이라는 목표로 전개되는 조직적 운동으로 정의했다(p. 350).

이상과 같이 학자들의 지역사회복지운동에 관한 정의는 앞서 지역사회, 복지, 운동의 세 차원으로 분리·분석하며 설명했었던 개념분석 과정에서 도출된 자구적 정의와 거의 일치한다.

2. 로스만 실천 모형과 지역사회복지운동의 관계

기존의 제반 지역사회복지론 교과서에서 대표적 실천모델로 일관되게 다루어 온 로스만(Rothman, 1995)의 지역사회복지실천모델은 앞서 지역사회복지운동의 개념과 의의를 설명하는 과정에서 마을 만들기와의 관계를 다루면서 이미 간략히 언급된 바 있지만, 지리적 지역사회개발(local community development), 사회계획(social planning),[3] 사회행동(social action)의 세 유형은 결국 지역사회복지운동이라는 한 몸(body)에서 분화된 개별 하위 유형이라는 것이다. 예를 들면, 1990년대 중반 성동구에서 철거반대 투쟁의 과정에서 진행된 통합 유형의 전형적인 사례를 들 수 있다. 성동 지역인 금호-행동-하왕 지구 철거 투쟁 과정에서 고양된 주민의식과 공동체의 긍정적 경험을 바탕으로 임대아파트 입주 이후에도 공동체 운동을 지속하려는 전망을 가지고 주민조직가와 함께 주민지도자가 주민공동체기획단을 구성하였다. 이들이 주민들과 함께 임대아파트 공동체 구축의 십 년 미래 청사진이라는 지역사회 계획을 수립하고, 이러한 지속되는

3) 우리는 그동안 미국식 복지행정 관료에 의해 상의하향식으로 일방적으로 추진되는 사회계획방식의 모델을 무분별하게 수용해 온 것은 아닌지 우리 스스로 지역사회복지운동이라는 원칙적 관점에서 깊이 성찰할 필요가 있다. 사회계획 모델 유형만이 복지 전문가 주도에 의한 지역사회복지모델로 추앙되는 식민지성이나 자기모순성을 지양 극복할 필요가 있다. 모든 지역사회복지실천은 주민주도성, 주민주체성이라는 근본적 실천 원칙을 한시도 놓쳐서는 안 될 것이다.

주민공동체 운동 과정에서 오로지 경제 개발 지향적 토건 자본이나 지역 권력의 부당한 강요나 인권침해에 대해 주민조직이 본격 행동에 나서 체계적으로 저항한 사례가 있다. 즉, 로스만의 세 실천 유형은 지역사회복지운동 주민단체인 성동지역 주민공동체기획단의 단일한 활동 양태에 대한 서로 다른 상황적 설명 혹은 다른 특정 측면의 부각된 양태로 설명된다(빈민지역운동사 발간위원회, 2017).[4)]

지역사회복지운동의 개념과 의의 및 실천모델을 언급한 지금까지의 논의를 모두 종합하자면, 지역사회복지운동과 기타 지역사회복지실천을 가름하는 핵심적 요인은 주민이 주체가 되어 조직을 가동하고 주민이 주도하여 지역사회복지계획을 수립하고 공동체를 와해시키려는 외부 세력에 대해 주민이 행동으로 저지하거나 공동체 추구라는 보다 창조적인 방식으로 지역사회 내외의 문제를 해결하려는 모든 주민 주체 지역사회 활동을 지역사회복지운동으로 개념 정리할 수 있을 것이다. 다만, 지역사회복지운동의 기능적 측면이 부각되면, 지역사회복지운동의 주체는 다각화, 다양화된다. 유동철 등(2016)은 지역사회활동가, 사회복지전문가, 사회복지실무자, 지역사회 주민, 서비스 이용자가 공히 지역사회복지 운동의 주체가 되는 것으로 설명했다(pp. 352-353). 하지만 어떠한 경우에도 주민이 중심이 되고 주체가 되는 활동 방식이 필수적이다. 그렇지

4) 이러한 관점에서 지역사회복지 이론적 입장을 가지고 전체적으로 가장 일관되게 잘 서술된 지역사회복지 서적은 유동철 · 홍재봉(2016)을 들 수 있다. 다만 본서는 일관된 흐름을 유지하다가 별도의 장(chapter)인 '지역사회복지운동'의 장에서 마치 이전까지의 논의와는 무관하게 지역사회복지운동은 지역사회복지운동단체의 사업과 활동인 것처럼 다소 축소된 측면이 아쉽다. 류정혜 역(2007)은 오스트레일리아 짐 아이프(Jim Ife) 교수의 『Community Development』를 번역한 것으로서 생태와 사회정의 관점에서 기타 계획과 행동적 실천모델 유형을 내부적으로 포괄하면서 로스만의 세 모델의 통합적 관점을 일관되게 유지하면서 서술하였다. 다만 구체적으로 주민주도형 지역사회개발 운동의 필요성은 부각되었지만, 구체적인 실천 전략과 전술의 세부적 설명이 부재한 것이 아쉽다. 이문국 · 이인재 역(2002)은 미국사회복지협회 주관 지역사회복지 기획 서적으로 미국의 유명 사회운동가인 칸(Kahn)의 『Organizing』을 번역한 것이다. 본서는 지역사회운동의 관점에서 주민조직화를 첫 장부터 마지막 장까지 일관되게 설명하고 있다. 다만, 지역사회복지에 관한 별도의 이론적 제시 없이 자신의 평생에 걸친 운동 경험이 중심이 되어 서술되었다. 그래서 생생한 현장의 목소리를 들려주는 큰 장점과 함께 그 경험을 우리 지역사회에 보편적으로 적용하는데 다소 어려움이 있는 한계가 있다. 이와 비슷하게 한국주민운동정보교육원에서 출간한 『주민운동의 힘 - 조직화』(2010)는 빈민운동을 경험한 주민조직가들에 의해 오랜 기간 지역사회에 머물면서 익히고 또한 선후배를 통해 전수되고 다시 추가 보강된 주민조직 만들기의 경험을 집약한 책이다. 주민조직화의 원리와 방법을 익히기 위한 많은 장점이 있지만 지역사회복지 이론적 틀이 없다는 것이 칸의 책과 마찬가지로 미약한 단점으로 지적된다. 아무튼 각 상기 주요 참고도서들의 내용적 장점은 살리고 단점은 극복 지양하고자 하였지만 더 큰 오류와 단점은 필자의 몫이다.

않은 지역사회실천 활동은 모두 식민주의 실천이라고 짐 아이프(Jim Ife 2007)는 폄하하였다. 즉, 주민들을 위해 실무자 자신이 의미 있는 뭔가를 해 줄 수 있다는 막연한 신념이 내면적으로 발생하는 것만으로도 심각한 식민주의 실천 위기에 직면한 것으로 성찰해야 한다고 경고하였다(p. 452).

3. 지역사회복지운동의 원칙

전술한 주민 주체, 주민 중심, 주민 주도의 관점에서 유동철 등(2016)은 지역사회복지운동의 운영 원칙을 다음과 같이 제시하였다(pp. 351-352). 다음의 운영 원칙에 대한 강조를 통해 지역사회복지실천가들은 지역사회복지운동의 주체라기보다는 지역사회 주민들의 실천활동에 대한 매개자, 촉진자, 보조자임을 강조하는 것으로 이해된다.

첫째, 지역사회 주민들이 복지 활동에 주체적으로 참여하는 것이다. 주민참여는 지역주민들 스스로가 주체가 되어 지역사회문제해결에 관여해야 한다는 지역사회에서의 주민 역할을 강조한다. 지역사회 주민이 서비스의 수혜자이자 공급자임을 인식시키며 참여케 해야 한다는 것이다.[5)]

둘째, 지역사회에서 조직화된 주민들이 정치적 영향력과 사회적 권리를 확보하는 것이다. 주민들이 공적인 의사결정 단위에서 자신의 입장을 관철시킬 수 있는 조직적 힘을 가질 때 지역사회 전체로 이 영향력과 권리는 확장될 수 있다.

셋째, 지역사회 주민들이 자신의 개별 이해를 공공의 이해와 일치시키도록 공동체의

5) 지역사회복지운동에서의 제기되는 지역사회복지 실무자 역할을 강조하는 운영 원칙에서 서비스의 수혜자이며 공급자라는 인식을 주민들에게 주지시키고 참여케 해야 한다는 입장은 역할 원칙을 강조하다 보니 그럴 수 있다고 이해가 되는 측면도 있지만, 다소 사회복지 실무자 중심의 사고가 무의식적으로 표출된 것으로 비판적으로 검토된다. 다만, 조직화된 주민을 강조하는 다음 원칙에서 이러한 우려는 많이 해소된다.

식을 강화하고, 자신의 역량을 높이도록 개입한다. 이를 위해 의사소통 구조의 민주화와 이웃들과 긴밀한 관계를 맺고 살아갈 수 있는 다양한 공동체적 소모임이 활성화되어야 한다.

넷째, 지역사회 주민들의 참여가 자신들의 욕구뿐만 아니라 지역사회 전체에 영향력을 미칠 수 있도록 제도 등의 제반 환경을 만들어가는 것이다. 주민참여를 보장하고 공적 권위를 부여해 줌으로써 지역사회복지 활동을 통해 추구하고자 하는 내용을 제도화시키는 것을 의미한다.

앞의 논지에서 살펴볼 수 있는 지역사회복지운동 운영 원칙에 대한 근본 입장은 지역사회복지사가 보다 더 주민들이 주체로서 잘 기능할 수 있도록 그들을 돕는 '협력자'로서의 위치를 점하는 것으로 검토된다. 이와 관련하여 짐 아이프(2007)는 지역사회에 대한 존중을 강조한다. 즉, 지역사회 활동가는 그 자신이 지역사회의 안정적인 구성원이 아닌 한, 전문가로 자처할 수 없다고 강조하였다. 오히려 지식, 지혜, 전문적 식견을 가진 지역사회구성원이야말로 전문가이며, 지역사회 활동가의 역할은 지역사회 문제를 지역사회에 알려주는 것이 아니라 지역사회로부터 듣고 배우는 데 있다고 주장하였다. 동일한 입장에서 허병섭(1983)은 주민대화를 통해 주민들이 현실을 자각하게 하고 주민이 스스로 말하게 할 것을 강조하였다(주민운동정보교육원, 2014). 주민운동정보교육원(2010)은 주민조직화의 주체와 관련하여 주민이 할 수 있다는 자신감을 회복한다면 열정적으로 자신의 상황을 변화시켜 나가며 스스로 주민조직을 세우고 행동하며 당당하게 자신의 힘을 보여준다고 주장했다. 계속해서 주민지도자(community leader)는 주민을 조직하고 주민조직을 이끌어가는 핵심으로 파악했다. 이에 반해 주민조직가(community organizer)는 주민이 스스로 자신을 조직하고 지역을 변화시켜 나가려는 운동에서 협력자, 촉진자의 역할을 자기 사명으로 하는 사람으로 강조하였다. 또한 주민조직가는 주민 속에서 움직이며 주민이 움직이도록 돕고, 주민지도자를 발굴하여 이들이 민주적 지도력으로 성장하도록 안내하는 역할을 수행해야 하는 것으로 제시하였다. 주민조직 활동이 진행되면서 조직가의 역할은 점점 줄여나가야 하고,

주민지도자의 역할은 점점 늘여가면서 주민이 스스로 드러나도록 움직여야 한다고 강조하였다.

4. 지역사회 기능과 지역사회문제의 발견

1) 지역사회 수준 환경적 문제의 발견을 위한 생태체계이론

지역사회복지 이론이 교과서에서 부재하다는 문제의식을 가지고 유동철 등(2016)은 사정과 계획단계에 적용 가능한 이론 틀이며, 문제의 분석과 이해를 위한 이론적 틀로 생태체계이론을 제시하였다(pp. 48-52 재인용).[6] 생태체계이론은 인간과 환경은 서로 분리된 것이 아니라 지속적인 상호교류(transaction) 과정 안에서 존재하는 하나의 체계로 본다. 시포린(Siporin, 1980)은 이러한 관계를 인간과 물리적 · 사회적 · 문화적 환경의 상호 호혜 작용(mutual reciprocity) 과정, 자원의 상호보충적 교환과정으로 이해해야 한다고 제시하였다. 생태체계의 관점에서 인간관은 인간에 대한 낙관적인 시각을 가진다. 즉, 현재의 인간행동은 인간과 환경 모두의 상호이익을 찾는 과정으로 본다는 것이다.

모든 개인과 사회체계가 자원과 욕구 사이의 상호이익을 달성할 수 있는 균형점에서 인간의 행동동기가 발현되는 것으로 본다. 이렇게 환경과의 적응적인 조화를 이루고자 하는 인간 활동 노력을 적응적 적합성(goodness-of-fit)이라고 부른다. 따라서 생태체계 관점에서는 인간의 개인적 부적응이란 존재하지 않는다. 결국 모든 인간행동은 내적인

6) 유동철 등(2016)은 지역사회복지실천이론의 체계화를 시도하였다. 사정 단계에서 '생태체계이론'을, 실천 단계에서 '역량강화(임파워먼트) 이론을', 성과평가 단계에서 '공동체이론'을 제시하였다. 이하 각 절에서도 이러한 지역사회복지 이론 틀을 그대로 도입 인용하였고 논리 전개에 활용하였다.

욕구와 환경적인 욕구 사이의 조화를 찾기 위한 적응과정으로 보기 때문에 인간의 어떤 행동도 부적응 행동으로 규정할 수 없다. 적어도 그 환경 안에서는 적응적이라는 것이며, 모든 행동은 그 상황 안에서 의미가 있다는 것이다. 그러므로 생태체계적 관점에서 '문제'란 사회 환경적 차원에서 비롯된 것이며, 이 관점에서 부적응 행동을 보이는 개인 클라이언트에 대해 낙인 혹은 비난이란 있을 수 없다. 정리하자면, 환경으로서의 지역사회 자체가 문제의 실체적 원인을 제공하는 표적체계라는 것이다. 다음 절에서 이러한 거시 표적체계로서의 지역사회를 보다 구체적으로 파악하기 위해 지역사회와 그 하위체계의 기능을 검토하고자 한다.

2) 지역사회 기능과 지역사회문제

(1) 지역사회 기능

통상적으로 지역사회복지 교과서에는 별 다른 맥락 없이 워렌(Warren, 1978)의 지역사회 기능이론을 공통적으로 소개하고 있다. 단순하게 가족제도가 수행하던 모든 기능이 현대 지역사회 수준에서는 분화되어 다섯 개의 하위체계로서 제도화되고, 그 각각의 제도들은 다음과 같은 다섯 가지 기능을 수행하는 것으로 소개하고 있을 뿐이다.

현대 지역사회의 하위체계는 첫째, 경제제도로서 생산–소비–분배의 기능을 수행한다. 둘째, 교육제도로서 사회화기능을 담당한다. 셋째, 정치제도로서 사회통제의 기능을 수행한다. 넷째, 종교제도로서 사회통합의 기능을 수행한다. 다섯째, 사회복지제도로서 상부상조의 기능을 담당한다. 이와 같은 지역사회의 제반 하위체계가 모두 순기능을 한다면, 즉 경제적으로 여유롭고 분위기가 안정되고 각 계층 간의 관계가 긴밀히 상호작용하고 통합되어 있으며, 소외된 불이익계층이 없는 주민 행복공동체로서의 지역사회는 지역사회복지실천이 추구하는 이상적 모습이 이미 완성된 것으로 검토된다.

하지만 지역사회를 구성하는 세 요소인 토지, 사회적 상호작용, 이를 통한 공동체적 연대감이 본질적으로 부재한 산업화된 지역사회에서는 논리적으로만 검토해도 지역사회의 각 하위체계가 제대로 순기능할 수가 없고 지역사회 자체는 역기능적 상태이며, 그 구성원들은 심각한 사회문제를 경험할 수밖에 없을 것이다.

(2) 지역사회문제

힐러리(Hillery, 2002)는 지역사회의 세 가지 구성요소로 지역성(locality), 공동체적 연대감(community solidarity), 사회적 상호작용(social interaction)을 제시하였다. 산업화가 심화되고 사적 자유주의가 사회경제의 주류 문화로 자리 잡게 됨에 따라 지역사회는 관계 중심의 사회(게마인샤프트)에서 개개인의 직업을 매개로 한 사회적 역할 중심의 이익사회(게젤샤프트)로 바뀌어 갔고, 개인은 철저히 지역사회로부터 예외 없이 고립되고 원자화되고 소외되어 갔다. 즉, 개인의 역기능 문제는 3차 산업구조로 변모한 사회환경의 변화에서 비롯된다는 것이다. 개개인의 역기능적 행동은 개인의 잘못이 아닌 순기능의 능력을 상실한 지역사회에서 찾아야 한다. 정글의 무한경쟁 속에서 생존해야만 하는 개개인은 이해관계가 발생하지 않는 인간관계에 대해서는 철저히 담벼락을 쌓고 공동체 연대감 형성을 위한 사회적 상호작용이 부재한데서 비롯된다는 것이다.

결국, 지역사회문제는 그 구성요소에서 둘 이상이 망가진 지역사회에 있다는 것이다. 지역사회는 일정한 토지에서 사회적 상호작용을 통해 공동체적 연대감을 형성해야 순기능하게 된다. 즉, 생산－소비－분배의 경제제도, 사회화의 교육제도, 사회통제의 정치제도, 사회통합의 종교제도, 상호부조의 사회복지제도가 순기능 능력을 상실한데서 지역사회 문제는 비롯되었다는 것이다. 물론, 지역사회에 따라 다섯 가지의 하위체계 중 특히 가시적으로 문제가 되는 지역사회 특유의 하위체계에서 문제가 있을 수 있다. 장기실업이 만연되어 생산－소비－분배의 기능이 제대로 작동하지 않는 지역사회, 승자독식의 학업 성적만이 모든 것을 지배하는 교육제도를 가진 지역사회, 사회통제 지도력을 상실한 지역사회, 사회통합 기능을 상실하고 계급, 계층, 지역에 따라 심각하게 반목하는 지역사회, 상호부조의 기능을 상실한 지역사회 등과 같이 특정 지역사회에서 특수하게 부각되는 지역사회문제가 구성원의 부적응 행동을 심화시키는 요인으로 작용하고 있다는 것이다.

이럴 경우 개인이 아닌 지역사회 자체를 클라이언트로 다루어야 한다. 사회복지실천 교과서에서 관습적으로 인용되던 '지역사회 자체가 클라이언트'라는 맥락이 서서히 그 진면목을 드러내는 것이라고 하겠다. 정리하자면, 지역사회의 각 기능이 제 기능을 감당하지 못하면 지역사회 전체 혹은 그 하위체계로서 각종 제도들은 변화가 필요한 클라이언트 체계이자 동시에 표적체계가 된다는 것이다. 결국, 지역사회 자체나 하위체계를 순기능하도록 변모시키는 변화주도체계 및 행동체계로서의 지역사회 주민조직화와 이를 통한 지역(마을)공동체 만들기를 추구하는 지역사회복지운동이 본격적으로 요청된다.

5. 지역사회복지운동의 전략과 전술로서의 주민조직화 의의와 기본원칙 및 방법

지역사회복지운동의 전략과 전술로서 설정한 주민조직화는 무엇이고, 주민조직화는 왜 하는 것이며, 그 기본 원칙은 무엇이고, 전술적 기본 실천방법은 무엇인지 검토하면 다음과 같다(주민운동정보교육원, 2010: 20-29).

이러한 논의 전개에 앞서, 상기의 논지에 주민조직화와 관련하여 이론적 토대를 제공하는 과정과 실천이론으로서의 지역사회복지실천이론인 '역량강화이론'을 먼저 설명하면 다음과 같다(유동철 외, pp. 52-58 재인용).

1) 역량강화 이론(empowerment theory)

역량강화는 주민조직이 성취한 바를 이루기 위한 수단인 동시에 일반인이 힘을 얻을 수 있도록 하는 지역사회 주민조직의 핵심 목적이다(Rubin & Rubin, 2008). 역량강화는 무기력한 개인이나 집단이 힘을 가진 상태로 이동해 나가는 것이며 개인, 가족 및 지역사회가 그들의 상황을 개선하기 위한 행동을 할 수 있도록 해나가는 과정이라고 하였다(Gutierrez, 1994). 이와 같은 역량강화는 단계적으로 발생한다고 한다. 첫 번째는 사람들이 서로 비슷한 문제를 가졌다는 사실을 알게 되면서 나타나고, 두 번째는 행동을 위한 주민조직을 건설하면서 나타나며, 세 번째는 변화를 추구하는 과정에서 나타난다고 하였다(Rubin & Rubin, 2008). 역량강화의 성과로는 다음과 같은 네 가지 측면을 강조하였다. 첫째, 자기 효능감이 증가하고 둘째, 자기비난의 감소와 자아존중감이 향상되고 셋째, 비판적 인식을 바탕으로 하는 집단의식이 개발되고 넷째, 변화에 대한 책임감이 생겨 문제해결을 위해 본격적으로 자신을 투여하게 된다고 하였다. 또한 지역사회 임파워먼트 차원에서 지역사회 역량(community capacity)이란 지역사회 수준에서 개인들 간의 응집성 있는 신뢰관계를 통해 공동체의 정체성을 형성하고 협동과 참여를 이끄는 힘이라고 하였다. 즉, 지역사회의 목표를 달성하기 위해 문제해결 과정에 주민들이 주체적으로 참여하는 능력이 지역사회 역량이라고 검토된다(유동철 외, 2016: 52-58 재인용).

이상과 같이 간략히 검토한 역량강화이론과의 관련성 속에서, 본격적으로 지역사회 역량강화를 위한 지역사회복지운동의 전략적 방법론인 주민조직화의 의의와 기본원칙 및 기본 방법을 검토하면 다음과 같다(한국주민운동정보교육원, 2010: 20-29).

2) 주민조직화의 의의: 주민조직화란 무엇인가?

(1) 자신과 지역을 올바로 인식하여 주민의식을 갖는 것

주민조직화는 주민 자신이 어떤 상황에서 어떻게 살아가고 있는지 그 사실을 아는 것에서 출발한다. 주민은 자신의 삶과 지역의 현실을 직면한다. 지역 현실에 대하여 불평, 불만으로만 살아가거나 무관심하다면 어떤 변화도 일어나지 않는다. 이것은 스스로 지역의 주민임을 포기하는 것이다. 주민조직화는 주민이 주민의식을 갖게 하고 진정한 지역의 주인으로서 주민(主民)이 되게 한다.

(2) 지역의 당면 사안이나 문제해결을 위하여 주민의 힘을 모아 내는 것

주민조직화는 주민 스스로 변화시킬 수 있는 힘을 모아내는 데 근본 목적이 있다. 주민은 조직화 과정에서 자신의 무기력을 극복하는 것을 배운다. 주민은 이미 힘을 가지고 있다. 다만 잠재되어 있을 뿐이다. 주민이 주민의식을 갖게 되면 잠재된 힘이 드러난다. 주민은 생각과 감정으로부터 오는 의지와 신념의 힘이 있다. 삶의 경험으로부터 오는 지혜의 힘이 있다. 주민조직화는 이러한 주민의 힘을 모아내는 것이다.

(3) 주민 스스로 행동할 수 있는 힘의 체계인 주민조직을 세우는 것

주민조직화는 주민을 모아내는 데 그치지 않는다. 주민이 스스로 행동할 수 있는 조직적 구조인 주민조직(people's organization or community organization)을 세워내는 것이다. 주민조직은 주민의 힘이 모아지고 발산되는 통로가 된다. 주민이 문제의식을 공유하고 이를 해결하기 위하여 행동하는 힘의 실체가 된다. 자치적인 주민조직이 세워지지 않았다면 그것은 온전한 주민조직화가 아니다. 주민조직화의 일차적 결과는 주민조직을 세우는 것이다.

(4) 제 세력들과 연대 협력 및 타 주민조직들과 함께 대중조직 건설

주민조직화는 보다 근본적인 변화를 위하여 최대한의 힘을 모아내는 데까지 나아간다. 주민에게 도움이 되는 지역 내 · 외의 협력 가능한 여러 세력들과 자원을 조직하여 힘을 최대로 만든다. 협력자들, 인적 · 물적 지원자들, 양심적 세력들과 협력하여 지역 변화를 만들어간다. 나아가 다른 주민조직들과도 연대하여 더 큰 주민대중조직을 세우고 주민이 주인이 되는 사회를 만들어간다.

3) 주민조직화의 목적: 주민조직화, 왜 하는가?

(1) 개별 주민의 의식고양: 주민의식이 주민을 만든다

의식고양(consciousness raising)은 자신이 처한 현실을 인식함으로써 새로운 의식을 만들어가는 것이다. 주민은 때로는 자신이 처한 상황을 숙명적으로 받아들이고, 현실의 구조와 조건은 쉽게 변하지 않는 것으로 인식한다. 또 모든 문제를 자기 탓으로 여기기도 한다. 그러나 주민은 조직화 과정에 참여하면서 자신이 처한 삶과 지역의 현실을 올바르게 의식하게 된다. 그동안 자신의 의식이 왜곡되어 왔음을 깨닫게 된다. 자신의 삶을 왜곡시키는 현실에 맞서 행동하게 된다. 주민(住民)은 지역의 주인이자 변화의 주체로서 마침내 진정한 주민이 되어간다. 주민의식을 가진 존재로서 주민이 된다.

(2) 주민 세력화: 모여진 힘(power)이 변화를 만든다

주민조직화의 최종 목적은 주민이 원하는 변화를 만들어내는 것이다. 혼자 할 수 있는 일이라면 조직화는 필요 없다. 주민조직화는 흩어져 있는 주민 개개인의 힘을 뭉쳐 집단적인 힘이 되게 한다. 주민의 힘을 세력화하는 것이다. 지역에는 다양한 기존 세력들이 힘과 영향력을 발휘하고 있다. 이들은 변화를 향한 주민들의 노력에 우호적일 때도 있지만, 새로운 힘을 부정하고 경계한다. 주민의 힘을 분산시키거나 분열시키려 한다. 주민은 세력화된 주민조직으로 자신을 지켜나가고, 영향력을 발휘하며 원하는 변화를 만들어낸다.

(3) 사회적 배제와 소외로부터의 인간화: 인간은 인간답게 살아야 한다

이 시대를 살아가는 많은 사람들은 여러 유형의 비인간화된 삶을 살고 있다. 가난과 소외, 경쟁과 차별 등 비인간화시키는 구조 속에서 살아간다. 주민조직화는 비인간화와 관련된 문제의식으로부터 시작한다. 주민은 자신을 억누르는 사회구조나 모순들을 직시하면서, 그 속에 살아가는 자신의 모습을 자각하게 된다. 주민조직화는 주민을 비인간화시키는 것들에 저항하고 새로운 삶을 창조하는 행동을 만들어간다. 주민조직화는 인간다운 삶을 향한 주민의 저항과 창조적 행동이다. 주민은 그 과정에서 인간으로 누려야 할 권리를 지키고 자신의 존귀함을 찾게 한다.

4) 주민조직화의 기본원칙

(1) 주민조직화는 주민 자신의 이해관계로부터 출발

주민은 기본적으로 자신의 이해관계에 민감하다. 주민이 자기 자신의 일에 큰 관심을 가지는 것은 당연하다. 이것을 이기적이라고 할 수 없다. 주민의 정당한 이해관계는 주민을 조직하는 계기가 된다. 주민은 조직화 과정에 참여하면서 자신의 이해관계에 머물지 않고 의식과 행동을 성숙시켜 나간다. 대부분의 경우, 주민 개인의 이해관계는 동시에 지역의 이해관계이기도 하다.[7] 또한 주민이 느끼는 문제의 배경에 지역의 정치, 경제, 사회적 이해관계가 있다. 주민조직가는 주민 개인이 느끼는 문제의 근원을

7) 그래서 지역사회복지실천가는 주민 개개인의 문제를 지역사회 혹은 범지구적 사회문제로 전환시키는 전문가가 되어야만 한다.

명확하게 인식하게 한다. 또한 주민이 가진 정서에 대한 관심과 개입은 주민조직화의 강력한 추진력이 되기도 한다.[8)]

(2) 주민이 스스로 할 수 있다는 믿음

주민조직화 과정에서 주민은 자신의 개인적인 욕심과 타인에 대한 불신과 반감 등의 상태에 머물러 있을 수도 있다. 그렇다고 주민조직가가 쉽게 좌절하거나 믿음을 포기해서는 안 된다. 때로 주민은 증오와 탐욕과 불성실 등 부정적인 모습을 보이기도 한다. 주민의 이런 모습은 대개 삶의 환경으로부터 형성된 것이다. 주민조직가는 그 어떤 경우에도 주민이 자신의 삶을 변화시킬 수 있는 잠재력과 가능성을 가지고 있음을 믿는다. '주민 스스로 자신을 도울 수 있다는 신념과 열망'이 견고해야 한다. 때문에 주민 스스로 할 수 있는 것을 절대로 대신해 주어서는 안 된다.

(3) 주민은 교육과 훈련으로 조직됨

당면 사안이 급하다는 이유로 주민조직부터 세우는 경우가 있다. 그러나 주민조직화는 이슈나 과제, 목적과 목표, 주민지도력 등에 관하여 체계적인 교육과 훈련과정을 밟아나감으로써 이루어진다. 주민지도자와 주민조직가의 경험이나 자기과시, 자기만족으로 조직화하는 경우는 반드시 실패한다. 사회적 보편성이나 공공성이 약하거나 비전이 불분명해도 실패한다. 이것을 극복할 수 있는 유일한 방법은 철저한 교육훈련으로 조직화의 목적과 목표, 비전을 분명히 공유하고 보편성과 공공성을 확보하는 것뿐이다. 충분한 교육훈련 과정 없이 이루어지는 주민조직화는 실패한다.

(4) 주민조직화에서 저항과 투쟁은 불가피한 행동

지역사회복지운동(통칭, 주민운동)은 주민 스스로의 조직화된 힘으로 지역을 근본적

8) 심지어 중산층 주민공동체라고 비판받기도 하고 가장 완벽한 대도시형 주민공동체라고 칭송받는 '성미산 마을공동체'의 출발도 양질의 아동 보육에 관한 소박한 마을 주민의 공통 욕구로부터 출발하였다(정성익, 2018).

으로 변화시켜 나가는 운동이다. 주민의 힘으로 여러 문제를 해결하여 보다 나은 지역을 만들어가는 것이다. 문제해결은 주민 스스로 대안을 창초하고 실천함으로써 이루어지는 경우도 있지만 불합리한 상황에 저항하고 요구함으로써 이루어지기도 한다. 때문에 주민조직은 구체적인 저항과 투쟁을 준비해야 한다. 만약 불의와 부조리가 만연하고 권력과 사회구조가 주민의 삶을 유린한다면 저항과 투쟁의 사회행동(social action)은 불가피하다. 저항과 투쟁은 주민의 의식성장, 단결과 협력을 향상시키는 좋은 계기가 된다. 구체적인 행동으로 집회나 시위만 있는 것이 아니다. 주민의 다양한 경험으로부터 오는 창조적이고 다양한 방법들이 있다. 그러나 주민의 경험을 벗어나 전개되는 저항과 투쟁방법은 오히려 주민을 불안하게 한다.

5) 주민조직화 기본방법

(1) 대화

주민은 여러 삶의 문제를 올바로 인식하지 못한 채 현실에 순응하며 살아간다. 그러나 주민은 삶의 경험으로부터 오는 많은 지혜를 가지고 있다. 대화는 주민의 잠재의식을 깨워 스스로 말하게 하고, 자신의 지혜가 세상을 변화시키는 힘이 되도록 안내한다. 대화는 주민이 자신의 삶을 성찰하게 하고 행동을 구상하게 한다. 또한 행동의 결과를 성찰하고 또 다른 행동으로 나아가도록 돕는다. 따라서 대화는 주민의 의식과 행동을 자극하여 주민과 함께 하는 모든 주민조직화 과정에서 공히 요구된다. 대화가 멈추면 주민조직화도 멈춘다.[9)]

9) 지역사회복지사는 지역사회 주민 속으로 들어가 끊임없이 그들과 성찰적 대화를 나누면서 개인의 문제를 사회문제화할 수 있도록 주민들과 쉼 없이 접촉해야 한다. 복지관 프로그램실을 주민이 모이는 사랑방으로 활용하고 이를 통해 주민을 상시 접촉하고 또 주민으로부터 배우며 그 속에서 발견된 공통의 주민욕구를 주민모임 집단 스스로 수렴 해결해 나갈 수 있도록 다양한 주민자조모임(임파워먼트집단)을 구성하고 운영 지원하는 것이 필요하다. 모임이 공식화되고 주민지도자가 구성되고 다수의 주민이 회원으로 본격 조직화되고 조직의 회칙이나 정관이 마련되면 그것이 바로 지역사회복지운동을 끌어가는 주체세력인 주민조직이 된다.

(2) 행동-성찰-행동

주민조직화는 주민 자신과 지역의 작고 구체적인 문제에서부터 출발한다. 주민은 문제를 찾아내고 분석하고 성찰한다. 계획을 세우고 행동으로 옮긴다. 행동은 주민에게 새로운 경험을 주고 동기를 자극한다. 주민은 행동을 평가하고 성찰한다. 성찰은 행동을 낳고, 행동은 다시 새로운 성찰을 낳는다. 주민은 스스로 행동하고 성찰하는 거듭하며 의식성장과 새로운 삶을 만들어간다. 이론적 실천 혹은 행동하는 이론인 프락시스(Praxis)를 의미하는 “행동-성찰-행동”의 순환과정에서 주민은 작은 것에서 큰 것으로, 지역적인 것에서 전국적인 것으로 자신의 관심을 발전시켜 나간다. 행동-성찰-행동은 주민조직화가 전개되는 기본 흐름이다.

(3) 주민행동

주민조직화는 주민의 문제의식을 불러일으키며 주민의 대중적인 행동을 조직하는 것이다. 주민조직화 과정에서 주민은 자발적이고 대중적으로 행동하며 자신들이 원하는 변화를 만들어간다. 소수가 다수를 대변하며 행동하기 시작하면, 주민참여는 점점 떨어지고 주민이 스스로 책임지지 않는 주민조직이 된다. 주민의 대중적 행동은 자신들이 문제의 당사자임을 느끼게 하고, 자신들의 힘으로 변화가 일어난다는 것을 알게 한다. 주민은 성취감을 느끼고 새로운 도전과 행동을 상상한다. 이를 통해 다수의 주민이 주민조직의 진정한 주인이 되어가게 된다.

(4) 민주적 지도력

주민을 움직이는 힘은 주민으로부터 나온다. 이 힘의 중심에 신뢰받는 주민지도자가 있다. 주민조직은 어느 한 개인의 지도력에 의해 좌우되지 않는다. 주민조직의 지도력은 집단적이며 민주적으로 움직인다. 주민지도자는 외부의 힘에 의해 지명되거나 선출되기보다는 주민조직화 과정과 실천을 통해서 드러나고 훈련된다. 주민조직화는 민주지도력이 세워지는 순간부터 본격적으로 전개된다. 민주지도력은 주민 속에서 주민과 함께 일하며 주민이 늘 피부로 느낄 수 있게 존재한다. 또한 주민의 힘을 믿고, 주민을 주민조직의 주인으로 세워나간다.

6. 지역사회복지운동의 결실로서의 마을공동체 형성과 한계

1) 공동체 이론

유동철 등(2016)은 지역사회복지의 궁극적 목적이 신뢰받는 공동체를 구성하는 것이라고 주장한다(p. 58). 그래서 지역사회복지 목적과 성과를 나타내는 이론체계로서 공동체이론을 제시하였다(pp. 58-63). 하지만 사정과 계획이론으로서의 '생태체계이론'과 과정과 실천이론으로서의 '역량강화이론'에 비해 적합성면에서 목적과 성과를 드러내는 이론으로서의 공동체이론은 내용적으로 다소 마땅치 않았다.

그래서 린드만(E. Linderman, 1921)의 지역사회 혹은 지역공동체에 대한 고전적인 저서인『지역사회(Community)』에서 제시한 이상적 지역사회의 9가지 조건에 대해서 논의하고자 한다(최일섭, 1992: 25-27 재인용). 첫째, 지역사회는 효율적인 정부라는 매개체를 통해 질서, 즉 지역사회구성원의 생명과 재산의 안정을 도모해야 한다. 둘째, 지역사회는 효율적인 생산체제를 통해 경제적인 안녕, 즉 구성원에게 소득보장을 해야 한다. 셋째, 지역사회는 공공보건기관을 통해 신체적 안녕, 즉 구성원의 건강과 위생을 보장해야 한다. 넷째, 지역사회는 조직적이고 잘 마련된 놀이를 통해 구성원들이 여가를 건설적으로 잘 활용하도록 해야 한다. 다섯째, 조직화된 지역사회에 의해 지지받을 수 있는 윤리적 기준, 즉 구성원에게 도덕 체계를 제공해야 한다. 여섯째, 지역사회는 모든 사람들이 쉽게 접근할 수 있는 공공기관을 통해 지식 보급, 즉 교육을 제공해야 한다. 일곱째, 지역사회는 구성원에게 자유로이 의사표현을 할 수 있는 수단을 제공해야 한다. 여덟째, 지역사회는 모든 구성원들이 자기 의사가 충분히 표현되고 반영된다고 느낄 수 있는 민주적 형태의 조직체를 제공해야 한다. 아홉째, 지역사회는 구성원에게 종교적 동기를 제공해야 한다.

이상과 같이 린드만의 '이상적 지역사회(ideal community)' 조건을 길게 나열한 이유는, 앞서 지역사회 기능에서 제시된 다섯 가지 하위체계의 순기능성과 맥락이 닿기 때문이다. 결국 그 하위체계들이 적절히 순기능하고 잘 작동한다면 이상적 지역사회가 창출된다는 높은 이론적 상관성을 밝히고자 하였다.

다음으로, 지역사회복지운동으로서 마을공동체 운동을 벌이는 사람들이 공통적으로 지적하는 마을공동체의 의미를 몇 가지로 요약하여 제시하면 다음과 같다(장성익, 2018: 70-71). 다음의 마을공동체에 관한 논지들은 지금까지 논의한 지역사회복지운동의 모든 내용들을 집약적으로 다시 한 번 정리하는 것으로도 판단된다.

첫째, 마을공동체는 생활공동체로서 서로 돕고 의지하는 상호부조와 연대가 가장 잘 이루어지는 구체적인 삶의 공간이다. 마을공동체는 출산, 육아, 실직, 노후 등과 같이 누구나 살면서 부딪히는 중요한 문제들을 해결하기에 적합하다. 온 마을이 한 아이를 키운다고 흔히 회자되는 세간의 얘기와 일치하는 것이다.

둘째, 마을공동체는 주민들의 풀뿌리 자치가 이루어지는 민주주의 실천공간이다. 주민들 스스로가 자기들의 필요와 욕구를 채워 가고 자기 지역의 문제를 해결해 가는 과정에서 역동적으로 형성되는 것이 마을공동체라고 한다. 바로 이런 과정에서 민주주의 실질적 바탕이 되는 지역 자치와 주민 자치를 일구게 된다고 한다.

셋째, 마을공동체는 새로운 경제 질서와 문화가 꽃피는 대안의 경제공간이다. 요즘 유행하는 '사회적경제'가 여기에 해당한다. 이러한 공유경제 질서 창출을 위한 도구적 조직체들을 사회적경제 조직체라고 특별히 통칭된다. 이에는 협동조합, 자활기업, 마을기업, 사회적기업 등이 지적된다. 이는 앞선 "지역사회복지의 특수실천분야-사회적

견제"에서 이미 다루어진 것들로 추가 논의는 생략하고자 한다. 다만, 이와 같은 협동조합이나 사회적기업과 같은 사회적경제 조직체들은 마을 만들기 활동 혹은 마을공동체 운동과 긴밀히 연결됨을 유념하기 바란다. 특히 지역사회 기능 중 생산-소비-분배의 역기능성을 해결하고자 하는 21세기 대안경제시스템이기도 하다.

2) 주민조직화를 활용한 지역사회복지운동 성과로서의 마을공동체 구축의 한계

주민조직화를 통한 지역사회복지운동의 과정이자 성과인 마을공동체 구축은 장밋빛 전망만으로 넘쳐나지 않는다. 명백한 현실적 한계(장성익, 2018: 231-235)로서 첫째, 무엇보다도 서울 사람들의 4분의 1 이상이 2년 안에 집을 옮긴다는 통계가 있다. 한마디로 유목민이다. 서울과 같은 대도시에서는 마을공동체를 꾸리기가 그만큼 어렵고 또 쉽게 와해될 수밖에 없는 현실이라는 것이다.

둘째, 혹독한 학업과 노동에 시달리는 우리나라 사람들에게 집이란 공간은 긴 공부와 노동으로부터 잠시 벗어나 '잠자는 곳' 혹은 '쉬어가는 곳'에 불과하다. 이런 집 공간에서의 생활을 되풀이 하는 사람들에게 마을 일에 관심을 갖고 마을공동체 활동에 적극 나서서 참여하기를 기대하기란 사실상 어렵다.

셋째, 곳곳에 재개발, 재정비, 뉴타운 건설이라고 하는 개발 폭풍이 끊이지 않는 지역사회 현실에서 마을이나 공동체라고 하는 이야기가 마을주민들의 귓등에도 들어오지 않는 것은 지극히 상식적이다.

넷째, 개인과 공동체 사이의 관계를 어떻게 설정할 것인지도 꽤 민감한 논란거리이다. 아무리 공동체가 좋다고 해도 누구나 자기만의 사생활이나, 남에게 보여주기 싫거나 알려지기를 꺼려하는 개인 영역(프라이버시)이 있기 마련이다. 공동체적인 생활을 하더라도 사람들 사이에 일정한 '거리'를 유지하는 것이 때로는 필요하다. 공동체가 구성원들의 사적이고 개인적인 것을 얼마나, 어떻게 존중하고 보장할 것인가는 오늘날 모든 공동체가 해결해야 할 과제로 남았다.

다섯째, 다양한 지자체나 정부 지원금이 주민 주체성을 상실하게 만드는 요인인 것으로, 특히 마을공동체 운동에 심각한 문제가 제기된다. 행정당국이 정한 기준에 맞추고 또 그에 준하여 평가를 받다보니 마을 고유성이 사라지고 획일화되고 표준화된다는 것이다. 결국, 외부에서 들어 온 자원이 공동체 활동의 동력이 되다 보니 마을 내부의 자생력과 독립성이 떨어진다는 것이다. 또한 공동체 활동이 외부자금을 획득하기 위한 반짝이 아이디어 중심으로 흘러감으로써 지역사회복지운동의 귀착점인 마을과 공동체마저 상품화된다는 것이다. 무엇보다도 정부 돈이 들어오다 보니 지역 내 단체들 간에 경쟁과 갈등이 생기고 주도권 다툼 양상이 나타나거나 특정 정치인이나 세력의 업적 쌓기에 활용된다는 것이 보다 심각한 문제로 부각된다.

7. 지역사회복지운동의 과제와 전망

본 집필자는 기존 지역사회복지 교과서의 모든 내용과 단순히 한 장(章)을 장식하는 “지역사회복지운동”은 큰 대륙과 동떨어진 작은 외딴 섬의 관계가 아니라 서로 밀접한 동전의 양면임을 알리고자 보다 심도 있게 노력했다. 단순한 지역 거주자에서 주인의식을 가진 마을의 주인들이 넘쳐나고 그들 모두가 행복하고 더불어 어우러지는 세상으로 변화시키려는 지역사회복지실천 활동이야말로 지역사회복지이고 지역사회복지운동임을 알리고자 했다. 이러한 필자의 의도가 문장을 통해 제대로 전달되지 못했다면 전적으로 본 필자의 무지 몽매나 부족한 필력에 있을 것이다.

다만, 필자가 지녔던 보다 실천 차원에서의 근본적인 문제의식은 지역사회복지와 그 실천이 단순히 재가 노인이나 장애인에게 지역사회복지서비스를 전달하면서 서비스대상자 사례관리 운운하는 것만이 지역사회복지실천의 중심이 되어서는 안 된다는 것이다. 어쩌다 사례관리(case management)만이 사회복지 전문성의 상징이 되어 가는지 때로는 답답하기만 하다. 서비스 전달을 위한 그냥 효율적이고 효과적인 방법론일 뿐이다. '대상자'라는 표현도 그렇고, 심지어 '사례'라는 표현도 '관리'라는 표현도 모두 심각한 서비스 공급자의 오만성과 소비자에 대한 인권침해 소지가 다분함은 지금 하고자 하는 핵심 논지와는 또 다른 차원의 심각한 얘기일 것이다.

물론, 이러한 역할과 기능도 대단히 중요하고 소중한 활동임을 부정하는 것은 아니다. 다만, 오로지 그것만이 지역사회복지실천활동의 중심선을 차지하고 있으면 이론도 전문성도 모두 필요 없고 인적 · 물적 자원만 있으면 해결된다. 이런 복지 공급자원의 개발만이 마치 가장 중요한 지역사회복지 전문성이 되고, 그럴듯한 프로포절(proposal)이라는 이름의 겉만 화려한 포장지로 공공이든 대자본이든 어디서든 재원만 많이 끌어오는 실무자가 유능한 사회복지사로 평가받는 것은 이제 멈추어야 하지 않을까 고민한다. 이전 절에서 마을 만들기와 마을공동체 등의 활동마저 유행과 인기 상품이 되고 외부 자원이 지역사회로 침투함으로써 발생하는 여러 문제점에 대해 간략히 언급했던 부분을 가볍게나마 상기해 주면 필자로서는 더 바랄 것이 없을 것이다.

한 걸음 더 나아가자! 지역사회복지운동을 화두로 고민하는 현장 사회복지사는 클라이언트와의 관계 형성에서 그들에 대해 대상자가 아닌 동지적 관계로, 지역사회복지 프로젝트의 목표 형성과 평가의 기준이 오로지 지역사회 주민에 어떤 유의미성을 지니는지로 측정되고 평가받길 강조하는 포셋(Fawcett)의 역량강화 중심 실천 원칙(empowerment-based community practice)을 가슴에 새겨주면 좋겠다(이문국 외 역, 2005: 292-293). 바로 이것이 지역사회복지운동의 진정한 출발임을 강조하며 본 장을 마무리하고자 한다.

CHAPTER 13

지역사회복지의 동향과 발전과제

학습목표

1. 지역사회복지의 동향과 발전과제를 이해한다.
   1) 지역사회환경의 변화, 민 · 관 거버넌스의 강화, 다문화사회로의 변화, 사회복지서비스의 시장화를 살펴보며 지역사회복지동향을 이해한다.
   2) 환경적인 특성을 중심으로 우리나라 지역사회복지의 발전과제를 이해한다.
2. 지역사회복지실천의 전망을 이해한다.

개 요

지역사회복지는 지역주민의 욕구를 바탕으로 지역주민들의 자발적인 조직화와 참여, 지역주민들의 의식적 변화로 공동체의식을 강화하여 사회통합을 추구함으로써, 그들의 삶의 질을 높이고 행복한 지역사회를 만들기 위한 과정과 목표로 지역사회복지를 향상시키는 데 있다.

그동안에 지역사회복지의 동향을 살펴보면 지역주민의 삶의 질 향상과 지역공동체 건설을 위해 기여는 했지만 인적 · 물적 자원의 부족과 재정적 자원부족 등 여러 가지 문제를 안고 있는 것이 현실이다.

지금의 지역사회는 개인 중심의 성장과 경쟁을 촉구하며 결과적으로는 재분배가 아니라 한정적인 예산을 중심으로 효율성을 강조하는 수준에서의 재분배가 이루어지고 있다. 이러한 현상은 지역사회복지실천현장에서 수행해야 할 과제와 과업이 많다는 것이다.

지역사회복지관이 충분한 기능과 역할을 위해서는 지역주민의 복지기능을 위한 전문적인 지역복지서비스가 필요하며, 그러기 위해서는 우선순위의 과제들이 있다. 이에 지역사회 전문적인 사회복지실천을 위한 복지환경의 변화에 대한 동향과 발전과제를 살펴보기로 한다.

1. 지역사회복지환경의 변화

현대사회는 전 세계가 하나 되는 글로벌화, 지역 간의 빈부 격차의 심화, 저출산, 가족 구조의 변화로 인한 가족 간의 갈등, 세대 간의 갈등, 노령화, 다문화, 아동·청소년의 문제, 장애범주의 확대, 실업의 심각성, 지방자치제 등 다양한 문제에 대응하기 위한 지역사회복지의 중요성이 더 강조되고 있다.

지역사회복지를 현실에 맞게 실천하기 위해서는 지역주민의 다양한 욕구와 갈등에 대해 평등화, 소득재분배화, 인간의 존엄성 등의 가치를 구현하고, 사회적 안녕을 유지하여야 한다. 또한 지역사회복지를 통해 지역사회의 노동생산성 향상과 지역사회의 사회·경제안정과 다양한 복지실천으로 현대사회의 지역사회문제를 해결할 수 있어야 한다. 지역주민 모두에게 있어 개개인의 행복이란 기본생활과 기본욕구를 충족하는 것이며, 지역사회복지 차원에서 이를 충족해 줄 수 있게 하는 것이 매우 중요하다고 할 수 있다. 이에 지역사회복지환경의 변화에 대해서 살펴보고자 한다.

1) 지방정부 분권화

우리나라는 1991년에 지방의회가 구성되었고, 1995년에 지방자치단체장을 국민이 직접 선출하면서 본격적으로 지방자치제도를 실시하게 되었다. 지방자치제도는 지방분권사상에 의해 중앙정부로부터 독립된 자치권이 있는 지방자치단체에 의해서 지방행정을 독자적으로 운영하는 것을 의미한다.

지방분권화는 2005년에 추진되었고, 참여정부 후반 들어 지방정부의 자율성과 역량을 발휘하고 중앙정부와 지방정부 상호 간의 협력을 통하여 지역적 특성에 부합하는 정책을 개발하고 실천할 수 있도록 추진한 정책이다. 특히 사회복지영역에서는 중앙정부가 사회복지서비스를 일방적으로 계획하고, 지방정부가 집행하는 형태를 탈피하여,

지역의 특성과 지역주민의 복지 수요를 전망하고 복지자원을 조달 및 관리하며 이에 부응하는 사회복지전달체계를 지역단위별로 설계하고 추진할 필요성이 제기되었다. 따라서 분권화(decentralization)란 중앙의 권한이 지방으로, 중앙정부의 권한이 지방정부로 이전되는 것을 의미하는데, 2003년 7월 「사회복지사업법」의 일부개정으로 지역사회 수준에서 각 지역의 실정에 맞는 사회복지서비스를 주도적으로 계획하고 수행할 수 있는 다양한 제도적 장치와 환경이 마련되는 등 실질적인 지방분권 정책들이 수립되었다. 또한 국고보조사업 정비를 통한 다양한 사회복지사업의 지방이양 등 분권화의 가속화로 지역사회복지 환경도 다양한 변화를 불러일으키고 있다.

지방분권은 중앙정부와 지방정부 간의 권력관계를 재조정함으로써 지방정부가 재량권을 가지고 관할 지역의 특성에 맞는 복지정책을 수립 가능하게 할 수 있다. 이에 지방분권화가 사회복지에 미치는 긍정적인 면도 있지만 부정적인 측면 또한 살펴볼 필요가 있다.

(1) 지방분권이 지역사회복지에 미치는 요인

지방분권과 지역사회복지에 미치는 긍정적인 측면을 살펴보면 다음과 같다.

첫째, 지방정부와 중앙정부 간의 권력관계를 재조정함으로써 지방정부의 권한과 책임성을 강화시킨다. 이러한 지방정부의 책임성은 지역주민의 욕구에 보다 효율적이고 적극적으로 대응하게 한다. 지역의 특수성과 지역주민의 실제 욕구를 기반으로 하는 복지사업기획 및 복지정책 수립을 가능하게 하고 보다 현실적인 복지서비스를 제공해 줄 수 있다는 것이다.

둘째, 복지의 다원화와 분권화를 통해 효율적인 복지집행체계 구축이 용이하다. 지방정부의 자율성에 근거하여 지방정부가 복지프로그램의 내용과 규모를 결정할 수 있어서 중앙정부 중심의 복지공여체계에 대한 비효율성 문제를 극복할 수 있고, 지방정부에 적합한 복지집행체계를 구축할 수 있다.

셋째, 지역분권화로 정책결정과정에 있어서 지역주민의 적극적인 참여가 전제된다면, 지방분권화는 지역주민의 욕구표출기회가 향상되어 지역주민의 욕구에 보다 신속하게 부응할 수 있는 복지프로그램 실행이 가능해진다. 주민투표라는 정치적 참여를 통하여 지방자치단체가 구성되므로 지방자치단체의 의사결정자들은 관할지역의 친 복지행정을 실현하는 것이 차기 당선에도 유리하게 받아들여지기에 주민 친화적 복지정책의 이전이나 확산을 도모할 수 있다.

넷째, 보편적이고 일반적인 서비스를 제공하는 중앙정부 중심의 복지행정이 지역사회의 욕구에 즉각적이고 포괄적으로 대응할 수 있는 지방정부중심의 복지행정체계로 전환될 수 있다. 즉 지방정부중심의 복지행정은 주민의 생활근거지인 지역사회와 지역주민의 생활적인 다양한 욕구에 즉각적이고 포괄적으로 대응할 수 있으며, 지역주민은 지역사회복지에 대하여 보다 적극적으로 그들의 의견을 표출하고 자발적으로 참여할 수 있게 된다.

지방분권이 지역사회복지에 미치는 부정적인 측면을 살펴보면 다음과 같다.

첫째, 사회복지행정업무와 재정을 지방에 이양함으로써 중앙정부의 사회복지책임성에 대한 약화를 초래할 수 있다.

둘째, 지방정부는 관할 지역의 복지정책보다는 경제성장을 최고의 목표로 두기에 개발정책을 우선순위에 두는 경향이 있으며, 이로 인해 복지정책에 대한 관심을 상대적으로 소홀히 하여 지방정부의 복지예산이 감소될 수 있다.

셋째, 사회복지의 급여는 재정력과도 긴밀하게 연관되어 있다고 할 수 있는데, 지방자치단체들 간에 재정적인 격차로 인해 지방분권화를 추진하는 경우 지역 간, 계층 간에 사회적·경제적 불평등의 심화가 조장될 수 있다. 재정력이나 지역사회의 역량 면에서 지역 간의 불균형, 도시와 농촌 간의 불균형 같은 지방의 시·군/읍·면·동 간의 불균형이 존재한다. 따라서 취약한 지방정부의 재정력은 복지예산을 감소시켜 지역 간 복지 수준의 격차와 계층 간의 격차를 심화시켜 국민 간의 사회적·경제적 격차를 심화시킬 수 있다. 이러한 불균형을 개선하는 조치가 없는 지방분권화는 사회적 분열을 초래할 수 있고 지방의 자립기반을 저해하여 사회통합을 위협할 수 있다.

넷째, 지역 간 복지발전의 불균형을 심화시켜 국민의 복지권적인 측면에서 전국적인 통일성을 저해할 수 있다. 즉, 일정한 복지행정수준에 미달되는 지방정부가 나타나게 되고 이에 따라 사회복지서비스 수급권에 대한 자격요건의 통일성이 없이 복지수급권이 제한되거나 복지수급 자격요건이 엄격하게 적용되어 복지급여의 수급 여부가 결정될 수 있다.

지방분권화 정책의 일환으로 사회복지사업 137개 중에서 67개의 사회복지사업을 우선적으로 지방으로 이양하였는데 지방이양에 앞서 충분한 준비 없이 추진되는 과정에서 커다란 문제점을 드러내고 있다. 사회복지에 대한 지방정부의 관심이 부족하다는 것을 고려하지 않고 추진함으로써 사회복지사업이 후순위로 밀리게 되어 예산편성과 집행에서 큰 어려움을 겪고 있다. 이러한 부분은 지방정부의 무력함을 잘 보여주는 것이며, 관료주의 문화중심에 젖은 지방공무권의 소극적 자세로 기인한 것이다. 또한 각 지방자치단체의 재정자립에 대한 파악이나 분석 없이 획일적인 지방이양 추진에 의한 것이라 볼 수 있다.

지방정부는 지역적 특성에 맞는 사회복지정책과 프로그램을 개발하고 실현할 수 있지만 예산의 부족 등으로 신규 사업을 추진하기에는 어려운 것이 현실이다. 이러한 문제들은 결과적으로 지역사회복지를 비롯한 사회복지사업이 지역 간 재정자립도의 차이에 의해 불균형을 초래할 수밖에 없는데 그 이유 중 하나는 중앙정부 중심의 사회복지체계에서의 사회복지예산 비중이 매우 낮다는 것도 하나의 지적사항이다. 지방정부의 사회복지실천은 지역주민의 참여가 필요한데 지방정부는 주민의 역할을 소극적으로 제한하고자 하는 경향이 매우 강하다. 지역사회복지계획이나 지역사회복지협의체의 수립과정에서 볼 때 지방정부는 정책 방향에 걸림돌이 되지 않을 사람을 위원으로 구성하거나 추천함으로써 형식적 절차를 밟고 있다. 지역사회복지협의체가 아니라 지방정부의 주도하에 이루어지는 형식적 과정을 거치고 있다는 점을 심각하게 우려하지 않을 수 없는 것이다.

(2) 지방자치와 지역사회복지

지방자치에 의한 지방분권은 지역사회의 책임을 강조하는 것으로 지방정부의 자율성과 주민의 책임성, 그리고 성숙한 시민의식을 전제로 하고 있으며, 이에 주민의 참여적 환경을 조성하는 것이 무엇보다 중요하다. 지역사회의 욕구에 부합되는 서비스를 개발하고 공동체를 형성할 수 있도록 지역주민이 적극적으로 참여할 것을 요구하기 때문에 지역사회복지의 역할이 매우 중요하다. 최근 들어 국민의 욕구는 다양하게 분출되고 있지만 지역사회복지서비스는 분리되고 단편적으로 제공되고 있다. 따라서 지역주민의 다양한 욕구에 대한 사회복지서비스의 원스톱서비스가 제공되어야 한다.

지역사회복지의 기본은 지역사회를 기본단위로 하며, 주민조직과 행정조직의 협력관계가 구축된다. 그리고 지역주민 전체에 대해 편의성이 제공되며, 특히 소외계층의 복지를 강조하고, 인적서비스를 중시하면서, 금품서비스를 병행으로 제공한다. 기획과 예산, 집행에 관한 사항은 지역사회가 담당하여 주민의 책임 아래 운영되고 행정기관에서는 행정적 · 기술적 · 재정적인 면에서 지원하고 협조하는 것이 기본요인이 된다.

이와 같이 지방자치와 지역사회복지는 기본요인이라는 측면에서 유사성을 갖고 있으며, 지방자치가 갖고 있는 이념적 측면과 기능적 측면이 지역사회복지의 차원과 맥을 같이하고 있어 지자체의 중심적 이념과 행정적인 기능이 지역사회복지의 실현에 있다고 볼 수 있다.

따라서 지방자치단체는 종래의 중앙집권적 사회복지가 지역사회 중심의 사회복지로 이행할 수 있도록 지역사회 실정에 적절한 미래의 종합적 복지모형을 설계하고 이를 집행하기 위한 독자적 지역사회복지 발전계획을 수립하여 지역사회복지를 강화하는 방향으로 전환해야 할 것이다.

지역사회복지의 문제는 지방화, 자율화, 그리고 복지화의 이념적 가치를 토대로 스스로의 문제를 해결하려는 의식실천의 장으로 인식되어야 한다. 그러기 위해서 첫째, 사회복지 담당부서의 전문성과 활동범위가 확대되어야 한다. 둘째, 지방자치단체 중심의 사회복지행정으로 전환이 필요하다. 셋째, 자원봉사와 민간참여의 활성화를 통한 민간 사회복지기관 및 단체의 육성 및 강화 등이 선행되어야 할 것이다.

2) 민 · 관 거버넌스의 강화

지역사회복지의 강화는 사회복지의 큰 흐름을 반영하는 것으로 지역사회 중심의 재활사업, 노인과 장애인을 이용자로 하는 사례관리, 지역사회보고, 재가복지서비스 등의 필요성이 부각되어 지역주민의 적극적 참여와 지역사회자원의 활용이 요구된다.

지역사회복지서비스는 지역적 특성과 욕구가 반영되어 지역주민에게 필요한 서비스를 중심으로 제공되는 것이 바람직하므로 지역사회의 역량을 강화하여 보편적 서비스와 선택적 서비스가 다양하게 제공되어야 한다.

지역사회의 공동체를 형성하고 강화하기 위해서는 사회복지시설을 비롯한 관련 기관의 협력과 연계는 필수이다. 모든 시설이 복합적 지역주심의 욕구를 충족시킬 수 없기 때문에 다양한 사회복지시설과 공공기관과의 협력하에 연계되는 서비스가 지역주민에게 제공되어야 한다.

따라서 대다수 지역에 있는 사회복지시설이 정부의 지도와 감독 하에 지역주민의 삶의 질을 강화하고 사회통합을 달성하기 위하여 다양한 프로그램을 실시하고 있기 때문에 민 · 민, 민 · 관이 사회복지 거버넌스를 통해 지역사회의 공동체를 확립하기 위한 노력이 강화되어야 한다.

지역사회 수준에서 민관 거버넌스를 통해 지역주민들의 필요와 요구에 적절하고 신속하게 부응할 수 있는 지역사회 주도의 서비스 전달 및 조정체계로 자리 잡고 있는 지역사회보장협의체 운영과 지역사회보장계획 수립에 있어 고려해야 할 향후 발전방향은 다음과 같다.

첫째, 지역사회보장계획 수립뿐만 아니라 지역사회보장협의체 운영 전반에 있어 지역주민이 범위를 넓히고 적극적인 참여가 보장되어야 한다.

둘째, 지역사회의 이슈와 니즈에 적절히 대응하기 위한 지역사회 자원의 활용과 개발을 통해 지역사회에서 활용할 수 있는 자원의 총량을 늘릴 수 있어야 한다.

셋째, 중앙정부 차원에서는 지역 간 복지 자원의 불균형 문제를 해결할 수 있는 방안을 마련해야 한다.

넷째, 지역사회보장계획을 뒷받침할 수 있는 전문 인력 양성과 지역사회복지협의체 참여 주체들의 적극적 참여를 보장할 수 있는 적절한 동기 부여가 절실하다.

3) 다문화사회로의 변화

저출산으로 인한 생산인구의 부족, 결혼관의 변화로 인한 가족형태의 변화 등으로 인한 세계화와 개방화는 인구사회학적 특징을 변화시키고 있으며 다인종·다문화사회로 변화되고 있다. 국제결혼 등으로 우리나라에 정착하게 된 다문화가족은 새로운 환경과 문화에서 불안전한 상황의 적응과정을 거치고 있다. 이는 같은 지역사회 인구학적 특성의 변화는 지역사회복지실천의 변화를 요구한다.

지역주민의 동질성, 소속감, 연대성을 강조하는 지역사회복지는 다문화사회로 인한 기본전제를 무력화할 수 있으며, 따라서 다문화가족의 특성과 지역사회특성을 적절하게 통합시킬 수 있는 방법을 모색하여야 한다.

4) 사회복지서비스의 시장화

사회복지서비스의 등장이 국가 재정지원의 효율성을 강화하면서 사회적 일자리를 창출하기 위한 의도로 시작된 측면이 있기 때문에 정부의 사회복지에 대한 진정성을 분명하게 파악하기에는 어렵다. 사회서비스의 바우처 제도가 국민의 선택권을 보장하는 것처럼 보이나 서비스를 공급하는 기관의 과다 경쟁 때문에 서비스 시장의 안정성을 약화시켜 서비스의 질적 저하와 운영난으로 어려움에 처하고 있다. 서비스 공급기관의 안정성 약화는 정부의 책임을 민간에게 전가함으로써 공공성을 약화시킬 수 있다. 또한 사회의 구조적 모순에 따른 신 사회적 위험으로 고통 받는 시민이 모든 책임을 져야 하는 상황이 일어날 수 있다.

우리나라의 사회복지서비스전달체계가 아직은 체계적인 확립이 미흡한 것이 사실이다. 또한 사회복지서비스의 양과 질이 높지 않은 상황에서 사회복지서비스를 시장 중심으로 다원화하고 영리화하는 것은 적합하지 못하다.

사회복지서비스의 시장화는 지역주민 혹은 클라이언트 집단의 욕구충족이라는 목표보다는 조직을 유지하고 이윤을 발생시키는 데 더 많은 관심을 가지게 한다. 또한 사회복지서비스의 시장화는 사회복지가 강조하는 인간의 존엄성, 자율성, 전문성 등이 상실되어 사회복지이념과 정체성이 훼손될 수 있다.

사회복지 시장화로 인해 사회복지 이용자의 선택과 결정을 존중한다는 부분과 비용효율성이 있다고는 강조하지만, 이는 거래비용이나 시간 비용이 증가하여 비용 감소효과가 크지 않을 것으로 보고 있다.

현대 복지국가에서의 국가 중심적 복지는 전 국민을 대상으로 보편적 서비스를 제공하며, 사회복지의 재원이 세금으로 형성되어 본인부담금을 최소화하며, 이에 사회복지서비스의 시장화에 따른 체계화 확립이 요구된다.

2. 지역사회복지의 과제

사회복지의 중요한 방법론 중의 하나인 지역사회복지는 이론적 연구와 실천적 전략에 대한 사회복지학계의 관심과 지역사회복지현장의 노력이 부족하였다. 시설 중심 서비스에서 지역사회 보호로 사회복지의 패러다임이 전환되고 있고 다양한 형태의 지역사회복지기관이 활동하고 있지만, 지역사회복지실천의 근거가 되는 이론전개나 모델 개발은 아직도 매우 부족한 실정이다. 지역사회를 둘러싸고 있는 사회 구조적인 상황은 빠른 속도로 변화해 왔는데 지역사회복지이론과 모델은 과거의 것을 그대로 답습하는 수준에 머물러 있는 상황이다.

또한 지역사회복지의 이론적 배경이 대체로 다른 나라 사회를 중심으로 형성되어 왔기 때문에 우리나라 상황에서 이러한 이론을 실천과정에 접목하는 것이 매우 어려운 게 현실이다. 특히나 우리나라의 경우 사회복지관을 중심으로 해서 지역사회복지실천이 이루어지고 있는데 이는 정체성이 흔들리고 있는 상황이며, 이러한 상황은 우리나라 지역사회복지에 어려움을 주고 있다.

지역사회복지는 지역주민의 문제의식과 적극적인 참여의식의 공유와 책임감을 통하여 욕구를 해소하고 사회통합을 달성하기 위한 목표를 가지고 있다. 또한 평등성, 상호보완성과 연대성, 협동성, 다양성, 자율성, 존엄성, 지속성과 순환성 등 모든 지역주민의 삶의 질을 보장하기 위한 가치를 요구하고 있다. 이러한 환경적인 특성을 중심으로 우리나라 지역사회복지의 과제를 살펴보고자 한다.

1) 지역사회복지 네트워크 구축

현대사회가 요구하는 사회복지의 궁극적인 목적은 경제적 · 사회적 · 문화적 욕구를 지닌 개인이나 가정, 집단이나 지역주민에게 그들의 사회적 욕구에 상응하는 서비스를 제공함으로써 보다 만족스럽고 자립적인 생활을 영위할 수 있도록 도와주는 데 있다. 이에 지역주민의 복지 수요를 수용하기 위해서는 합리적인 사회복지정책의 수립도 중요하지만 복지서비스 대상자, 즉 복지수혜자에게 어떠한 내용의 서비스를 어떤 경로를 통해 전달하는 것이 더 효과적인가 하는 복지서비스전달체계의 확립도 중요하다. 왜냐하면 복지서비스 대상자의 선정이나 수혜 자격요건의 설정, 수혜 내용의 성격에 관한 정책의 실질적인 집행은 바로 복지서비스전달체계를 통해서 이루어지고 있기 때문이다.

복지서비스 대상자에게 적합한 서비스를 가장 효율적으로 제공하기 위한 전달체계는 각 조직에 속한 인력이 서비스대상자에게 제공하는 서비스의 성질과 직접적으로 관련되어 있으므로 사회복지사업의 성패와 밀접한 관련이 있다. 그 이유는 복지전달체계를 확립해서 전달기관 기능의 극대화가 이루어지지 않으면 서비스의 중복과 누락 등으로 자원의 낭비는 물론 복지대상자의 치료나 자활에 역기능을 초래하기 때문에 지역사회복지 전달체계의 확립은 효과적인 사회복지서비스를 수행하는 데 있어 복지행정 조직과 함께 불가분의 중요한 병행조건이라 할 수 있다. 따라서 지역사회복지서비스전달체계란 사회복지 전달체계를 사회복지서비스의 공급자 간에 그리고 공급자와 수혜자 간의 조직적 연결망이다.

지역사회복지 전달체계는 지역 차원에서 사회 복지적 급부와 서비스를 산출하는 공공 또는 민간기관 상호 간의 관계와 서비스 공급 주체에 의해 수혜계층인 복지대상자에게 효율적으로 전달되는 데 필요한 공공 민간의 사회복지조직 연결망을 지칭한다. 복지서비스가 효율적이고 완전하게 그 기능을 발휘하기 위해서는 지역사회복지 전달체계를 이루는 각 단위의 복지기관 및 조직들이 적절한 기능이 수행되어야 한다.

지역사회복지 전달체계의 기능을 살펴보면 다음과 같다(Perlman, 1975).

첫째, 초입기능으로 이는 전달체계가 완전한 기능 및 과업수행을 위하여 각급 복지기관이 복지 수요대상자에게 이용 가능한 서비스에 대한 홍보와 교육은 물론 이들 대상자의 문제해결을 위하여 지역사회에 있는 다른 복지기관과 협력하는 기능을 말한다.

둘째, 복지수혜대상자의 권리를 보호하기 위하여 대변자의 역할을 하는 책임 기능이다. 즉, 사회복지기관이 대상자의 문제를 사정하고 이용 가능한 자원을 발굴하여 복지대상자가 이를 활용할 수 있도록 도와주거나 필요한 경우 대상자를 타 기관에 위탁하여 그 기관으로부터 필요한 서비스를 제공 받을 수 있도록 보장해 주는 기능이다.

셋째, 서비스 제공기능으로 이는 사회복지기관이 복지대상자에게 제공하는 사례관리(case work)서비스나 재활서비스 등 특정한 형태의 서비스를 제공하는 기능이다.

넷째, 계획 및 통제기능이다. 이는 복지수혜 대상자의 욕구와 그 욕구를 충족시킬 수 있는 능력을 평가하는 것과 관련된 기능으로 지역사회에 충족되지 않은 욕구가 발견되었을 때 사회복지기관은 문제해결을 위해 지역사회의 타 기관과 공동협력하거나 가능한 한 욕구에 부합할 수 있도록 자체 서비스를 조정할 책임을 가져야 한다는 것이다.

따라서 지역사회복지 전달체계의 기능은 지역 차원에서 지역복지정책을 수립하는데 누구를 복지수혜대상자로 선정하며, 어떤 종류의 서비스를 어떤 재원을 가지고 어떠한 조직체계를 통해 전달하느냐 하는 것으로써, 조직 및 복지정책의 중요성과 함께 궁극적으로는 지역주민 전체의 복지수요와 욕구를 효율적으로 공급하고 충족시키는 것을 보장할 수 있는 지역사회복지 전달체계의 구축이 시급하게 요구되는 것이다.

2) 사회복지사의 문제의식

지역사회복지는 지역주민의 참여로 공동체의식을 강화하여 사회통합을 추구하는 것을 목표로 한다. 이러한 목표를 달성하기 위해서는 지역주민이 지역사회문제에 관심을 갖고 적극적으로 참여하고 활동하는 것이 바람직하지만, 그렇지 못한 경우가 많기 때문에 지역주민의 관심을 제고할 수 있는 다양한 활동이 이루어져야 한다. 이러한 활동을 적극적으로 수행할 수 있는 전문 인력이 바로 지역사회복지실천현장에서 활동하고 있는 사회복지사이다. 따라서 사회복지사의 활동에 따라 지역주민의 참여 정도가 달라질 수 있으며, 지역사회의 문제에 대응할 수 있는 역량도 강화될 수 있다.

우리나라 사회복지교육은 온정주의적인 시각과 전문 기술적 접근이 강조되는 형태로 발전하여왔다. 지역주민의 욕구가 다양하고 복합적이며 이에 지역주민 상호 간의 역동적 관계를 활용하기 위하여 지역사회복지현장의 움직임이 협력적이어야 한다.

하지만 지역사회복지실천가는 지역주민의 공동체를 형성하거나 사회정의를 달성하는 데에는 상대적으로 관심이 적다. 즉 지역사회의 문제를 파악하고 그 문제를 해결하기 위한 지역주민의 참여를 위한 노력이 부족하며, 그들의 권리를 대변하는 데는 익숙

하지 않다. 이러한 경향은 우리나라의 정치·경제적 상황이 국민의 자유로운 의견 표출을 제한하거나 국민의 의견이 정치과정에 반영되지 못한 것에서부터 오는 부작용이라고 볼 수 있다. 오늘날 우리나라의 정치·사회적 환경은 민의(民意)를 중시하는 구조로 변하고 있으며, 다양한 사회활동을 통하여 정책과정에 참여하고 있다. 이러한 과정에 현장에서 지역사회복지실천가로 일하고 있는 사회복지사의 적극적인 참여는 지역사회복지실천현장에서 지역주민의 욕구와 문제에 효과적인 해결을 가져올 수 있을 것이다.

사회복지사는 지역사회의 문제해결에 따른 목표를 설정하고 이를 해결하는 방도를 강구하도록 지역주민들에게 지원함으로써 최선의 문제해결 방향과 방법을 선택하여 지역사회가 주체적으로 능력을 발휘하여 지역주민을 격려하고 지지하는 역할이 필요하다. 사회복지사의 활동에 따라 지역주민이 문제의식을 제고하고, 참여 정도가 달라질 수 있으며 지역사회복지실천현장에서의 문제를 해결할 수 있는 역량도 강화될 수 있다.

3) 지역주민의 공동체 의식 함양

지역주민은 권리의 주체뿐만 아니라 권리 행사의 주체를 의미한다. 지역사회는 주민의 삶의 공간이며 이곳에서의 주민의 갈등과 경쟁의 결과로 지역사회문제가 발생하게 된다. 이에 지역주민은 이러한 사회문제로부터 어려움을 받고 있고 이러한 어려운 면을 해결되기를 바라는 욕구를 가지고 있으며, 이러한 가장 근본적인 책임을 지고 있는 존재이기도 하다(김만호, 2018). 최근까지도 한국사회는 권위주의적이고 강한 개인주의적인 경향의 사고로 지역주민의 의식화 사고가 적절하게 반영되지 못하였다. 지역의 주체로서의 지역사회활동은 주민 상호 간의 신뢰감을 형성하고 자신감을 강화하여 공동체의식을 조성할 수 있다(김만호, 2018). 그렇기 때문에 지역사회 주민은 지역사회 문제를 해결하는 지역사회 자원으로서이 중요한 매개체로서 역할을 하고 있으며, 공동체 함양의식이 형성되어야 하겠다. 지역주민의 공동체 의식함양은 지역사회의 문제를 의식하고 함께 해결하고자 하는 의지가 동기로 작용함으로 지역사회복지발전에 밑거름이 될 것이다.

4) 한국적 지역사회복지이론과 모델 정립

지역사회복지의 가치와 철학은 정상화와 사회통합의 이념이며, 이러한 가치를 실현하기 위한 다양한 모델의 기능적 접근방법을 중심으로 적용되고 있다. 지역사회는 독립적으로 존재할 수 없으며, 정의 · 권력 · 명분 등의 가치에 의해 영향을 받는 개방적인 체계이다.

사회복지학이 학문적인 형태로 소개되어 온 지도 60년에 이르고 있다. 그동안 서구의 이론을 바탕으로 이제는 한국 상황에 맞는 이론과 실천모델이 개발되고 정립되어야 한다. 지역사회복지가 명확한 정체성을 가지지 못하고 사회복지실천현장에서 겉도는 것은 실천현장에 적용할 한국적 모델이 없기 때문이다.

지역사회복지실천모델이 지역사회의 상황이나 특성에 맞게 선택되고 사용되어 이를 통해 지역사회와 지역주민의 삶의 질이 개선될 수 있도록 하는 것이 중요하다. 따라서 어떠한 모델을 현장에 맞게 선택하는가는 매우 중요한 사항이다.

일반적으로 지역사회복지실천모델로 선택할 때에 고려할 사항은 다음과 같다(김현호 외, 2017: 115-116).

첫째, 지역사회구성원의 욕구와 문화적 가치를 고려해야 한다.

둘째, 지역사회복지실천가나 사회복지사가 선호하는 이론적 배경을 고려해야 한다.

셋째, 지역사회복지실천가나 사회복지사 자신의 인성과 성장배경을 고려해야 한다.

넷째, 지역사회복지실천상의 특정한 문제점이나 특수한 사항을 고려해야 한다.

다섯째, 지역사회복지실천 전략 수립상의 윤리적 · 사회적 가치가 가져올 사회적 파장을 고려해야 한다.

기존의 지역사회복지 모델은 사회복지서비스가 근본적으로 문제를 해결할 수 있는 원론적인 접근보다는 범죄·실업·질병 등과 같은 현상을 제거하는 수준에서 이루어진다는 점에서 분명한 한계를 가지고 있다.

따라서 우리나라의 정치·경제학적 환경 변화와 지역사회복지 환경의 변화, 지역주민의 삶의 형태와 의식의 변화 등을 중심으로 우리만의 독특한 이론과 모델이 개발되어야 하겠다.

3. 지역사회복지의 전망

최근 우리나라의 지역사회는 저출산, 고령화의 촉진, 장애범주의 확대, 가족기능과 형태의 변화 등으로 지역주민들의 욕구가 다양하게 나타나고 있다. 이에 정부의 정책은 지역적 특성과 지역주민의 욕구에 적극적으로 부응하고 다양한 과제를 해결하기 위한 대안으로 전문적이고 통합적인 서비스 전달을 위한 사회복지 전달체계의 구축으로 원스톱서비스가 제공되어야 한다.

지역사회복지서비스는 지역적 특성과 욕구가 반영되어 지역주민에게 필요한 서비스를 중심으로 제공되는 것이 바람직하며, 지역의 역량을 강화하여 선택적 서비스와 보편적 서비스가 다양하게 제공되어야 한다. 또한 지역사회보장협의체를 통하여 지역사회복지에 관한 체계적인 의견수렴과 협의를 바탕으로 한 지역사회복지 개선 방안을 마련하고 서비스 연계 및 조정역할을 수행하며 자원을 개발하고 효율적으로 활용하도록 하고 있다. 지역사회복지협의체의 구성은 민간 전문가, 공공복지 관계자, 학계, 보건 분야 관계자 등으로 구성되며 지역주민의 다양하고 복합적인 욕구에 포괄적이고 종합적인 서비스를 제공할 수 있을 것이다. 이를 위해 민·관 협력과 복지보건의 연계를 강조하며, 민주적인 의사소통구조를 확립하고, 이용자 중심의 통합적 지역사회복지서비스를 제공할 수 있는 기반을 조성하고자 한다.

1) 지역사회복지 전달체계 개편

지역사회복지가 질적으로 양적으로 증가함에 따라 기존의 지역사회복지 전달체계를 개선해야 한다는 필요성이 높아지고 있다. 지역주민의 복지 수요가 증가함에 따라 복지대상자, 복지예산, 복지전담공무원 등이 증대되고 있어 수요자 중심의 사회복지서비스를 제공할 수 있는 지역사회 중심의 복지 전달체계의 강화가 필요하며 지방자치제의 지역사회복지 행정조직 또한 개편되어야 한다. 기초적 생계보장뿐만 아니라 간병과 가사지원 등의 재가보호, 재활, 취업 등에 필요한 서비스를 제공하기 위해서는 공공부문과 민간부문 지역사회복지 전달체계 간의 유기적 협력체계가 요청되고 있다.

우리나라의 경제적 · 사회적 · 문화적으로 급격한 환경 변화에 부응할 수 있으며, 모든 지역주민들의 삶의 질의 증진과 동등한 기회보장 및 주체적인 복지참여 증진을 위한 전달체계의 구체적인 목적은 다음과 같다(김용환 외, 2014: 301-302).

첫째, 저출산 및 고령화 등 최근 복지환경의 큰 변화와 국민의 복지 수요 증가, 서민경제의 어려움 등으로 인한 생계형 사건, 사고가 증가함에 따른 위기가정을 조기에 발견하고 지원하므로 모든 사람이 가치 있는 인간으로서 양질의 삶을 향유할 수 있는 복지체계 구축이 요구된다.

둘째, 위기가정을 조기에 발견하는 체계구축과 국민의 복지 체감도 향상을 위한 사회복지전달체계 개선이 과제로 대두되었다.

셋째, 지역주민들의 개인적인 차이에 따른 욕구들이 존중되며, 지지와 도움제공 및 지역과 계층 간에 '균등'하게 삶의 질이 향상될 수 있는 복지실현이 요구된다.

넷째, 개인, 가족, 지역사회, 기업 그리고 정부 모두가 복지의 주체로서 '상호 동반적인 관계와 참여'가 이루어지는 복지체계 구축이 필요하다.

다섯째, 지방분권화로 인해 복지사업의 지방이양이 확대됨에 따라 지방자치단체의 복지역량강화라는 과제가 부여되어 시 · 군 · 구/읍 · 면 · 동의 복지기능 조정 후 적정 인력을 충원하여 시 · 군 · 구의 복지기획능력과 읍 · 면 · 동의 현장성을 강화하며 지역자치단체에 대한 복지부문 평가 내실화 등을 중심으로 전달체계 개편의 기본방향과 정책방안을 제시하기 위해서이다.

지역사회복지실천은 민 · 관의 협력과 민 · 민의 협력으로 그 필요성을 요구하고 있으며, 이는 서비스를 조정하고 연계하는 네트워크 구축이 형성되지 못하여 현재의 사회복지서비스가 단편적으로 제공되거나 중복 또는 분리되는 경우가 있다.

지역주민의 욕구는 다양하게 폭발적으로 증대하고 있지만 사회복지서비스는 단편적이어서 그 욕구를 충분히 충족시키지 못하고 있다. 서구에서는 이미 사회복지발전과정에서 C.O.S(The Charity Organization Society, 자선조직협회) 등의 단체를 통하여 전문가단체의 기능과 역할을 조정하고 연계하여 왔다. 우리나라에서도 사회복지협의회, 지역사회복장협의체, 직능단체협회 등 다양한 조정기구들의 관계성을 정립하여 네트워크 구축 개선의 효과적인 지역사회복지서비스를 강화하여야 한다.

지역사회복지서비스전달체계를 활성화하기 위한 역할은 다음과 같다.

첫째, 공공복지서비스전달체계는 복지사무소의 도입이 필요하며 복지사무소에서는 각종 사회복지서비스를 제공하고 사회복지 관련 기관과의 횡적 업무관계를 유지한다. 또한 정부의 지역복지사업을 총괄 운영하는 기구로서의 역할을 한다.

둘째, 민간복지서비스전달체계는 협의회가 지역사회의 욕구를 파악하고 복지정책을 수립 제안하여 복지기관들의 프로그램을 조정하는 데 있어서 중심적인 역할을 한다.

셋째, 민간기관들과의 연계활동을 활성화하여 유사한 성격의 복지 활동을 전개하는 사회복지기관들의 연계활동이 더욱 강화되어야 한다.

2) 지역사회복지운동의 강화

지역사회복지는 지역주민의 다양한 욕구를 충족하기 위하여 주민들의 자발적이고 적극적인 참여가 필요하다. 우리나라는 지난 60년 동안 절대적 빈곤을 극복하기 위하여 많은 노력을 기울여 경제성장을 이루어냈지만, 이러한 과정에 성장과 개발에 중점을 두다보니 지역사회에 다양한 문제가 양산되는 부작용이 나타나고 있다. 이러한 부작용과 역기능 해소를 위한 새로운 패러다임이 이미 다양한 형태로 실험되고 있다. 그 예로 생산과 소비를 자립적으로 유지하고자 하는 생활기능적인 측면에서의 생활협동조합, 생산자협동조합, 의료협동조합, 지역통화운동, 공동육아 등과 문화와 생활에 역점을 두는 복합 기능적 측면인 수돗물 불소화 반대운동, 공동주거(co-housing) 운동, 마을 만들기 그리고 기타 환경을 강조하는 녹색공원 조성이나 National Trust 등 다양한 운동이 실현되고 있다.

이러한 다양한 측면이 어우러지는 공동체야말로 바람직한 인간 공동체라고 할 수 있으며, 자립 지향적이고 공동체 지향적인 생활방식은 타인에 대한 관계를 인식하는 것이고, 공동체의식을 키우는 것이며, 삶을 주체적으로 살아간다는 것을 의미한다. 이렇게 다양한 시도들은 미래사회에 대한 기대이며 희망으로서 정치 · 경제 · 사회 · 환경적으로 지속 가능한 개발의 실현을 위한 지역적 활동이 활발하게 전개되어야 함을 입증하고 있는 것이다.

따라서 민주적인 운영과 합리적인 의사결정 구조, 다양한 조직의 참여, 민관의 공동협력 등이 기본적으로 전제될 때 효과적인 복지공동체가 구축될 수 있으며 이는 주민들의 다양한 욕구와 의견이 합리적으로 표출되고, 민주적 과정을 거쳐 결정됨으로써 지역주민의 지지를 받을 수 있다. 또한 지역주민의 적극적인 지지가 다양한 조직의 참여를 이끌어 낼 수 있음은 두말할 나위가 없으며, 민관의 협력을 통하여 상호 간의 장점을 최대화하여 지역공동체를 구축할 수 있다. 또한 주민 구성원들이 주체로 참여하여 문제해결과 예방, 그리고 더 나은 지역사회를 만드는 것을 지역사회 운동의 핵심요소로 보고 지역사회복지 운동으로 마을 만들기 운동, 지역화폐 운동, 협동조합 운동,

주거권 운동, 환경권 운동 등이 있다.

(1) 지역사회운동의 의의

지역사회복지실천영역에서 지역사회복지운동이 갖고 있는 의의는 다음과 같다(오정수 · 류진석, 2008).

첫째, 지역사회운동은 주민의 주체성과 역량을 강화하여 지역사회의 변화를 주도하는 목적지향적인 조직운동이다. 즉, 지역사회 문제해결의 주체인 주민의 참여를 확대시켜 주민들 간에 연대의식과 문제해결 역량을 강화시키는 데 목표를 둔 민주적 실천과정을 의미한다.

둘째, 지역사회복지운동은 주민참여의 활성화를 통해서 주민들의 복지권리 의식과 시민의식을 배양하는 사회권 확립운동이다. 특히 주민의 복지권리와 시민의식을 고취함으로써 지역사회를 통합하고 사회적 약자의 생존권 보장에 초점을 두고 있으므로 사회권 확립과 밀접한 관련이 있다.

셋째, 지역사회복지 운동의 관심사가 주민들의 삶의 질과 관련된 생활영역에 있으므로 지역사회복지의 확산과 발전을 위한 생활운동으로서 의미를 갖는다. 복지운동은 지역공동체 운동의 속성을 갖기 때문에 단순한 복지적 의미가 아닌 지역사회 전체를 기반으로 삶의 질을 높일 수 있는 생활운동, 주민운동으로서 의미가 있다.

넷째, 지역사회복지운동은 지역사회의 다양한 자원을 활용하고 관련 조직들 간의 유기적인 협력을 통해 활동이 이루어지는 동원운동이다.

지역사회복지 운동의 의의는 지역사회의 문제들을 해결하기 위해 지역사회의 변화 또는 지역사회의 역량을 통해 지역사회 주민의 욕구충족과 사회연대의식 고취, 지역공동체형성이라는 목표로 지역사회의 내적 정체성을 실현 · 고양시키고 지역사회의 변화를 추구하기 위해 전개되는 조직적인 운동이라고 할 수 있다.

지역사회운동은 1987년 민주화운동과 1995년 지방자치제도를 거치면서 지역사회의 중요성이 대두되었고 지역사회 내의 사회적 약자에 대한 관심과 인권보장문제가 지역사회문제로 출현하면서 활성화 되었다. 지역사회운동은 1997년 말 IMF 외환위기를 계기로 시작된 자활운동과 지역사회 주민운동의 활성화, 그리고 1990년대 이후 지역사회 주민운동에 뿌리를 둔 지역사회복지 운동단체 활성화, 20세기후반 시민운동의 확장으로 발전한 NGO단체의 활성화 등 세 가지 영향으로 전개되어 왔다(류종훈, 2007). 특히 시민운동은 사회복지제도와 정책결정과정에 적극적으로 개입하여 영향력이 반영된 것으로 볼 수 있다.

지역사회복지 운동은 사회복지 정책결정에 영향을 미치며, 지역사회 조직을 활성화시키고 지역주민의 권리의식을 제고하기 위하여 필요하다고 할 수 있다.

① 마을 만들기 운동

마을 만들기 운동은 지역주민의 주도하에 주민의 노력과 참여로 책임의식을 갖고 주민들이 주체가 되어 의논하고 합의하여 만들어가는 마을이 진정한 마을 만들기 운동이다. 그렇지 않고 누군가가 일방적으로 지정해 놓고 주민들은 비자발적으로 따른다면 그 결과가 아무리 좋아도 그것을 운동이라고 보기는 어렵고 그 결과물은 오래가지 못한다. 지역주민이 주체가 되어 마을의 공동체성을 회복하고 마을의 고유한 특성과 문화를 만들어가는 것이다. 건강하고 쾌적한 '마을 만들기'는 주민의 관심과 애정으로 주민이 주체적으로 참여하고 기획하면서 조정된다는 것이다. 주민의 적극적 참여는 행정과 전문가의 협조와 참여를 통하여 훨씬 더 강화될 수 있다. 이러한 점은 마을이 특정한 문제의 해결 대상이라기보다 종합적이고 복합적인 기능을 가진 곳으로서 생활 전반에서 일어나는 불편함에 대하여 주민이 스스로 생각하고 노력할 때에만 진정한 가치를 지닌다.

현재는 마을 만들기 운동에 지자체가 지원하고 있으며, 그 과정에서 운동보다는 사업의 형태로 변화된 경우도 있다.

② 지역화폐 운동

최초의 지역화폐 운동은 1983년 캐나다의 코목스 밸리라는 조그마한 섬마을에서 컴퓨터 프로그래머였던 마이클 린턴(Micheal Lynton)에 의해 시작된 것으로 알려져 있다. 레츠(LETS: Local Exchange and Trading System)라고도 불리는 지역화폐는 특정 지역 안에서 특정 사람들 사이에서만 사용되는 화폐이다. 화폐의 형태도 있지만 화폐가 아닌 거래장부만 있는 것도 있다.

지역화폐 운동은 특정 지역에서만 통용되는 화폐를 통해 지역 자원의 지역 내 교환과 거래를 장려하고 현금이 없어 경제활동에 참여하지 못하는 주민들에게 경제활동을 할 수 있는 기회를 제공함으로써 지역주민의 자립적인 삶을 추구하는 운동이다. 지역 내에서 거래하기 때문에 자원과 에너지의 낭비를 줄여서 지속이 가능하고 순환이 가능한 지역사회를 만드는 데 기여한다.

지역화폐 운동이 지역사회복지에 미치는 함의는 다음과 같다.

첫째, 공동체의식의 함양이다. 절대적으로 수혜자의 지위에 있던 사람들에게 생활에서의 주도성과 주체성을 상실하지 않고 자신감을 불어넣는 효과를 가지며 지역주민과 지역사회에 대한 관심을 증가시킬 수 있다.

둘째, 상호작용적 생활방식의 변화를 강조한다. 자신이 가진 아주 조그만 능력을 지역주민과 개방적으로 교환하면서 공동체 문화를 증진하고 있다.

셋째, 지역경제 활성화를 촉진한다.

넷째, 지속 가능한 사회를 촉구한다.

③ 협동조합운동

18세기의 산업혁명은 공장과 대량생산 체제를 가져오면서 부의 집중을 야기하였지만 다른 한편에서는 이에 대한 대안적 모델로 협동조합이 시작되는 계기를 마련하였다. 국제협동조합연맹(ICA)에 따르면, 협동조합이란 "공동으로 소유하고 민주적으로 운영되는 사업 조직을 통해 공동의 사회적 · 경제적 · 문화적 욕구를 충족하기 위해 지발적으로 결성되어 자율적으로 운영되는 단체"이다. 이렇게 자율적으로 운영되는 단체는 기업이나 회사의 형태가 가장 많고 작은 사업체나 생산자 혹은 소비자 조직 등도 있다. 우리나라의 협동조합운동은 한살림 등의 농업부문에서 시작되어 지금은 먹거리를 넘어 다양한 공산품 및 의료 등의 서비스로도 확대되는 등 시민사회 영역에서 다양한 형태의 협동조합들이 조직되어 운영되고 있다.

한편 2012년 12월「협동조합기본법」이 시행되면서 5인 이상만 되면 출자금에 상관없이 협동조합을 설립할 수 있게 되어 협동조합에 대한 관심이 증대되었다. 협동조합은 조합원들이 공동으로 출자하고 참여하여 소유하고 운영되는 조직으로 소유자와 경영자, 사용자가 동일한 것이 가장 큰 특징이다. 그리고 1주 1표의 의결권을 부여하여 주식을 많이 보유할수록 의결권이 커지는 주식회사와는 달리, 출자금을 낸 모든 조합원들이면 출자금의 액수와 상관없이 누구나 똑같이 한 표씩을 행사하는 1인 1표제의 동등한 의결권을 행사한다. 협동조합은 설립목적에 따라 일반사업을 하는 일반협동조합과 공익적인 사업을 우선적으로 수행하는 사회적 협동조합으로 구분할 수 있다. 국내 1호 사회적 협동조합은 '행복도시락'이다. '행복도시락'은 결식아동과 저소득층 노인에게 무료로 급식을 제공할 목적으로 설립된 공익적 성격의 협동조합이다. 행복도시락 사회적 협동조합은 식자재 공동구매, 공공기관 도시락 납품 등의 수익사업을 병행하며, 실업해소를 위해 취약계층으로 조리원과 배달원으로 고용하고 있다. 한 가지 특색은 대기업(SK, 행복나눔재단)이 조합원으로 참여하여 재정적인 지원을 수행하는 새로운 형태의 사회공헌모델을 제시한 것이다. 따라서 '행복도시락'은 사회적 협동조합이자 동시에 다중이해관계협동조합으로도 볼 수 있다(이대중, 2013).

④ 주거권 운동

쾌적한 주거생활공간도 인간다운 삶을 살기 위해 꼭 필요하고 이것을 요구하는 것은 인간의 당연한 권리이며 '주거는 인권이다'라는 구호까지 생겨났다. 특히나 주민이 살아가는데 가장 기본적인 공간이기 때문에 지역사회복지의 핵심요소라고 할 수 있다. 그럼에도 불구하고 국내에서의 집은 경제 재화, 특히 재산증식의 도구로 사용되는 등 공공 영역이기보다는 민간의 시장영역에서 다루어져 왔다. 주거권은 「헌법」이 보장하고 있는 권리이므로 주거권의 운동은 바로 그 헌법적 권리를 보장받기 위한 운동이다. 이미 1948년 세계인권선언문에도 채택될 만큼 유럽을 포함한 많은 국가들에서는 주거권을 중요시해 왔다. 특히 영국에서는 주거문제가 1942년 베버리지보고서에서 영국사회가 해결해야 할 5대 악 중의 하나로 '불결'이 채택될 만큼 매우 중요한 문제로 다루어졌다. 여기에는 19세기 후반 빈민들의 주거환경 개선에 선구자적 노력을 하였던 옥타비아 힐(Octavia Hill, 1838~1912)은 공공임대주택 건설을 통해 주거복지수준을 한 단계 높이는 기여도가 매우 컸다. 뿐만 아니라 1915년 글래스고우에서 일어난 집세 인상 반대운동은 영국의 지역사회행동 모델의 대표적 사례가 되었다. 이 운동의 결과로 집세제한법(Rent Restriction Act)이 만들어졌고 전국실업노동자운동이 지역사회를 거점으로 활발해졌으며, 이후 지역사회센터의 설립을 촉진시켰다(김종일, 2006: 52). 이러한 의미에서 집에 대한 권리를 주장하는 것은 지역사회복지운동에서 매우 중요하다.

국토교통부의 발표에 따르면 한국의 주택보급률은 2015년 기준 102.3%이다. 한국은 2008년부터 100% 시대에 접어들었다. 그러나 주거 현실은 그렇지 못하고 차갑기만 하다.

한국에서 주거운동과 관련하여 자주 사용되었던 용어는 '철거'와 '강제 이주'이다. 공업화와 도시화의 과정에서, 이 두 용어는 한국 사회의 주거권 박탈 사례를 잘 나타낸다. 이때마다 당사자들의 저항이 있었다.

주거권은 '모든 국민이 쾌적한 주거공간에서 살 수 있는 권리'라고 할 때 주거권운동이란 쾌적한 주거공간에서 살 수 있는 권리를 보장받지 못하거나 침해받았을 때 그 권리에 대한 주장과 행동이라고 할 수 있다.

⑤ 환경권 운동

인간답게 살기 위해서는 건강하고 쾌적한 환경 속에서 살아야 한다는 권리이다. 우리나라 「헌법」에서는 '모든 국민은 건강하고 쾌적한 환경에서 생활할 권리를 가지며, 국가와 국민은 환경보전을 위하여 노력하여야 한다(「헌법」 제35조)'라고 규정하고 있다.

지역사회에서 살아가는 주민들의 건강과 안녕에 중요하고 치명적인 이슈 중 하나가 환경이슈이다. 환경이슈는 사회복지와 거리가 먼 것처럼 느껴질 수 있으나 최근 전 지구적 기후변화에 따라 긴 겨울과 더운 여름을 몇 차례 보내면서 '에너지빈곤층'에 대한 논의가 제기되기 시작했다. 그뿐 아니라 가뭄이 나면 물을 공급받아야 하는 지역, 4대강 공사로 인해서 생계를 잃어버린 지역, 핵폐기물 저장소로 인해 생명에 위협을 느끼는 지역 등 환경과 관련한 지역사회의 위험이 갈수록 늘어가고 있다.

환경에 대한 문제는 개인이나 조직, 한 국가만이 노력해서 될 일이 아니기 때문에 국제적 연계가 그 무엇보다 필요하다. 1972년 6월 스톡홀롬의 국제연합인간환경회의에서 채택된 환경원칙 제1항에 "인간은 품위 있고 행복한 생활을 가능하게 하는 환경 속에서 자유 · 평등과 충족할 만한 수준의 생활을 향유 할 기본적 권리를 가진다."라고 명시해 환경권이 인간의 기본적 권리임을 선언하였고, 동시에 환경에 대한 고려가 없는 경제개발은 낭비적이고 지속 불가능하다고 선언하면서 이를 위해 각국이 노력할 것을 피력하였다. 그러나 주요 환경 오염국으로 지목된 미국을 비롯하여 선진국의 개선 노력은 매우 미흡한 실정이다.

환경이 전 세계적인 이슈로 등장하면서 전통적으로 환경보호를 위해 노력하였던 단체들이 새롭게 조명 받고 있다. 국제환경 NGO 단체인 그린피스를 포함하여 한국의 녹색연합, 환경운동연합 등이 함께 연대하여 환경정의를 실천하고 있다. 이런 단체들 외에 주민들에 의한 환경지킴운동도 상당수 있다. 특히 우리나라의 많은 국민들이 반대했음에도 불구하고 정부가 주도하여 실시한 '4대강 정비사업'으로 인한 심각한 환경오염 후유증이 도처에서 보고되고 있는 상황이라 환경권 운동에 대한 관심이 매우 높다. 정부 주도의 환경보호운동이 계몽성으로 진행되다가 시민 주도의 사회운동화가 된 것은 반핵 반공해 운동에서부터라고 할 수 있다. 1978년 경남 고리에 우리나라 최초의 원자력 발전소가 설립되면서 이에 반대하는 운동이 시작되어, 1982년 한국공해문제연구소가 창립되었고, 1993년에 공해추방시민운동연합과 통합하여 환경운동연합을 조직하여 현재까지 활동을 하고 있다. 지역사회차원에서 원전이나 핵폐기물처리장, 쓰레기 매립장 등에 대한 반대운동 등이 있다.

이러한 환경권 운동은 '건강하고 쾌적한 환경에서 살 권리'가 지역주민에게 있고 그것의 침해에 대한 올바른 저항이라고 할 수 있다. 또한 환경은 자신의 세대에만 해당되는 것이 아니라 후속세대에도 영향을 미친다는 것을 잊지 말아야 한다. 지금 현재 깨끗한 공기, 깨끗한 물을 만들고 유지하는 것은 지속 가능한 사회를 위해 꼭 필요하다. 그럼에도 불구하고 환경문제는 지역사회개발의 논리에 묻혀 훼손되었고, 그 결과 지역주민 간의 갈등이 심해져 오랫동안 같이 살아온 이웃들을 서로 반목하게 만들기도 했다.

3) 다양한 서비스 기관의 출현

우리나라는 1990년대를 전후하여 사회복지 패러다임이 절대적 빈곤을 비롯한 특정 욕구를 가진 지역주민을 보호하기 위한 생활시설에서 전체 지역주민의 삶의 질 강화를 위한 참여 중심의 이용시설로 바뀌고 있으며, 이러한 과정에서 다양한 지역사회복지실천 기관이 설립되었다.

지역사회복지는 지역주민 개개인의 삶의 질을 향상시키고, 공동체의식을 강화하여 사회통합을 추구하는 것을 목표로 하며 이러한 목표를 달성하기 위하여 다양한 활동을 실천하고 있다.

즉, 지역사회복지의 핵심적인 기능인 지역사회보호, 재가복지, 사례관리 등을 실천할 수 있는 지역사회복지관, 노인복지관, 장애인복지관, 지역사회정신건강센터, 지역자활센터, 건강지원센터, 주민자치센터, 다문화센터 등이 빠른 속도로 설립 증설되고 있다. 이러한 기관이 구체적이고 직접적인 서비스를 개별적으로 제공하는 과정에서 서비스의 중복, 제한적 서비스, 근본적 원인 해결 노력 부족이라는 한계를 가지고 있으며 이러한 문제를 해결하여 발전적인 방향으로 전개되는 것이 중요하다.

4) 재원 확보

우리나라의 대표적인 민간모금기관인 사회복지공동모금회는 1971년 발족된 이후 꾸준히 발전하여 왔다. 높아지는 복지욕구를 충족시키기 위한 민간재원의 확보는 우리나라 지역사회복지 분야의 발전과정문화에 기여하였고 지역사회 복지에 대한 주민들의 관심과 참여를 유도함으로써 우리사회의 연대와 통합에 기여해왔다. 또한 지역사회의 복지재원 불균형을 시정하고, 국가복지의 한계와 사각지대를 해소하여 기여하기도 하였다. 하지만 여전히 해결되지 않고 있는 문제에 대해 제기하면서 향후의 발전방향을 모색해 보아야 한다.

첫째, 모금의 다변화와 일상화가 이루어져야 한다.

우리나라의 기부참여는 OECD 국가 중에서 여전히 가장 낮은 편에 속해 있고 정기적인 기부보다는 비정기적이고 일회성 기부가 다수를 차지하고 있고, 모금도 주로 연말에 집중되어 있다. 이에 모금방식의 다변화와 일상화로 연중모금이 활성화되어야 하며, 정기기부가 가능할 수 있는 다양한 기부방식을 개발할 필요가 있다.

둘째, 공동모금회의 독립성의 확보가 필요하다.

국가복지정책 방향에 영향을 받을 수밖에 없지만 법적인 보장을 받는 민간모금기관이라는 본질적인 정체성이 훼손되지 않도록 보다 높은 독립성을 확보할 수 있어야 한다.

셋째, 공동모금과 배분과 운영에 있어 전반적으로 투명성과 합리성을 높일 필요가 있다.

공동모금회의 운영 전반에 시민의 참여를 확대함으로써 공동모금에 대한 투명성을 높이고, 기금배분에 있어서 전문가를 비롯한 시민들의 다양한 의견을 수렴할 수 있는 시스템을 확보함으로써 배분의 합리성을 높여야 할 것이다. 더불어 선정된 사업이나 프로그램에 대한 평가도 보다 철저하게 이루어져야 할 것이다.

넷째, 지방지회의 자율성을 높일 필요가 있다.

지역사회의 니즈나 이슈에 보다 빠르고 적극적으로 대응할 수 있는 지방지회에 보다 높은 자율성을 발휘할 수 있도록 공동모금의 구조도 지역중심으로 점차적으로 변화될 필요가 있고 지방 지회의 모금활성화를 위한 노력도 병행되어야 할 것이다.

즉, 민간사회복지관 또한 지방자치제도하에 중요한 것은 주민지원이며 사회복지기관이 주민을 위한 주민의 기관이라는 인식을 주민들에게 각인시켜주어야 하며 공동모금회의 활성화를 중요시해야 한다.

참고문헌

간순옥, 이재연, 정윤옥, 조현철, 한수미(2018). **지역사회복지론.** 경기: 양성원.

감정기, 백종만, 김찬우(2011). **지역사회복지론.** 경기: 나남출판.

강영숙(2019). **지역사회복지론.** 서울: 동문사.

강철희, 정무성(2006). **지역사회복지론.** 경기: 나남출판.

강철희, 정무성(2013). **지역사회복지실천론.** 경기: 나남출판.

고명석, 박준범, 이수천(2016). **지역사회복지론.** 서울: 동문사.

고수현(2020). **지역사회복지론.** 양서원.

고용노동부(2014). **사회적기업 정책 추진현황 및 계획.** 2014.1.22.

고창권(2005). **반송사람들.** 부산: 산지니.

국토교통부(0000). http://www.molit.go.kr

기획재정부(2019). 이모저모 알아보자 지역화폐란?

김경섭, 김성철, 김태식, 김현호, 양경희(2012). **지역사회복지론.** 경기: 양서원.

김경우(2016). **지역사회복지론.** 서울: MJ미디어.

김광희(2010). **지역사회복지론.** 경기: 공동체.

김남선(2002). **지역사회개발론.** 서울: 두남.

김만호(2016). **지역사회복지론.** 경기: 공동체.

김만호(2016). **지역사회복지론.** 경기: 양성원.

김만호(2018). **지역사회복지론.** 경기: 양성원.

김범수(2012). **지역사회복지론.** 경기: 학현사.

김범수(2019). **지역사회복지론.** 경기: 공동체.

김범수, 신원우(2006). **지역사회복지론.** 경기: 공동체.

김범수, 신원우(2009). **지역사회복지론.** 경기: 공동체.

김범수, 신원우(2019). **지역사회복지론.** 경기: 공동체.

김병, 이인순, 이진향, 이하예진, 정명환, 조승석, 황은혜(2016). **지역사회복지론.** 서울: 창지사.

김상민(2016). 주민자치와 협력적 마을 만들기: 협력적 마을 거버넌스의 관점에서. 한국지방자치학회보김수정, 이순배(2016). **지역사회복지론**. 경기: 교문사.

김영란, 김형준, 전진호, 한상미(2020). **지역사회복지론**. 공동체.

김영모(2001). **지역사회복지론**. 서울: 고헌출판부.

김용환, 김순연, 김영대, 김재경, 신경희, 이덕희(2014). **지역사회복지론**. 서울: 동문사.

김용환, 박선태, 신미애, 이덕희, 오승환(2019). **지역사회복지론**. 서울: 동문사.

김윤재, 김재경, 박스잔, 강성자(2016). **지역사회복지론**. 서울: 동문사.

김정원(2012). **현장에서 읽는 노동연계복지**. 홍천: 아르케.

김정원(2014). **한국의 사회적경제 현황 및 전망. 사회적경제의 이해와 전망**. 홍천: 아르케.

김정원(2015). 빈곤 문제에 대한 대응과 사회적경제-빈민밀집지역 주민운동 분석을 중심으로. **경제와 사회**, 106, 171-204.

김정원(2017). 한국의 사회적경제 조직화 특성에 대한 분석. **경제와 사회**, 114, 79-121.

김정원(2018). 노동통합사회적기업의 측면에서 살펴본 자활기업의 현실과 과제. **경제와 사회**, 118, 213-239.

김정원(2019). 일제강점기 사회적경제의 조직화 동학-민간 협동조합을 중심으로. **경제와 사회**, 124, 287-327.

김종일(2005). **지역사회복지론**. 경기: 학현사.

김종일(2006). **지역사회복지론**. 서울: 청목출판사.

김준환, 김혜정, 이양훈(2019). **지역사회복지론**. 경기: 어가.

김현호, 소재진, 오미희, 유주희, 이영희, 이용환, 정명희, 조영선(2016). **지역사회복지론**. 경기: 양서원.

김현호, 김형준, 전진호, 한상미(2017). **지역사회복지론**. 경기: 공동체.

김형수, 양성관, 주익수(2010). **지역사회복지론**. 경기: 학현사.

남원석, 이성룡(2012). 마을만들기, 성공의 조건. **이슈 & 진단**. 경기연구원.

남일재, 문영주(2015). **지역사회복지론**. 경기: 양서원.

남진열, 강세현, 전영록, 유용식(2009). **지역사회복지론**. 경기: 공동체.

류상열(2004). **지역사회복지론**. 경기: 형성출판사.

류종훈(2007). **지역사회복지론**. 경기: 학현사.

류혜정 역(2005). **지역사회개발**. 경기: 인간과복지.

밀양 765kV. 송전탑반대대책위(2015). **밀양송전탑 반대투쟁 백서(2005~2015)**. 서울시마을만들기지원센터.

박서영, 권성철, 김용길, 이정호, 조준배(2018). **지역사회복지론**. 경기: 정민사.

박용순(2006). **지역사회복지론.** 서울: 학지사.

박용순, 송진영(2012). **지역사회복지론.** 서울: 학지사.

박원진, 김미자, 문홍남, 윤희열, 이재모, 이창재, 이척희, 장미리, 정미희, 최병태(2018). **지역사회복지론.** 경기: 수양재.

박차상, 김창곤, 이현주, 강윤경(2012). **사회복지실천론.** 서울: 창지사.

박태영(2007). **지역사회복지론.** 경기: 학현사.

박태영(2008). **지역사회복지론.** 경기: 학현사.

박태영(2012). **지역사회복지론.** 경기: 학현사.

박현식, 김준경, 구재관, 박지현, 정지웅(2018). **지역사회복지론.** 경기: 양서원.

배호순(1997). 초·중·고등학교 교육과정 평가방안 및 도구 개발 연구. 학교 교육과정 평가 연구회.

보건복지부(2013). 지역사회복지협의체 운영지침.

보건복지부(2019). 지역사회통합돌봄모델 지역이 만들어간다.

보건복지부(2023). 2023년 자활사업 안내.

빈민운동지역운동사 발간위원회(2017). **마을공동체 운동의 원형을 찾아서.** 경기: 한울.

사회복지공동모금회. http://www.chest.or.kr

사회복지교육연구센터(2009). **지역사회복지론.** 서울: 나눔의집.

사회복지교육연구센터(2011). **지역사회복지론.** 서울: 나눔의집.

생각의 마을(2019). **에쎕 지역사회복지론.** 경기: 공동체.

송정부(1985). **지역사회복지론.** 서울: 한국복지정책연구소 출판부.

신명호(2016). 개괄적인 한국 사회적경제의 역사. **한국 사회적경제의 역사-이론의 모색과 경험의 성찰.** 서울: 한울아카데미.

신명호, 이신행, 정원용, 홍현미라, 민동세, 전홍규, 이호, 이근행(1999). **지역주민운동 리포트.** 서울: 한국도시연구소.

신섭중(1995). **지역복지의 이론과 실제.** 서울: 한국사회복지관협회.

양성관, 이승현, 김태식, 곽미정(2020). **지역사회복지론.** 경기: 정민사.

양성관, 주익수, 박상진, 김동환, 김주성(2013). **지역사회복지론.** 경기: 정민사.

양정하, 황인옥, 김정희, 배의식, 박미정, 김남숙, 강가영(2017). **지역사회복지론.** 경기: 공동체.

엄태영(2016). **지역사회복지론.** 서울: 신정.

엄태영(2020). **지역사회복지론.** 신정.

오정수, 류진석(2006). **지역사회복지론.** 경기: 학지사.

오정수, 류진석(2008). **지역사회복지론**. 서울: 학지사.

오정수, 류진석(2009). **지역사회복지론**. 서울: 학지사.

오정수, 류진석(2012). **지역사회복지론**. 서울: 학지사.

오정수, 류진석(2013). **지역사회복지론**. 서울: 학지사.

우수명, 주경희, 김희주, 이두진(2017). **지역사회복지론**. 서울: 지식공동체.

위키백과(2020). https://ko.wikipedia.org/wiki/%EA%B0%80%EC%B9%98

유동철, 홍재봉(2016). **실천가를 위한 지역사회복지론**. 경기: 양서원.

이경은, 장덕희, 김휘연, 문도원, 이마리아(2016). **지역사회복지론**. 서울: 학지사.

이대중(2013). **협동조합, 참 쉽다**. 서울: 푸른지식.

이로운 넷(2020). 신년계획Ⅵ-지역이 돌본다. 한 눈에 보는 '커뮤니티케어'

이문국 외 공역(2005). **사회복지실천이론의 토대**. 서울: 나눔의집.

이상미(2019). **지역사회복지론**. 서울: 청목출판사.

이원주(2020). **최신 지역사회복지론**. 경기: 공동체.

이인재(2005). **지역사회복지실천론**. 서울: 나눔의집.

이창곤(2014). **복지국가를 만든 사람들**. 서울: 인간과 복지.

이태수(2005). 사회복지 지방분권시대에 부응한 사회복지 전달체계의 개선방안과 민간의 역할, 한국도시 연구소 연례 심포지움.

이태희(2018). **지역사회복지론**. 서울: 지식공동체.

이하준(2016). **막스 호르크하이머**. 서울: 커뮤니케이션북스.

장석원(1985). 근로자협동조합운동의 역사성과 이념적 함축성. **노동경제논집**, 8, 83-100.

장성익(2018). **내 이름은 공동체입니다**. 서울: 풀빛.

장원봉(2006). **사회적 경제의 이론과 전망**. 서울: 나눔의집.

장원봉(2011). 자활사업과 사회적 경제 운동. **한국지역자활센터협회 1차포럼 – 사회적 경제, 그 의미와 자활사업**. 2011. 5. 20. 서울여성능력개발원.

전광현 외(2010). **한일지역사회복지론**. 서울: 나눔의집.

전대성(2006). 지역사회복지 서비스 향상을 위한 자원봉사 활성화에 관한 연구, 단국대학교대학원 박사학위논문.

전해황, 이성윤, 송낙길, 정주석, 염일열, 김정호(2016). **지역사회복지론**. 경기: 양서원.

정기석(2016). **마을전문가가 만난 24인의 마을주의자**. 경남: 펄북스.

정무성(1997). 지역사회복지 실천모델에 관한 이론적 고찰, 1997년 추계학술대회자료집, 한국사회복지학회.

정무성(2006). **사회복지프로그램개발론.** 경기: 학현사.

정성배, 강영호, 박현주, 이금숙, 이미란, 정현태(2018). **지역사회복지론.** 서울: 창지사.

제주국제협의회 · 한국지방자치학회 · 제주대학교 평화연구소 · 제주특별자치도(2013). **제주형 복지공동체 만들기.** 도서출판 오름.

조추용, 김양이, 황미경(2018). **지역사회복지론.** 경기: 양서원.

조형열(2015). 1920년대 후반~1930년대 전반기 민족주의 계열의 농촌협동조합론-제기 배경과 경제적 지향을 중심으로. **한국사학보,** 61, 584-616.

지은구, 조성숙(2010). **지역사회복지론.** 서울: 학지사.

천정웅, 박선희, 박주현(2016). **지역사회복지론.** 서울: 신정.

최옥채(2005). **지역사회실천론.** 서울: 아시아미디어리서치.

최일섭(1992). 지역사회복지론. 서울: 서울대출판부.

최일섭, 류진석(2000). **지역사회복지론.** 서울: 서울대학교출판부.

최일섭, 류진석(2003). **지역사회복지론.** 서울: 서울대학교출판부.

최일섭, 이현주(2006). **지역사회복지론.** 서울: 서울대학교출판부.

최일섭, 이현주(2012). **지역사회복지론.** 서울: 서울대학교출판문화원.

최종혁, 이연(2001). 지역사회복지 증진을 위한 주민조직화에 관한 연구: 영구임대아파트 지역을 중심으로. **한국사회복지학회 춘계학술대회자료집,** 584-605.

최항순, 진석범, 강마리아, 김명선, 조범훈(2020). **지역사회복지론.** 경기: 대영문화사.

한국사회복지협의회. http://kncsw.bokji.net

한국사회적기업진흥원(2022). **2022 한 손에 잡히는 사회적기업.**

한국자원봉사센터협회. http://www.kavc.co.kr

한국주민운동정보교육원(2010). **주민운동의 힘, 조직화-CO방법론.** 서울: 제정구기념사업회.

한국주민운동정보교육원(2014). **스스로 여는 가능성-CO교육학.** 서울: 제정구기념사업회.

한밭레츠(2016). 정기통회자료집. http://www.tjlests.or.kr

함철호(2019). **한국지역사회복지론 -이론과 실제-.** 서울: 학지사.

행정안전부(2023). **2023년 마을기업 육성사업 시행지침.**

행정자치부. http://www.mopas.go.kr

현외성(2001). **사회복지정책강론.** 경기: 양서원.

홍봉수, 임안나, 강해자, 조당호, 황영희, 김영호, 조순래, 이순자, 박명옥, 윤은희, 송영흠(2018). **지역**

사회복지론. 경기: 공동체.
홍봉수, 조당호, 강해자, 장승전, 임안나(2020). **지역사회복지론**. 공동체.
홍현미라, 이현주, 유동철, 민소영, 김형용, 강병덕(2012). **복지마을 만들기 사업추진을 위한 기초연구**, 세종: 보건복지부, 전주: 전주대학교 산학협력단.
황명주, 정희태, 권진현(2006). **사회구성론**. 서울: 간디서원.
황성철 외(2007). **사회복지행정론**. 경기: 학현사.

Bode, I., Evers, A., & Schulz, A. (2006). Work integration social enterprises in Europe: can hybridization be sustainable? In ***Social Enterprise: At the crossroads of market, public policies and civil society,*** London/New York: Routledge.
Chaves, Rafael., Monzon, Jose L. (2012). ***The Social Economy in the European Union.*** European Economic and Social Committee.
Cooney, K., Nyssens, M., O'Shaughnessy, M., & Defourny, J. (2016). Public Policies and Work Integration Social Enterprises: The Challenge of Institutionalization in a Neoliberal Era. In ***Nonprofit Policy Forum,*** Vol. 7, No. 4, pp. 1-19.
Defourny, Jacques. (2004). ***Social Enterprise in An Enlarged Europe: Concept and Realities.*** http://www.emes.net/fileadmin/emes/PDF-files/Articles/Defourny/Defourny.soc.ent.CEE.3.06.pdf.
Defourny, Jacques., Develtere, Patrick. (1999). ***The Social Economy: The Worldwide making of Third Sector.*** http://www.emes.net/fileadmin/emes/PDF_files/Articles/Defourny/Defourny · Develtere_SE_NorthSouth_Chap1_EN.pdf
Dunham, A. (1970). ***The New Community Organization.*** New York: Thomas Y. Crowell Co.
Eduard C. Lindeman. (1921). ***The Community***. New York: Association Press, pp. 14-15.
Fontan, Jean-Marc, & Eric Shragge. (2000). Tendencies, tensions and visions in the social economy. In Social economy: ***International debates and perspectives***, Montréal/New York and London: Black Rose Books.
Fredrick W. Seidl. (1974). Community oriented residential care, Child care quarterly volume 3, pp. 150-163.
Gilbert, N., & Specht, H. (1974). ***Dimension of social Welfare Policy***. Englewood Cliffs, New

Jersey: Prentice Hall.

Kahn. A. (1969). *Theory and Practice of Social Planning*. New York: Association Press.

Mattessich, P., & Monsey, B. (1997). *Community building: What makes it work*. Saint paul: Amherst H. Wilder foundation.

Minkler, M., & Wallerstein, J. (2012). Improving health through community organization and community building. In M. *Minkler (Ed), Community organizing and community building for health and welfare* (pp. 37-58). New Brunswick, NJ: Rutgers University Press.

Ninacs, W. A., & Toye, M. (2002). *A review of the theory and practice of social economy,* Social Research and Demonstration Corporation. August. 2002.

Nyssens, M. (2006). Social enterprise at the crossroads of market, public policy and civil society. In *Social Enterprise: At the crossroads of market, public policies and civil society,* London/New York: Routledge.

Patterson, G. T. & Graham, W. K. (2018). *Clinical Interventions in Criminal Justice Settings: Evidence-Based Practice*. Elsevier Academic Press.

Perlman, R. & Gurin. A. (1975). *Community Organization and Social planning*. New York: John Wiley & Sons.

Ross, M. G. (1955). *Community Organization: Theory and Principles*. Harper & Brother.

Ross, M. G. (1967). *Community Organization Theory, Principles, and Practice (2nd. ed)*. New York: Herper & Row, Publisher.

Rothman, J. (1995). *Approaches to community intervention*. In F. Cox, J. Erlich, J. Rothman, & J. Tropman (Eds.), Strategies of Community Organization. Itasca, IL: Peacock.

Rubin, J. & Rubin, S. (2008). *Community Organizing and Development*. Boston: Pearson.

Sargeant, A. & Jay, E. (2014). *Fundraising Management: Analysis, Planning and Practice*. Routledge.

Sharp, E. (1990). *Urban Politics and Administration*. New York: Longman.

Weinstein, S. & Barden, P. (2017). *The Complete Guide to Fundraising Management*. Wiley.

Zimmerman, J. (1986). *Participatory Democracy*. New York: Praeger.

山本美香(2017). 地域福祉の理論と方法 第3版. 弘文堂.

찾아보기

[인명]

[내용]

ㄱ

저 / 자 / 소 / 개

- **김성철**
  백석대학원 NPO경영학, 복지경영학 교수
- **이문국**
  신안산대학교 사회복지과 교수
- **김정원**
  전북대학교 사회학과 교수
- **김화신**
  서울신학대학교 사회복지학과 겸임교수
- **모아라**
  목포과학대학교 사회복지과 교수
- **박경원**
  광주보건대학교 복지경영학과 조교수
- **박윤희**
  백석대학교대학원 복지경영학과 초빙교수
- **박정하**
  백석문화대학교 사회복지학부 교수
- **오현주**
  한국복지경영 & 코칭연구원 대표
- **정종화**
  삼육대학교 사회복지학과 교수

[개정판]

지역사회복지론

1판 1쇄 발행 – 2020년 9월 4일
2판 1쇄 발행 – 2023년 8월 30일

저 자 - 김성철 이문국 김정원 김화신 모아라
박경원 박윤희 박정하 오현주 정종화
발 행 인 - 강철원
발 행 처 - 양성원
주 소 - 경기도 파주시 검산로 173번길 29-12
전 화 - 031-946-3861(代)
팩 스 - 031-946-3864
이 메 일 - tnwpub@naver.com
홈페이지 - tnwpub.co.kr
출판등록 - 2015년 8월 31일 제 2015-000211 호

ISBN 979-11-6126-557-5

정가 22,000원